遗落在西方的
广州记忆
GUANGZHOU JIYI

[美]李国庆 主编

[英]约翰·亨利·格雷 著
[美]李国庆 邓赛 译

广州七天

SPM 南方出版传媒 广东人民出版社

·广州·

图书在版编目（CIP）数据

广州七天 /（英）约翰·亨利·格雷著；（美）李国庆等译.
—广州：广东人民出版社，2019.11（2023.5 重印）
　（遗落在西方的广州记忆）
　ISBN 978-7-218-13887-9

Ⅰ.①广…　Ⅱ.①约…②李…　Ⅲ.①旅游指南—广州
Ⅳ.① K928.965.1

中国版本图书馆 CIP 数据核字（2019）第 227085 号

GUANGZHOU QITIAN

广 州 七 天

［英］约翰·亨利·格雷 (John Henry Gray) 著
［美］李国庆 (Guoqing Li) 邓赛 (Sai Sophie Deng) 译　　版权所有　翻印必究

出 版 人：肖风华

选题策划：柏　峰
责任编辑：陈其伟　赵　璐
封面插图：［英］格雷夫人
责任技编：周星奎
书籍设计：书窗设计
　　　　　赵焜森 / 张雪烽
出版发行：广东人民出版社
地　　址：广州市越秀区大沙头四马路 10 号（邮政编码：510199）
电　　话：（020）85716809（总编室）
传　　真：（020）83289585
网　　址：http://www.gdpph.com
印　　刷：广东信源文化科技有限公司
开　　本：889 毫米 ×1194 毫米　1/32
印　　张：10.25　　插　页：4　　字　　数：227 千
版　　次：2019 年 11 月第 1 版
印　　次：2023 年 5 月第 2 次印刷
定　　价：59.00 元

《遗落在西方的广州记忆》丛书序

　　多年前初到美国时，发现大都市多有Chinatown，通称"唐人街"。其地生活的华人多是粤人，讲的华语也多是粤语。如问路，多摇头，偶尔愤愤地回你一句："唐人唔识讲唐话！"仿佛中国人就是粤人，中国话就是粤语。不过事实上早先美国大学的东亚语言文学系也多有教粤语的，敝校则如今还在教，尽管修的人少了。而在有汉语拼音之前，西方数百年来所有词典、百科全书、历史教科书里都有的Cantonese固然是广东人或广东话，Canton指的却是广州。可以说，以广州代表广东以至代表中国，在西方曾经是很普遍的现象。

　　这种现象其来有自。

　　秦末西汉时，南越王国的海外贸易奠定了番禺作为南海沿岸的贸易中心与交通枢纽地位。至唐代，广府已闻名世界。清初中西贸易发达，曾在各处设海关，但最终集中到广东。1757年，清廷将对欧贸易限于广州，是为"一口通商"。也就是说，在鸦片战争迫使中国开放五口通商前的近百年间，广州是除澳门外西方人唯一可进入和从事贸易的中国口岸，承担着外交、外贸等管理职责。所以说广州代表中国也顺理成章。

　　因此，广州历史上接待过无数的西方人，其中有画家、商人、学者、传教士、外交官，也有来自底层的水手、工人等。他们在广州少则数月，多则数年，很多人甚至较深地融入了中国式的生活。他们以好奇的眼光欣赏广州，以独特的视角记载广州的风光、地理、人文等。虽然由于文化背景的不同和中国历史传统的博大，这些记载也难免有变形、疏漏的一面。他们实际上塑造和建构的是一个他们眼中的广州，映射到了西方读者的头脑中，逐渐构成了当时西方世界的中国形象。

近代中国天翻地覆，当年广州的山川风物和社会百态多已烟消云散，却被凝固在这些西方人的著述当中了，就像琥珀中的昆虫，历尽岁月，依然栩栩如生。现在的我们可以借此大致清晰直观地看清近代广州甚至中国在西方人眼中的形象。它们不但是研究中外关系和文化互动、中国近代社会生活史的重要资料，即便是一般百姓，也可据以追怀老广州的街坊店铺、寺庙宫观、五行八作、花艇蛋家，甚至琶洲砥柱、大通烟雨。

本丛书计划收录的就是这样一些西文旧籍的中译本。

自改革开放后，中国爆发了又一次"西学东渐"热潮，域外汉学和中国学的经典作品被有系统、成体系地引进，对中国思想解放、学术研究等方面产生了巨大的影响，但在游记方面尚欠力度，成系列的也不多见。

我们希望，通过这些遗落在西方的广州记忆，我们可以重温历史上作为中国对外交往门户的广州之风采，发扬其中的和平、对话、交流、发展等人类共同智慧和人文精神，摒弃曾经的愚昧、自大、保守、落后等鄙陋，在新的时代为推动中国走向世界和世界走向中国作出新的贡献。

李国庆

2019年10月4日草于旅次

译 序

本书英文名*Walks in the City of Canton*，直译是"漫步广州城"（翻译出版时名为《广州七天》），1875年在香港出版，作者是约翰·亨利·格雷（John Henry Gray，1823—1890）。关于他的生平，目前仅知道他毕业于剑桥大学基督学院，获文学硕士学位。1868年来华传教，任香港首任会吏长①，直到1890年去世。在此期间，他曾任广州沙面堂的主持牧师，也就是英国驻广州领事馆的牧师。根据此书的描述，至1875年他已在广州居住数年。他有一位中文老师，因此习得不少中国历史文化知识，会说一些汉语和粤语。他对广州有相当程度的了解，对该地风土民情和人们的日常生活也充满热情。相比之下，他的这本《广州七天》比他的传教成就更广为人知。

在此之前，描写广州的西方著作已有一些，但大多出自匆匆过客之手，零零散散，不成系统，又如蜻蜓点水，不够深入。少数几种常客的作品，如《广州番鬼录》和《旧中国杂记》，跟本书相比，胜在介绍十三行；就描述广州而言，则相形见绌。可以这样说，本书是当时第一部系统而详尽地描述广州城乡的西方著作。无怪乎本书一出，其设计的广州游路线便成为欧洲人游历广州的标准指南。当年英美商人合

---

① 会吏长是教会中神职人员的一种职位，主教下一级。——译者注

资的省港澳轮船公司还曾在"广州七日游"的基础上适当增减，制成"三日游"或"五日游"，向外国游客推广。

除此之外，格雷还将自己在广州多年了解到的各种风土人情汇编成另外一本书，名为《中国：民众的法律、礼仪和习惯的历史》（*China: A History of The Laws, Manners and Customs of The People*）。这两部著作在英国都获得空前好评，一篇书评这样写道：格雷呈现给我们的画面生动而真实，那不仅仅是中华帝国的宗教、政府和种族，还有人们的日常生活，包括他们的家庭、商铺、街道、司法管理、城市政策、道德风俗以及各阶层人民的生活和特性。借此我们可以了解旧中国的面貌以及为何会如此。格雷还把自己多年搜集的中国物品带回英国，在多种场合展出。他去世后，他太太将这些物品都捐献给了一所大学。大约在2010年，一位英国教授在网上公布过一张据说还不十分完整的清单，上面涉及的物品就有200件之多，包括拜帖、折扇、绣花鞋，还有比较难得的，如广州刑场上的枷锁、站笼等刑具，以及两广总督叶名琛的座椅等。

时过境迁，本书的实地导游功能已经丧失，最多也只是怀旧的神游指南，但它为我们留下的19世纪中后期广州地理、人文、文化、宗教、经济和社会的全景式描述，却随着时间的流逝和城市的变迁而越来越珍贵。作者对广州的描述上至官府制度、文学历史，下到三教九流、五行八作，几乎无所不包，其中尤其可贵的是那业已消失了的地理地貌和社会人文风景。我们注意到，国内，特别是学界，已经有人发现此书的价值，既有所介绍，也有所利用，不过根据的仅仅是书中有限的中文文字，主要就是那份七日游行程单，难免肤浅。

为什么没有中译本呢？

自我们不揣冒昧动手翻译之后，渐渐便有了体会：此书不是一般地难译。原因有这么几条：

首先，作者的选词古雅，造句繁复，不似如今的英语那么简洁明了，正确理解有一定的难度。

其次，牵涉的题材既广且深。历史上溯三皇五帝，信仰囊括释、道、清真。进寺庙要详述殿宇塑像，游墓地要细究墓志铭。讲蜡烛就追究白蜡虫，说金鱼要分别鲤鲫鳅。制茶、腌蛋、造纸、染布、养蚕制丝、养蜂采蜜、种棉花都要一一记配方，述工序，辨产地。没有相当的知识面，根本无从应对。

最后，最大难点是书中的中文翻译。不错，是中文，是翻译成英语的中文。其时韦氏拼音尚未成熟，作者翻译的又都是从粤语习得的名词，结果就是一堆看着眼熟，但毫无头绪的字母。

所以这本书从两年前开始翻译，至今才得以完成。我们尽了一切努力克服上述困难，特别是广东方言的还原。有些粤语名词实在无法确认相应的汉语，我们觉得与其随便音译，还不如保留原文，至少不会误导读者。凡是有中文文献可印证的重要的时间、地点、人物、事件之类，我们都尽力添加注释说明。但翻译的工作不是辩论和纠正作者的描述和论断，不能事事追究。所以请读者注意，作者对广州的描述有其目睹的，也有道听途说的，不能不加分辨全部接受，需有自己的判断。

作者有着人文主义者的情怀，关注中国当时的社会，详述了一些中国人习惯上或历史上不大触及的话题，如刑场行刑、父母弃婴、妇人殉夫，也触及一些不大被关注的社会群体及给他们提供的有限设施，如老妇、盲人和麻风病人，我们在翻译中力求保持原文的真实。

作者是一个外国人，而且是两次鸦片战争的胜利方的国民，讲述的又是19世纪70年代的事，所以尽管他对中国和中国人抱着友好的态度，但其视角和观念，以至遣词用字，还是与我们习惯的有所不同。尤其是对两广总督叶名琛的生平及其对内对外政策，还有英国记者温格罗夫·柯克对他的报道有着详尽的论述，并提出了与柯克相左的观点。为了真实地记录历史，我们在翻译中亦尽量不对原文作美化或淡化处理。希望读者理解，不要以"政治正确"的眼光审视它。

王家耀同学最初曾有意参与本书的翻译，可惜在试译一章后就因故退出了。在此我们要对他的勇敢尝试表示感谢。此后的分工是李国庆译第一至四章，邓赛译第五至九章，最后由李国庆统校。此外，编辑对本书目录作了加工，并增加了原书没有的照片，以增强可读性。本书照片取自中国国家图书馆、大英图书馆编《1860—1930：英国藏中国历史照片》，国家图书馆出版社2008年版；（英）约翰·汤姆逊著，徐家宁译《中国与中国人影像：约翰·汤姆逊记录的晚清帝国》（增订版），广西师范大学出版社2015年版；（英）菲利斯·比托摄，赵省伟编译《西洋镜：一个英国战地摄影师镜头下的第二次鸦片战争》，台海出版社2017年版；以及微信公众号：古粤秀色本土文化宣传平台。

综上所述，尽管我们尽力了，这个译本一定还有疏漏和错误的地方。我们一方面希望它能有助于相关学者的研究及供普通读者消遣，另一方面也真诚地希望大家，尤其是广州的和熟悉广州历史的朋友不吝赐教。

李国庆

2018年10月10日

目 录

第一章

广州史话

> 广州城建立之日——广州最早为人所知的名
> 字——五仙降临广州的传说——中国南方的叛乱——
> 秦始皇军队被击溃——广州人民进贡上等布料给
> 梁武帝——两广地区的由来——"广东"一词首次
> 出现——对外贸易的蕃坊建立——元朝军队攻袭广
> 州——明军首领杜永和——杜永和退守琼州

有一位作家①对广州作过一个概述，下面的描述大多引自他
的著作。

"羊城"传说

根据广州史的研究史料，该城的起源可以追溯至周赧王
时代。当时该城叫作南武城，意思是"南方的堡垒"，但其

---

　①本文作者没有指明其引用文字的出处和作者。经查，当是瑞典商人龙思
泰的《早期澳门史》中的补篇"广州城概述"，东方出版社1997年出版了此书
的中译本。读者需注意，该书对广州历史的描述并不准确。——译者注

实只是一座用竹篱和泥墙围起来的寨子，恐怕跟如今马来亚的据点没有多少差别。最初的南武城面积很小，后来逐渐扩大，并且不只一次地从一个地方迁移到另一个地方。同时，这座城市的名字也跟这个国家的一样，在不同的时代有不同的叫法，或取诸其所处的位置，或来自历史传说。其早期的名字中有一个至今仍常被使用，即"羊城"。这个名字来自一个传说。据说，曾有5位身穿五色彩衣的仙人骑着仙羊降临广州城，这些仙羊口中都衔有一株六穗稻谷，后来仙人将稻谷赠予当地百姓，并祝颂他们：愿此阛阓，永无荒饥。说完，5位仙人腾空而去，5只仙羊则化为石头。因为这一传说，广州也被称为仙城和穗城，城中有一座寺观名叫五仙观，观中的5只石羊至今可见。与这座城市的历史交织在一起的传说还有很多，本书就不再一一细述了。

秦始皇是秦朝赫赫有名的开国皇帝，于公元前246年即位，在位37年。在他统治期间，南方的人民起义反抗。秦始皇便征派了50万大军前去镇压。大军分为五路，其中一路就驻扎在番禺。整整3年，这支部队马不卸鞍，人不解甲。

然而，时间一长，军队给养枯竭；当地百姓在走投无路下，对入侵者发动了反击。皇帝的军队最终被击溃，大将被杀，血流千里。不过这些反叛的百姓很快就向汉高祖称臣。汉高祖是汉朝的开国皇帝，于公元前202年登基，在位8年。武帝统治时期，中国分成36个郡，南越国拥有其中9个，广州被称为南海郡，番禺县是南海郡的郡治，也是南越国的都城。

公元210年，东汉建安朝，广州这个名称首次见诸史册记载，当时指的是一片广阔的地域，如今则指一个府，包括广州城。随后的两个世纪，广州的行政和地域变化频繁，不胜细述。在天监朝，即"尚武的君王"统治时期（他的统治结束于公元543年）①，广州人民进贡了一块上等布料。但梁武帝惯于吃苦耐劳不喜欢这么豪华柔软的布料，所以拒收了，并且发布了一道诏令，禁止制造这种优质布料。与此同时，广州被划出一部分建立桂州，也就是如今广西的桂林。这就是中国人所说的"两广"的来源，即东部为广东，西部为广西。值得注意的是，这个省真正被称作"广东"的时间还要晚一点。大概是公元1150年，我们才第一次见到"广东"这个词，也就是在南宋绍定年间。从下任皇帝宋度宗统治直到南宋灭亡，这里一直被称作"广东路"。在元朝，这里被称为"广东道"。明朝朱元璋统治时期，它才有了如今的名字：广东省。也是在这一期间（大约是1368年），作为广东省首府的广州才第一次被定为府，而之前通常都叫作"广州路"。

在此之前的三四个世纪，广州与印度之间一直保持着相当密切的交往，不过要晚到公元700年的唐朝，广州才正式设立对外贸易的蕃坊，任命市舶使作为朝廷的代表征收"固定税"。

大宗的奇珍异宝开始输入。公元705年，张九龄开通了著名的连接广州和帝国北方的梅岭驿道，于是大量商船涌入广州。795年，因官员敲诈勒索过甚，商人们所得太少，于是纷纷放弃广州而改与交趾支那②贸易。在9世纪末，交趾人从陆地攻打广州，当地粮食开始稀缺，于是建造了大量前往福建运粮的大型船舶。

---

① 当指梁高祖武皇帝萧衍，但年号有误。——译者注
② 旧地名，位于越南南部、柬埔寨东南方。法国殖民时期，该地的法语名称是 Cochin China（音译为交趾支那），首府是西贡。——译者注

　　907年，唐朝灭亡，此后53年间五代十国各个政权此起彼伏。在最初的一代，广州人民贡献了价值5000万两白银的黄金、白银、象牙和其他贵重商品。结果，皇帝封进贡的刘䶮为"广州王"，赐号南汉王，也就是南海王的意思。当时的广州政权极端残暴，罪犯被烹煮、炙烤、剥皮、碎尸，或被迫与老虎和大象搏斗。这些骇人听闻的残酷故事让宋朝的开国皇帝赵匡胤大为震惊，并于公元964年（即其登基第五年），宣布要把这里的人民从水深火热中解救出来。于是，天空出现了"众星北飞"的奇观。第二年，人民获得了和平和安宁。

　　宋太祖似乎非常重视广州人民的福祉。当时，该地人民尚处于非常原始的状态。官府下令取缔男巫和女巫，禁行巫术，捣毁曾经用来举行迷信仪式的寺庙，还禁止以活人做祭品供奉邪神。为了治疗瘟疫，官府开设药局。抵制无用的奢侈品，禁止佩戴珍珠和黄金首饰。同时禁止对交趾支那扩张，放弃为了攻占无用之地而造成民众痛苦的既定政策。1067年，宋英宗在位期间，广州城花了5万两白银建起一座城墙，周长约2英里，用来防卫频繁来犯的交趾支那人。

　　公元1279年，元朝的开国皇帝忽必烈像饿狼一样扑向中国南方。蒙古大军过后，千村薜荔，万户萧疏，血流成河。很长一段时间内，广州的对外贸易中断了。在恢复和平后，这里的商业重新兴旺起来。1300年，大批船只来到广州。不久后，浙江和福建的港口也对外国商船开放了。

　　葡萄牙的费尔南·佩雷兹·德·安德拉德似乎是从欧洲绕经好望角与中国进行贸易的先驱，他在1517年明朝最繁盛时期到达广州。不久后，西班牙、荷兰和英国的冒险家也纷纷到来。广东的广州、澳门和Tien-pih，浙江的宁波和舟山，福建的厦门等城市相继成为与欧洲贸易的大港口。

我们现在把视线放到清朝。顺治三年，广东居民得以休养生息，其区域和行政继续沿用前朝旧制。但这份安宁没能持续多久。南明的永历帝朱由榔试图恢复明室，起而反抗。由旗军和部分汉军组成的顺治大军从北京出发前往镇压，福建、广西、广东等省相继陷落，其间只有广州人决心拼死一战。广州城南有大江，东西都有护城河，只有北面暴露。不过敌人既没有船也没操控船的能力，而广州人两者都有，还有一条向南通往大海的自由水道。受益于前来避难的人们，广州的守军人数大幅增加。清军反复进攻11个月，死伤无数，无功而返。但广州最终还是陷落了，当时身处华南的耶稣会会士卫匡国对陷落后的场景有如下描述：

> 广州人民的英勇抵抗，让清军不得不炮轰城墙。1650年11月24日，广州被叛徒出卖。据说清军曾向城中一位守将许诺，城破之后会保留其职位，由此里应外合攻陷广州。城陷后的第二天，清军开始屠城，并持续到12月5日。城中无论男女老少，尽皆被杀。街市上一片哀号。杀，杀，杀死这些野蛮的叛民！最后，清军仅留下一些工匠以传承必要的技艺，以及一些精壮的男人以搬运从该城掠夺来的物品。12月6日，广州城终于迎来一道命令，禁止进一步的杀戮，不过这时受害者已有10多万人，围城期间因各种原因丧生的还不算在内。

当地人的记载跟上述大致相同，只增加了一些细节，下面我们引述一二。清廷的军队由尚可喜和耿继茂率领。他们是清廷的两位高官，最初受命攻取两广，随后留下镇守和管理。在抵抗的明军方面，最高首领是杜永和①，他在发现清军胜利在望后抛下军队，经海路逃往海南。第二位首领是范承恩，也就是前面提到的投敌守将，他开门引清兵进城。据一份手稿记载，在围城和屠城中丧生的人数共有70万之多，"家家户户都人去楼空"。清军结束屠杀后，便在老城驻扎下来，让文官在新城办公。据说，旧城如今只剩下一间建于屠城之前的房子。人民的生命和财产损失惨重。因为携带财宝逃跑的希望渺茫，许多人把金银珠宝装在瓦罐里埋入地下。后来有些人在打井或挖旧房子和寺庙的地基时就挖到过这些宝贝。

就是在这样的废墟上，广州城慢慢地重建起来，人口、财富和影响力都渐渐回升。

两度被抢占

现在，让我们再来说说这座城市两次被欧洲军队围困和攻占的往事。中英当局在贸易问题上起了争执，为此而诉诸武力当然是一种可悲和不幸的结果。尽管敌对行动在1839年底就开始了，但直到1841年英军才正式入侵广州。同年5月25日，由卧乌古爵士指挥的英国陆军和由弗莱明·辛好士爵士指挥的海军，在离广州城北门约4英里处的缯步村登陆，首先攻打当时和现在都肩负着保护广州北门重任的炮台。这个任

---

① 杜永和，字际泰，河南通许人，明末官封太子少傅、兵部尚书、两广总督。多次击退清军进攻，广州城陷落后入海赴琼州，不久后降清。——译者注

务由2600名英军以14名士兵死亡、112名士兵受伤的代价迅速完成，当时仍然对西方国家的武力和战术一无所知的清廷军队伤亡惨重。

英军一战得胜，占据了可俯视北城墙的高地。按计划，下一个目标自然是夺取城市。5月27日晨，英军一切准备就绪，迅猛而致命的攻击即将发起。然而，正当他们要向城墙开火时，广州城即将毁灭的命运逆转了。一个信使来到大营，宣称他们决定停止敌对行动，并把广州城交给英国人。事实上，这是英国驻华商务总监督义律跟中方交涉的结果。

如果清廷爽快地践约，缴纳赎城费，其领土也许就不会被外国征服者亵渎了。英方遵从清廷的愿望，准备履约。不过，义律告知清廷，他们不仅需要向英国交付600万银元的赎城费，还要赔偿英国和其他外商的财产损失。义律还进一步要求，广州城里的5万清军必须立即撤离到60英里以外。另外，如果我们理解无误的话，当时英军和清廷达成一致意见：只要赎城费一天不交，英军就一天不撤离他们攻占的高地。

尽管清廷统治者已与英国媾和，但广州城四周的乡勇仍然坚决抵抗并试图消灭这些外来侵略军。一支不少于1.4万人的队伍突然出现在附近的山头，以出其不意的方式冲向当时只有600名驻军的英军阵地。此举刺激了英军士兵，他们迅即拿起武器，毫不费力就击溃了这支人数多达1.4万人的部队。

这天下午风雨交加，追击的英军队伍中有部分士兵迷了路。手持长矛大刀的广州乡勇很快就发现有机可乘，迅速将他们围住，意欲一举歼灭。尽管弹药受潮无法使用，英军士兵仍然提起刺刀，围成一个方阵自救。到了深夜，这些士兵仍未回营，由此引起英军总部的警觉。他们派出一支部队前

往搜救。最后，他们找到了正处于困境的士兵，成功将他们解救。英军回到营地后清点人数，发现90名士兵中仅14人受了伤。第二天，广州城的乡勇再次出现，虎视眈眈。但是，清廷官员命令他们就地解散，各回各家。清廷官员之所以出场，是因为卧乌古爵士已经宣称，如果乡勇不解散，他就炮轰广州，绝不妥协。在这之后，也就是5月31日早上，议和的所有细节都已经谈妥，英军撤离炮台，返回香港。

后来，这个城市还是被欧洲军队占领了。那是1857年12月31日，英法联军围困并占领广州城，直到1861年10月才退出。

第二章

羊城街景

广州街道概况——青石板地面——排水沟渠——
街道命名和店铺类型——招幌匾牌——洋行名称——
房屋风格——纪念牌坊——衙门机构

广州城，19世纪80年代。黎芳 摄

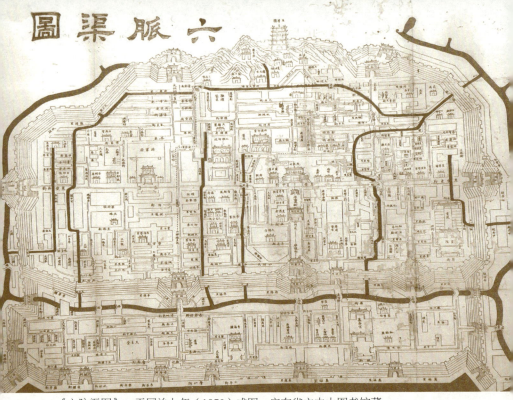

《六脉渠图》，于同治九年（1870）成图。广东省立中山图书馆藏

　　这个古老的城市街道纵横，数不胜数，却大多狭窄。如果没记错的话，中国有法律规定，城市的街道不得窄于8尺。可是，广州城有一些街道之窄，让人不得不认为，上述的法律与其说是让人遵守的，还不如说是供人违反的。不过凡事都应一分为二，我们也要看到，在炎热的夏天，这些狭窄街道便成了阴凉的峡谷。当然，这是因为它们实在太狭窄了，无法开设店铺，也就没有了熙来攘往的人流。"炽烈的太阳向下投射炎热的光线，残忍地流泻着无法忍受的白天。"①

　　这座城市也有一些宽敞人多的街道，但大部分在夏季里只有少数阴凉之处，居民们往往需要用帆布、草席或松木

　　① 这是18世纪著名的英国诗人奥利弗·哥德史密斯的长诗《荒村》中的句子。——译者注

板来遮阳。街道的地面不管宽窄，一律都用厚实的青石板铺成。石板底下是暗沟，雨水透过石板缝隙流入暗沟，最终汇入6条巨大的水渠①，再经4条围绕广州城的护城河②进入珠江。4条濠渠中的玉带濠环绕着老城城墙，起到护城河的作用。6条大渠③和4条护城河都在知府的直接管辖之下。根据清廷旧法，地方政府应在每年秋天疏通河渠一次。然而，尽管法律对此作了明确要求，而且清理河渠中的垃圾也有益于当地居民，地方官并没有重视这项职责，沟渠最终由沿河街坊负责清理。

<h2 style="text-align:center">极具特色的街名</h2>

广州城里许多街道的名字，我认为很有特色。当你经常碰到下列街名后，就知道此言不虚了：太平街、白云街、长寿里、早享街、惠爱直街、长乐街、百子桥、万孙街、珠光里、万福里、万安里、九曜坊、龙腾里、积善里、登龙街、尊龙街、潜龙街、撒金巷，等等。另外，有些街道还会以数字区分，如一约④巷、二某坊、三某里、四某街等。这样的街道名称在这座伟大而古老的城市里并不少见。

广州街道的商铺与欧洲城镇街道的一样，规模和外观种类繁多。大的很大，小的很小，有的整洁，有的脏乱。商铺

---

①即六脉渠。——译者注

②即东濠、西濠、南濠、清水濠。4条护城河统称为玉带河。——译者注

③城里的每条主要街道中都有一口大水井，井口用花岗石板覆盖。这些井被称作太平井，只有在发生火灾时才会打开使用。为了标识每口水井的位置，人们在石板上刻"太平井"三字，嵌在对应的墙壁上。——原书注

④"约"是广东地名用字，是一条巷子或街道中某一段的意思。——译者注

浆栏街，广州最有代表性的街道之一，两边店铺几乎要挨到一起。 〔英〕约翰·汤姆逊 摄

大多以青砖为墙，以灰瓦覆顶。大门口外垂直悬挂两三块长招牌，上面是用金黄、大红或其他鲜艳颜色写成的大字，标明商铺的名称和贩卖货品。商铺的名字通常都是两个字，意味深长，响亮动听。所以你会经常见到这些名字：永成、万胜、永福、天福、天荣、永恒、诚利、大利等。有些店家习惯在大门上方挂一块与出售货品形状相似的小木牌。比如，制作和出售衣领的商铺会挂一块衣领状的招牌，袜商就挂一块袜状招牌，靴商挂一块靴状招牌，鞋匠挂一块鞋状招牌，眼镜商挂一块眼镜状招牌，扇商就挂一块扇状招牌。此外，还有其他让人一目了然的招牌。例如，帽商会在招牌上画一顶帽子，鞋匠会画一只靴子，膏药商则画一贴膏药。

各家大商铺都会在屋顶或天花板悬挂若干盏玻璃灯，在大门口外悬挂大灯笼。这些灯笼上绘有艳丽的文字或图案，如禽鸟、蝴蝶、寺庙、亭台、花园、山水等。招牌和灯笼的色彩鲜艳，数量众多，让街道显得非常喜庆、欢乐，在灿烂的夏日尤其如此。在这方面，下列街道比其他的尤为可观：浆栏街、状元坊、大新街、打铜街、小市大街、高第街、双门底、惠爱街和大佛寺前。

商铺、住宅之格局

中国各行业的店铺不像英国的那样，杂乱地遍布城镇各处。恰恰相反，广州各个行业的商铺和类似建筑都坐落在特定的区域。就某一街道而言，商店也并非散落分布。每个行业都聚集在一块特定区域，这是作为行规被严格遵守的。因此，我们常常能看到，某条街道两侧聚集着众多销售同样商品的商铺。而在其他街道，商铺的分布同样如此，从而形成

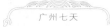
另一行业的聚集地。

　　每家商铺门前通常都会坐着一位店员，耐心等待顾客的光临。商铺店主的女性家庭成员一般不住在商铺后方的住房里。因此，当一天的生意结束后，店主会离开商铺，返回位于城市较为僻静处的宅邸过夜，让伙计和学徒留在店内照料货物。一般来说，士绅的居所都是砖瓦房，注重坚固和整洁。跟中国大部分房屋一样，它们都只有一层高，但它们的进深相当大，能够容纳很多人居住。由于这样的府邸的前墙不设窗户，往往会让人误以为墙内是军营，而非普通住宅。进入这样的宅院先要穿过趟栊门。府邸前庭（或曰门廊）设有门房，负责接收访客的名帖，打开通往天井的三道大门的中门。天井（或曰围廊式中庭）通常呈正方形或平行四边形，地面铺着整齐的石板。天井的两边都是回廊（或曰柱廊），其顶由石柱牢牢地支撑着。

　　这些回廊里会依次排列着一块块红色的大牌匾，上面用金字镌刻着家庭成员的官衔，包括在世的和去世的。天井四周遍布绿釉陶瓷花座，上面摆放的盆栽样式美丽，色彩鲜艳，生机勃勃。天井两边有门通往起居室、饭厅和客厅。家庭的男性成员通常在起居室和饭厅休闲和用餐，客厅则是主人接待访客的地方。天井面对宅邸大门的一面是堂屋（或曰中厅），按例是用来接待低级别的访客的。堂屋的上首安放着一张窄长的黑色高案，案上是古代青铜器和瓷花瓶之类的摆设。屋里还会配有两排长椅和若干张小茶几，都是黑檀木制成的。

　　堂屋的后面又是一个天井，其布局基本与上面描述的一致，因此不必重述。不过，我们应当看到，这个天井的两侧有门通往卧室，那是家庭内男性成员的居所。面朝第二个天井大门大厅，厅内设有供奉祖先的祭坛，因而被视为极其神圣的地方。尽管神圣，但这个大厅也是家庭的女性成员闲时小坐的地方。她们不但在这里接待其女性亲戚，也接待左邻右舍的女人和朋友的家眷。过了第二个天井，还有第三个。在建筑布局上，它和前述的类似。不过，这里两侧的房间是已婚女子的卧室和待嫁姑娘的闺房。在中国府邸里，这些天井和建筑通常都有六七个之多。我们还应当记得，几乎所有中国豪宅都有一个后花园，里面不但有假山鱼池、盆景乔木、绿篱灌木，也有五彩缤纷的花卉。

穷人的居所无论是外观还是内部，都极其不舒服、不体面。这种房子通常只有两三个房间，其狭小、黑暗和脏乱，环境之恶劣，让人难以想象人类能在其中居住。

中国的住宅不设壁炉。因此在寒冷的冬季，人们只能通过添衣或者围坐在整天烧着木炭的黄铜或陶瓷火炉周围取暖。每间住宅和商铺都会放置一尊守护神的塑像或画像——通常是画像。有时人们也会在红纸上用大字写上保护神的姓名，以此替代神像或画像，放在祭坛上。还有的时候，他们会只写一个"神"字，代表一切神灵，作为家庭的保护神供奉在祭坛上。家里的某些成员早晚都会在祭坛前拜一拜[1]。

---

[1] 几乎每家商铺都有一个供奉财神的祭坛。同样，每家商铺门口台阶的左侧或右侧，也会放一个供土地或福星的小神龛，他们被看作是"幸运之神"。总之，所有人家不论贫富，都会供奉神位。——原书注

门神的故事

士绅宅邸的大门上经常可以看到门神的画像，一边是神荼，另一边是郁垒。关于这两位古老神祇受人尊崇的缘故，中国的史书上是这样记载的：传说，在远古的沧海有一座岛，岛上有一棵大桃树，枝枝杈杈绵延三千里。在这些繁茂的树枝东北方有一座鬼门，所有的鬼晚间都在这里出入，它们是数百年来附近居民得病受灾的原因。最后，出现了两位大英雄，也就是神荼和郁垒，他们开始出手剿灭这些游荡作祟的恶鬼。一些恶鬼被抓住喂了老虎和其他猛兽，剩下的则心惊胆战，再也不敢离开它们居住的大桃树。[①]此时正是五帝之中的第三位——黄帝统治之时，他于公元前2698年继位。黄帝下令用桃木制成宫殿的大门，门上画神荼和郁垒的肖像，作为驱邪除鬼的符咒。这些命令当然得到了执行。于是，在大门上画这两位神祇的肖像便成为习俗，后世一直遵循不变。不过，我们也常常会看到士绅府邸的大门上贴着秦叔宝和尉迟恭的画像。这两个人生前是唐朝的杰出将领，之所以成为门神，原因如下：公元627年，唐太宗生了一场大病。据史家记载，唐太宗晚上发病的时候会听见皇宫吵闹不休，大门被拍得震天响。响声之大，不但吓得皇帝病倒，也吓着了后宫的嫔妃，朝廷百官以及太监、奴婢与侍卫。这样的骚乱，当然被认为是邪魔作祟。可是，上面我们提到的两员大将却没有被骚扰。于是，皇帝命他们两人披盔戴甲，站在宫门两旁守夜，镇压邪魔。秦叔宝和尉迟恭遵命从事，此后一连几个晚上都太平无事。因此，唐太宗康复之后重奖了

---

①出自汉朝王充的《论衡·订鬼》，转引自《山海经》。——译者注

这两位将军，同时下令，此后宫殿里外诸门皆画他们的肖像，以镇压邪魔。就这样，在住宅大门上贴这两位将军的肖像成为一种习俗，渐渐风行全国。不过，有些房屋的大门上只张贴他们的名字，而非他们的画像。

大多数情况下，城市街道的房屋和商铺高度并不完全一致，排得也不十分整齐，反而是高低蜿蜒。部分广州人认为，街道布置之所以如此不规则，是因为房子的建造需要遵循风水原则。那些原则要求，屋脊的正梁和连接屋子的前壁不可以平行。风水先生认为，如果违反这些原则，屋主人就会遭遇悲惨之事。

官职与衙门

欧洲很多城市的街道和广场上常常装点有青铜或大理石的伟人、圣贤、英雄或善人的塑像，但广州城不是。不过，城中也有许多地方都矗立着牌坊，以纪念饱学耆宿、孝男贤女和贞节妇人。这些牌坊有的是砖砌的，有的则是红砂岩，更常见的是用灰色花岗石建造的。每座牌坊都是三门四柱，中间的门大，两旁的门小。大门正中的横梁上通常会有一块磨光的大匾额，上面或雕花或刻字，以标明纪念的对象。有些牌坊在匾额最显眼位置上刻有"敕建"两字，表明这座牌坊是朝廷下令建造的。据此可知，这种牌坊的建造资金由朝廷支付。

关于广州衙门办事机构，梅先生[1]如此写道："广州是该

---

① 当指英国驻华外交官、汉学家梅辉立，编著过《中日商埠志》《中国辞汇》《中外条约集》《中国政府》《中华帝国文献述略》等书。——译者注

省的省会城市，同时也是广东和广西（有时称为"两广"）总督衙门之所在，该总督同时也兼任南洋通商大臣①。总督有两位品级几乎相同的同僚，分别是负责全省民政事务的广东巡抚以及负责指挥和管辖驻扎城内的旗兵和汉军后裔（这些人并不全部服役，只是居住在城内特定区域的军人后裔）的广州将军。下一品级是司道。比巡抚略低一级的官员是布政使，有时也称"藩司"。在他之下是按察使（略相当于英国的首席大法官，但他还负责邮政系统事务，并经常指挥军队）、负责盐务的盐运使、负责督运漕粮的督粮道。这些官员组成一个管理委员会，叫作总局。省以下是府，广州府的首长是广州知府，管辖着面积比荷兰王国还大的14个县，其职务繁重，负责司法、财政甚至军事事务。县的首长是知县，是这个官僚体制中最低的一级。南海和番禺两县的县治在广州城内。县以下还有众多主簿、县尉、典史之类的小吏，负责维持地方治安和征收赋税，主持民事和刑事案件的初审。监狱也由他们管辖。

"除了上述行政首长，还有两名肩负特殊职责的高级官员：学政，亦称主考，专门负责举办往中国官僚体系输送人才的科举考试；海关监督，顾名思义，就是管理海关事务的长官。

"广州的驻军分为旗兵和汉军。旗兵又可以分为旗人和在17世纪便跟随清军南下的北方汉人后裔两部分，人数约2万。该市约1/4的地方被这些军人占据，其中5000名成年男

---

① 南洋大臣设立于1844年，由两广总督兼任，专管中国南方沿海通商口岸对外交涉、通商、海防等事务。——译者注

性是吃饷的士兵，大约1.8万人是旗人。

　　"除了旗兵之外，广州城还有大约3000名汉军，其中1500名隶属于广协，500名隶属两广总督，1000名隶属知府。隶属知府的1000名士兵由抚标指挥，驻守外城城门（内城城门均由旗兵把守）和城中各处哨所。隶属广协的士兵则作为军事警卫驻守新城和郊区。"

巡警与守夜人

　　广州城被分为36个防区，委派12位官员带领士兵维持所辖防区的治安。每3个防区配12名士兵。不过，在小偷比较活跃的冬季，士兵的数量会有所增加。在各自的辖区内，士兵们会在头目的带领下，在夜间按时段巡视各街道。在巡逻过程中，士兵们会时不时地用火绳枪和抬枪打上两枪，其目的不是警告潜行在街区里的各类盗贼，便是为了提高自己的警惕性。

　　除了我们刚才提到的警察力量，夜里各条街道的街口还会有守夜人。更夫则由附近街坊雇用。在主要的街道，守夜人会驻守在街道的瞭望塔上，防范盗匪和火灾并发出警报。每个更夫都配有一个小木槌和一个梆子，用以报时和报警。发现小偷或火灾时，他会用力不断敲击梆子，给驻守在附近瞭望塔上的守夜人发警报。同样，瞭望塔上的守夜人也会用类似办法来提醒周围居民。一旦出现险情，附近所有居民就会被迅速召集起来，或协助驱赶盗匪或帮助灭火。守夜人晚上驻守的瞭望塔都是些搭在木板平台或竹架上的小席棚，底部用竹竿支撑并用绳索牢牢捆绑，席棚要比附近的房屋高出些许。

　　拿着木槌和竹梆的更夫，与我们在书上看到的古罗马看守街道的守夜人十分相似。根据一个已逝的著名作家记载，罗马的更夫配有警钟，一旦发生险情，他们就会迅速向其他人发出警报。

　　"他用了更夫的警钟，仿佛这就足够表达其目的。"

第三章

小探河南

海幢寺——守门神——四大天王——三世佛
殿——十六罗汉——石塔——观音菩萨——毗卢
阁——神猪——游方僧下榻处——印书坊——客
堂——大僧房——斋堂——厨房——十殿阎王堂——
方丈室——钟楼——寺庙花园——白鹿坟——放生
池——茶毗炉——存骨灰的普同塔——骨灰瓮——伍
氏宅邸——瓷器上作画——供奉吕纯阳的庙——济隆
糖姜作坊——茶栈——金花庙

　　下面我将描述这个古老的城市及其郊外的各个有趣之地，
都是我们在逗留期间有幸愉快游玩过的。1873年9月15日，星
期一，早上8点，我们乘坐蒸汽轮船"九江号"从香港启程，
踏上走访这个省会城市的旅途。到达之时，已是当天下午3点
半，再要深入城内已不可能，于是我们决定，用剩下的几个小
时走访城郊河南①一带的名胜。

---

　　①河南是广州人过去对广州珠江以南地区的泛称。——译者注

海幢寺。［英］约翰·汤姆逊 摄

海幢寺：十六罗汉的故事

第一个吸引我们的景点是海幢寺，西方人多称"河南庙"。该寺由一个名叫池月的僧人在康熙十一年（1672）创建①。其位置，顾名思义，在广州河（珠江）的南岸，寺庙原来是一户郭姓人家的私人花园。

———————

① 海幢寺的创建与中国文献记载不尽相符。海幢寺始建于南汉，名"千秋寺"，后废为民居。明代为郭龙岳花园，僧光牟、池月，募于郭氏，加以修治，并依佛经"海幢比丘潜心修习《般若波罗蜜多心经》成佛"典故，将佛堂改名"海幢寺"。参见（清）陈坤：《岭南杂事诗钞笺证》，广东人民出版社 2014 年版，第 220 页。——译者注

穿过一道不起眼的小门，进入一个大庭院，沿着中间宽大的石板道，我们被带向该寺壮观的山门。石板道两侧各种有一排榕树。这种树四季常青，树冠舒展，终年不息地为寺院里络绎不绝的香客和游人遮阴。穿过山门，一左一右两座神像映入眼帘。据寺中僧人说，它们是为该寺守门的八大金刚中的两位。

一天24小时分为12个时辰，每个时辰有两位金刚值班。除了阻挡妖魔鬼怪之外，它们还要防范各种邪恶势力侵犯这座神圣寺庙。位于山门右侧的金刚应该是欢迎一切前来礼佛的来客的，左侧那位则是提醒来客，寺庙乃神圣之地，进门须保持敬畏之心。

这八位金刚的名字是：青除灾金刚、辟毒金刚、黄随求金刚、白净水金刚、赤声火金刚、定持灾金刚、紫贤金刚、大神金刚。

山门的两侧各有门房的住处，其中会有一两个房间停放空棺材。这些棺材不是为寺内僧人准备的，而是城里富贵人家寄存的，通常是某个富贵人物的生日礼物。换言之，是儿孙在长辈60、70、80或90大寿之时为他们置办的。

穿过该寺山门，会看到一道通往一座敞殿的石阶。殿门两侧各有一面白璧，上面写着中文大字，右边是"万恶淫为首"，左边是"百善孝为先"。殿内有4尊塑像，是为"四大天王"。

第一位是增长天王，脸被漆成绿色，手持宝剑，已出鞘一半。据说他五行属木，掌管着风。第二位是广目天王，脸被漆成红色，手持玉琵琶，时出妙音。据说他五行属火，掌管火、气和水。第三位是多闻天王，白脸，手持宝伞。据说他五行属金，掌管雨水。第四位是持国天王，青脸，左手握金龙，右手握一颗从龙口夺下的宝珠。据说五行属水，掌管风。进一步的说法是，这四大天王分别守护天界的四方，也就是第一位守护南方，第二位西方，第三位北方，第四位东方。

中国的母亲常常将自己的孩子拜托给四大天王中的一位来保护，把写着孩子名字的红纸条贴在所选的天王塑像身上。我们认为，四大天王中，持国天王应是最受中国母亲欢迎的一位，因为他身上所贴的纸条最多。

出了这座殿，下一座就是大雄宝殿，其中供奉着三圣的神像。不过，让我们先看一下通往这座大殿的庭院。庭院两侧各有一座配殿，右边的配殿供奉着韦驮，左边的供奉着关帝，即战神。据中国僧人说，这两位神祇也是寺庙的守护神。不过这属于题外话了。

我们还是抓紧去看看大雄宝殿的屋顶吧。跟所有大庙一样，大雄宝殿的屋顶铺着绿色的琉璃瓦，由殿内的高大木柱支撑。每根柱子都涂着光亮的红漆。大殿四壁是红色的砖墙，意味着这座寺庙是皇帝下令修建的。殿内有3尊巨大的塑像，装饰得金碧辉煌，是代表着过去、现在和未来的三世佛。每座佛像前都有木制祭坛，上面精心布置着香炉、烛台和鲜花。在正中的祭坛前，除了刚才提到的器具之外，还有一块红色的木牌位。这是皇家的牌位，上面刻着金色大字：吾皇万岁万岁万万岁！这句话，虽然不是那么简洁，但还是让我想起古代波斯人向君王表达的祝愿：吾王永生！因为这块牌位代表的是皇帝，自然受到僧人和香客的极度尊崇。

3尊佛像的前面各有一盏大油灯，从大殿的屋顶悬挂下来，跟古罗马供神的灯一样，长明不熄。除了这3盏大灯之外，大殿里还遍布着其他稍小的灯，平时不点，只用于重要或特殊的日子。从屋顶垂下的三四幅狭长的红幡上，都绣有丝绒大字"阿弥陀佛"，增添了这里的庄严气氛。深长的大殿两侧各排列着8尊罗汉，也就是佛祖最出名的弟子的塑像。释迦牟尼的弟子共有800个，上述16个因为道德高尚、修为高深而美名远播。他们都是佛祖虔诚的弟子，在追随了佛祖18年后受命常住世间，受世人供奉，为众生作福田。史上有许多诗歌赞颂他们。例如，在北宋时期，有一位高官因为触怒朝廷被贬谪到海南岛，为了打发漫长的无聊时光，他写了长诗来纪念这些罗汉。这位高官就是苏东坡,他这些纪念罗汉的诗稿至今还保存在东莞县的资福寺①里。

在杭州西湖边，有一座专门纪念这些罗汉的寺庙，里面也保存着一首赞颂他们的诗作，那是乾隆帝所作。据记载，乾隆帝于1736年登基，在位长达60年。乾隆二十一年（1756），他南下巡视，途中便拜访了这座庙。也是在那里，他即兴作了上述提到的诗歌。

为了纪念这些罗汉，许多中国画家曾为他们画像。在唐朝（618—907）时期，著名画家仲清子②就画过惟妙惟肖的罗汉像。不过，在众多罗汉像中，出自贯休之手的最为精妙。

---

① 东莞资福寺始建于公元962年。1974年，随着大雄宝殿被拆，资福寺不复存在。苏东坡曾夜宿资福寺，于公元1100年写下三篇文章，其一为《广州东莞县资福禅寺罗汉阁记》。1896年，资福寺建东坡阁，嵌苏氏《罗汉阁碑》（残石）于壁，由莞人进士邓蓉镜募捐建成。后来东坡阁在1953年左右被拆，苏轼残碑放在当时的东莞县立第一小学校图书馆内，后不知去向。——译者注

② 音译，未知何人，疑是崇庆寺之误。山西省长子县崇庆寺有宋代十八罗汉塑像，栩栩如生。——译者注

因为声名显赫，这16名佛祖弟子的塑像通常也被置于供奉三世佛的大殿之内[1]。

第一位是宾度罗跋罗堕阇，据说是驼背浓眉，有时候被画成手持锡杖，大腿上放着一部佛经。他是慈悲的化身，致力于普度众生，让众生远离尘世的焦虑和烦恼。

第二位罗汉是迦诺迦伐蹉，有时候被画成盘腿坐像，双手合十，作祈祷状，光着脚。据说其合拢的双手和双脚之间也持有锡杖，只是被浓密的毛发所遮挡住了。他虔诚修行，日日自省，对人世的欢愉毫不动心。他没有视觉、听觉、味觉、嗅觉和其他感觉，因此对音乐、歌声、花香、果甜，乃至一切色相都浑然不觉。有一次有人问他，你为什么不剃发？他这样回答：谁曾见过野牛剃发？谁曾见过鹿剃发？我跟它们一样，不用介意我的模样，因为我也以大地为家。

第三位罗汉是迦诺迦跋黎堕阇，有时候被画作足蹬玻璃鞋、手持锡杖的形象。他的这根锡杖据说还作为文物存放在浙江省的一座庙宇里。他生前以苦行出名，所以成佛后能够多日不食。

第四个叫苏频陀，是个伟大的隐士，最大的乐趣是敬拜佛祖。据他的传记称，他敬拜佛祖的办法是在铜钵里点燃檀香。他对自己的后人说，人留存于世的应该是学说，而不是名声。

第五个是诺矩罗，画作中的他高鼻、大嘴、长眉，习惯坐在蒲团之上，手持念珠。据说他爱坐在孤树之下默默祈祷，那样就能得到上天最大的眷顾。

---

[1] 在许多寺庙内，罗汉像是18尊。——原书注

第六位是跋陀罗，据说在小时候就得到七位佛的无私教导。他是个十分温柔的男子，他的眼睛也不受任何红尘俗世的纷扰。在他的一生中，他走遍天下寺院，朝圣学习。临死之前，他倾向于静坐。坐着的时候，他总喜欢把一条腿放在另一条上面。

第七位是迦理迦，以沉默寡言闻名于世。据说他可以连续很多年都不跟同伴说一句话。根据他的传记记载，迦理迦的眉毛长可及地，因此出门的时候不得不用手捧着，以免踩到。在许多寺庙中，他都是以坐在一块大石头上的形象出现的。

第八位是伐阇罗弗多罗。这位罗汉的鼻子长而尖，额头上有四道深深的皱纹，手脚长满了毛发。在画像中，他常常祖露上身，端坐石上，脚边放着一本佛经。据说他总是时刻勤奋诵读经书、虔诚祈祷，因而能够在很短的时间里将经书倒背如流。伐阇罗弗多罗身心纯洁，还曾被信徒们奉为佛。不过，他拒绝了这种请求，认为自己还配不上这样的荣耀。

第九位是戍博迦。据典籍记载，这位尊者长着鹰钩鼻，脑后有一大瘤。在画像中，他有时候会以手持蒲扇、静坐椅中的形象出现。

第十位是半托迦。这位罗汉据说十分胖。不过，半托迦熟习佛典，潜心向道，因而出类拔萃。他常常静坐大石之上，手持佛经。

第十一位是罗怙罗，据说他眉毛茂密，长及脸颊，双眼浑圆，双耳肥大，耳垂各悬一环。他总是以怒气冲冲的形象示人，但其实性格温和。

第十二位是那迦犀那，据说他面如恶魔，不似人类，额头歪斜，浓眉大嘴，络腮胡须，双手青筋暴露。虽然样貌凶恶，但内心充满慈爱。画作中的他常常端坐石上，手作祈祷状。

第十三位是因揭陀，记忆力超强。画像中的他时常身着一袭百衲衣，据说那是他用从百户人家手里讨来的布料缝制的。他也是光着脚，游走四方。有时候，他也会被画成端坐石上，右手持佛经，左手持念珠。

第十四位是伐那婆斯。这位罗汉常年住在石窟之中，双目紧闭，内心摈弃一切杂念。他试图通过这样的闭关禁欲，避免灵魂因思考和懊悔而痛苦。

第十五位是阿氏多。据说长得扁鼻大嘴，长眉飘逸，浓髯短髭，也时常光脚行走四方。阿氏多罗汉很少生气，被认为是最慈悲的罗汉。他普度众生，却从来不要求回报。

第十六位是注荼半托迦，眉如草棚，鼻似长棍。他也以沉默寡言著称，据说自从立志事佛后就没再开口与人说话。人们问他问题时，他常常以两指指天表示认可，摇扇表示否定。在一些画作中，他端坐在虬屈的大树下，右手持一把奇形怪状的扇子，左手两指指天。

现在，我们赶紧去看看大殿的右角吧，那里悬着一口大钟，钟声悠扬，恐怕是天下无双；而大殿的左角则立着一面大鼓。僧人们每天都会在这个大殿击鼓鸣钟，然后举行晨祷和晚祷。每天早晨4点和晚上8点，僧人们会敲钟108下，作为对佛祖的礼拜。

大钟钟体刻有一篇铭文，说明此钟是由3位信女和9位善男进献，善男的名字抄录如下：Chee-Mun-Chu-Shee，Too-Foo-Lun，Wye-Mun-Chung-Shee，Chow-Tang-Wye，Ling-Foo-An，Yew-Mun-Lee-Shee，Yek-Ioo-Sow，Yew-Ting-Lok，Ling-

Foo-Yan；时间是康熙八年（1669）①。

　　在晨祷和晚祷之时，僧人会排列在大殿两侧，代表皇帝及其子民向佛祖祈祷，同时也是礼拜天地。在此过程中，方丈会在祭坛上供一碗米。祷告礼毕，这碗米会被移放到殿门前的一张三脚凳上。当然，不久之后米就全都进了小鸟的肚子。

　　出了这座大殿的后门，我们走向第二重殿——舍利殿，它位于另一个大庭院中。在这个庭院里，我们的目光首先被一棵枝繁叶茂的高大菩提树吸引住。毫无疑问，这棵树得到了好几代人的赞叹。庭院的另一边也耸立着另一棵相似的大树，不过，在1862年7月27日一场肆虐广州及周边地区的暴风雨中，这棵大树被连根拔起。那棵依然枝繁叶茂的菩提树旁长着一株植物，中国人称作"鹰爪草"。它的根部被围了起来，显然是得到了僧人们的精心照料。据说早在此寺建造之前，它就已经生长于此。进入舍利殿，我们看到了其中的石雕佛塔，其精美壮观程度令人叹为观止。石雕佛塔有四面，都雕刻着释迦牟尼的形象，一面是骑着六牙大象，一面是骑着狮子，另一面骑着一头神兽并手持一幅卷轴，还有一面则是端坐于莲花宝座之上。每一面雕像之下都放着一碗清水，象征着佛祖和佛法的纯洁。

　　佛塔之下据说埋有古物，应是佛骨或者袈裟，历经千

---

　　①此处原文有误。查阅中国相关文献，海幢寺的多口钟的建造日期与捐资者如下：康熙五年（1666）今无和尚住持时，广东盐道苏霖等官员捐资铸造了一口铁钟；康熙十四年（1675），两广总督金光祖等官员与众檀越捐资铸造了一口铜钟；康熙十五年（1676），刘心等弟子又捐资造供了一口铜钟；未见铸造于1669年的。——译者注

年，如今已坚硬光洁如珍珠[1]。每年的某一时间，寺中的僧人都会举行敬拜仪式。敬拜时，众僧人分别排列在佛塔两侧，诵念多种经文。这样的仪式耗时甚长，最后以众僧庄严地围着舍利殿绕行三周而止。此塔建于该寺创立之时，耗费白银数千两。支撑大殿屋檐的每根石柱上都挂着一块红色的告示牌，提醒参观庭院的游客切勿亵渎圣地。

观音殿：观音的传说

该寺的第三重大殿供奉着观音，故称观音殿。踏入殿中，迎面就可以看见一座金碧辉煌的塑像，塑像前放着一张供奉用的木桌，上面按例摆放着香炉、烛台和假花。供桌正面披着一块红色的丝绣桌围，一个角上绣了几个绒字，以示这是吴氏家族的几个女子奉献给观音娘娘的。大殿两侧分别排列着几个大书架，每个都装着双开门，里面精心保存着佛教经典。

现在我们来说说观音菩萨吧，不过在讲具体细节之前，我们首先得知道一点，即殿中的形象只是观音菩萨的一个化身，而菩萨现身尘世至少有32次，每次的形象都不同。据中国典籍记载，观音诞生于一个较小的独立国家，其边境北接印度。她的父亲是该国国王妙庄王，母亲名叫伯牙，两人因多年不育十分伤心。伯牙非常虔诚，每天都会两次前往比邻王宫的寺庙祈求诸神的保佑和原谅，因为她的国王丈夫对王

---

[1] 据广州《越华报》1930 年 7 月 8 日的报道，舍利殿殿旁有一座佛塔，全部都是用英德石筑成，工艺颇为精巧。该塔为海幢寺高僧澹归大师火化后埋灰之地。澹归是明朝官员，明亡后逃入海幢寺为僧，改名澹归，圆寂后，其弟子捐资建塔，以作纪念。——译者注

室成员和子民都十分残暴。在她的诸多请愿中，有一个是生下一个男性继承人。然而，诸神一次次无视她的祈求，伤心的王后仍然坚持不懈，最后诸神被感动了，决定赐予她一个女儿。就这样，她顺利诞下了一个女儿，起名妙因。

王后接着又生下了一位公主，起名妙缘。尽管有了两位公主，王室继承人的问题仍然没有解决。于是，王后接着生了第三个孩子，不过仍然是位公主，起名妙善。据说，这第三个也是最后一个孩子出生时伴随着异象，当时有片明亮的云彩笼罩着王宫，周围花香阵阵。孩童时期起，妙善便显露出与佛之间的异常缘分，喜欢在清静的寺庙中打发时间。这让国王夫妇忧心不已，并想尽办法阻止。他们将她幽禁在花园的亭子里，但无法动摇她的信念。妙善最终还是被释放并送往白雀寺修行。在那里，她被要求做下人才会做的粗鄙工作，但她毫无怨言，每天都高高兴兴地劳作。据说，在她备受折磨的这段时期，曾有32位仙人下凡帮她。不仅如此，在她为寺院摘菜时，猴子会来帮忙；摘茶叶时，鸟儿会来帮忙；摘水果时，还曾有8个精灵来帮忙。还有一次，她挑着一大捆柴从山上返回寺院时，一头白虎前来帮忙。不过，她的国王父亲对她久居寺院不归十分不满，暗中计划要烧掉寺院。他命令一名将军立即执行这个邪恶的计划，不得拖延。于是，在国王的授意下，一把火被点燃了。可是，火苗还没烧起来，就莫名其妙地熄灭了。知道有神仙干预，国王气昏了头，命令士兵去抓她出来。这个命令当然被立即执行，妙善公主被拖出寺院，带到她暴怒的父亲面前。后者立刻命令侍卫杀了她。不过，在神的庇护下，这个企图也失败了。到了此时，妙善知道父亲不会让她返回寺院，因而下决心自杀。就这样，她上吊自尽了。第二天夜里，一头老虎闯进王宫，把妙善的尸体叼到附近一座山的山顶上。在那里，一位神仙施展法力，复活了妙善。醒来之后，神仙告诉妙善，十殿阎王要见她。阎王乃掌管人间生死之神，他们的旨意岂可无视！妙善表示遵命，并让神仙领路前往。到达主持惩恶扬善、六道轮回的阎王殿，她惊骇地看到恶人遭受的种种残酷刑罚。她的慈悲之心大生，决定尽一切可能向佛祖祈祷，希望可以减轻他们的痛苦。于是，她来到十殿阎王面前问他们为什么要召见自己。他们说是因为欣赏她的种种美德，愿意给予奖赏；同时，他们也欣赏她的勇敢和热忱，不顾父亲的阻挠，放弃锦衣玉食的生活，到寺院里全心全意地祈祷、清修和戒斋。十殿阎王叮嘱她，任何情况下都不要荒废每日的功课，要像此前那样，时刻牢记虔诚事佛。告别了十殿阎王，她来到未来佛跟前祈祷，刚吐出"阿弥陀佛"这几个字，天上就降下了香花。与此同时，那些被困地狱的恶灵立刻脱离了苦海，重新得到上天的垂怜。

十殿阎王的手下向主人报告了这个不可思议的奇迹。他们听了十分震惊，让妙善立刻离开阴间返回阳世。妙善遵命返回人间，只见一朵白云从天而降，云上坐着一个和尚。他来到妙善面前问她是否愿意去香山。那是一座神圣的高山，乃人间仙境。他还自称是释迦，在她被残暴的父亲迫害的这些年里，一直守护着她。妙善满心感激，向恩人鞠躬致谢，并答应跟他前往香山。到了香山，妙善被请上了一个莲花宝座，负责主持这个人间仙境的事务。10年后，她被邀请前往西天，也就是佛教徒的西方极乐世界。尽管身处福地，她仍然没有忘记自己的父亲。有一次，妙庄王身患重病，凄惨无助，她便前往照顾，并赐予他健康和力量，最终使其康复。妙善，也就是观音，这位大慈大悲的菩萨，如今仍被世人（尤其是女子和孩童）虔诚地供奉着。

在这座大殿，女人（尤其是富贵人家的女眷）常常来向观音菩萨祈福。这样的法事，通常由和尚主持，形式十分怪异。神像正前方摆着两张桌子，彼此之间相隔约两米。桌上整齐地摆放着水果和鲜花，作为给菩萨的奉献。身着华服的女子围着桌子或坐或跪，和尚在乐声中踱着小步，绕桌而行。当乐声转急，他们的步子也相应加快，最后那8名和尚甚至绕着桌子奔走不迭。这种场合之下的他们像极了苏格兰里尔舞的舞者，而不是在举行宗教仪式的和尚。这场奇特而怪诞的仪式，似乎以和尚突然冲向那些女子，给予她们最热烈的祝贺而告终。清明节时期人们也会来朝拜观音，那是中国人认为给祖先上坟最吉利的时节。纸衣——是的，就是纸做的衣服——及纸扎的男仆女佣、房屋轿子、金银元宝等物品，也会在这种时候被带到大殿上供给菩萨，之后才会焚化给过世的灵魂使用。不过，农历的二月十九日和六月十九日来朝拜的妇女儿童特别多，因为这两天分别是观音菩萨的生日和忌日。

在这些特殊日子里，信徒们会去各个供奉观音的寺庙礼拜，为自己或生病的亲人祈福，在高悬的长明灯上点燃棒香，然后高举着带回家。他们把这些棒香当作得了菩萨保佑的供奉，插在祖宗牌位或灶王爷的神龛前。有些时候，信徒们在离开观音庙前还会举着一小包茶叶，在神龛前袅袅上升的烟雾中熏一会儿。他们认为，熏过的茶叶会变成灵丹妙药。

最后让我们再谈谈这个城市里众多的观音庙吧。属于地

方政府的观音庙有两个，位于新城的安岗街，其中之一建于
隆庆年间。隆庆是明朝第12个皇帝朱载垕的年号，于1566年
登基，统治6年后去世。

观音殿附近还有一座毗卢阁，也就是供奉毗卢佛的大
殿。此佛像头戴金冠，端坐于凤座之上。他除了两只正常的
眼睛外，前额还有一只，据说能遍览天下，无所不知。殿内
两侧树立着12尊镀金塑像，因为各具神通，故被称为天王。
毗卢佛像的脚下放着两张小红桌，一张上面用金字写着Ng-
Chuk-Lou，他是伍浩官家的一名成员。多年前重建这座佛殿
的时候，他是主要的出资人。另一张桌子上没写名字，不过
刻了其他捐助信徒的集体名称：Oi πoλ λoi。此殿之后的
另外一座殿里有两个牌位，一个写着余冰怀①，另一个写着
Chaong-Hok-San。前者曾做过广州知府，后者是他官阶较低
的同僚。他们建寺有功，因而被供奉在这里。

离开这座殿，我们走向泡呀猪，也就是一个猪圈，里面
关着十几头大肥猪。这是一些信徒献给菩萨的供奉。一根支
撑猪圈的柱子上钉着一块木牌告示，提醒游客在任何情况下
都不要击打或惊扰这些猪，并警告游人，如果不遵指示击打
或惊扰了猪，就会被上天看在眼里记录在案，等到报应之日
他们一定会后悔莫及的。猪圈旁边是个禽舍，照例养着一大
群鸡、鸭、鹅。你会注意到，这些鸡都是公鸡，因为中国人
和古犹太人一样，相信童子鸡是最适合献给神的牺牲。这些
猪②、公鸡、鸭和鹅被信徒放养在这，作为答谢菩萨保佑之恩

---

① 当指余保纯。余保纯字冰怀，江苏武进人，嘉庆年间进士。曾任广东高
明知县、番禺知县、南雄知州、广州知府。——译者注

② 该寺也养有作牺牲的羊。——原书注

的礼物。

　　从猪圈和禽舍回来，我们经过云水房门口。那里住着衣衫褴褛的托钵僧和尘土满面的游方僧。这些云游四方乞讨为生的和尚居住的僧房令人作呕。屋子两侧各有一长排宽大的木椅，这群和尚夜间就在那上面休憩。

　　这个"收容所"不远处便是书局，也就是该寺的印书坊。书局为本寺以及其他寺院印刷经书，主要是佛教典籍。中国人被认为是印刷术的发明者，因此我们以为到这个地方一游肯定会非常愉快。但事实上，这趟旅程既谈不上愉快也不能说失望。书局的一间屋子里有许多木架，每个木架上都精心摆放着几百片雕版。印刷工序十分简单，我可以简单描述一下。在浮雕着中国字的木板上，用一把刷子蘸上墨水轻轻一刷，由于字是凸出的，所以就只有字而非全部木板沾了墨。在这些沾了墨的雕版上铺上一张纸，用一个以椰子纤维做的工具扫压一下，纸上便有了数行清晰的文字。

　　穿过跟印书坊相连的庭院，就能进入客堂，也就是接待访客的地方。客堂里有两间接待室，分别位于一座庭院的两侧。进入客堂大门，右边的接待室被认为是较低级的一间，也就是下房，访客先在此落座，等待专门接待的和尚到来，然后再被迎入另一间，也就是上房。这种礼仪很容易让我联想到《圣经》中《路加福音》卷第十四章的一段话："你被人请去赴婚姻的筵席，不要坐在首位上，恐怕有比你尊贵的客被他请来。那请你们的人前来对你说：'让座给这一位吧！'你就羞羞惭惭地退到末位上去了。你被请的时候，就去坐在末位上，好叫那请你的人来对你说：'朋友，请上坐。'那时，你在同席的人面前就有光彩了。"

斋堂：用斋礼仪

从客堂出来去斋堂——也就是这座寺院的食堂——的路上，我们经过一间屋子的大门，门上悬着一块大匾，上写"禅堂"两字。这就是僧舍，里面非常宽阔，可以容纳好几个和尚居住。1822年，英国访华特使阿美士德勋爵及其使团成员曾在此居留数周①。在此期间，每周的礼拜日早晨，使团的随行牧师都会主持礼拜仪式。当时所有居住在广州的英国子民都被勋爵大人郑重地邀请前来参加礼拜。

斋堂内部很宽敞，摆着8张长桌，就餐时供和尚使用。还有一张小桌，专供方丈就餐。这些桌子摆放成罗马餐厅的式样。斋堂的墙上悬挂着小红木牌，上面写着两个汉字，指示不同年龄的和尚及访客应坐的位置。同一面墙上还有其他牌子，有的写着该寺的寺规，有的写着佛经语录。因为和尚在用斋时不许说话，所以将这些木牌悬挂在墙上能方便他们默念寺规和佛经，提高觉悟。这种指示牌让我们联想到基督教修道院里的公告。基督教修道院的僧侣在餐厅吃饭的时候也不许互相交谈，而是由一个同伴朗读警句和规则给大家听。斋堂的一侧有一座神龛，上面的红色牌位用金字写着该寺已逝僧人的名讳，以作纪念。

用斋的时候，和尚坐在上述8张餐桌的一边。也就是说，摆在斋堂右侧的桌子，僧人只坐右边；摆在左侧的桌子，僧

---

①原文或有误。威廉·皮特·阿美士德，第一代阿美士德伯爵，通称阿美士德勋爵。1816年，阿美士德勋爵被英国政府指派出使访华，以图与清廷商讨中英贸易事宜。8月29日抵达北京，但由于礼仪问题，阿美士德的任务失败，最后经由广州于1817年1月28日在澳门登船返国。——译者注

人只坐左边。这样的安排能让坐在上首小桌的方丈看到每个与他共同进餐的人。这样的用斋仪式被僧人当作寺规严格地遵守着，对此我们毫不惊讶。他们一天吃两顿饭，早上10点一次，下午4点一次。每顿都有米饭、蔬菜和茶。用斋之前，所有和尚都要站起来，双手合十，吟诵一小段感恩祷词。主持这一简短仪式的僧人会把一小盆食物放到斋堂门外，估计是喂鸟吧。

　　靠近斋堂的是大厨房，就是厨子（也都是和尚）给全寺僧人做饭的地方。厨房里有三四口大锅，自然是为众僧煮饭用的。还有一座供奉监斋菩萨的神龛，每天由厨子敬拜。据说监斋菩萨是"紧那罗王，是乐神，佛教天神天龙八部之一，唐朝时期变成一个中国和尚，死后被派做寺庙斋堂的监督"。

　　接下来我们要参观的是地藏楼十王殿。这是楼上的一间殿堂，两侧各有5尊镀金神像。他们都是掌管阴曹地府的神，高坐龙椅之上，手持权杖。神像前各有一盆象征生命和情操纯净的清水。这座殿里有一个主神龛，供奉着地府的君主地藏王。他的神像被塑成3只眼，其中一只位于额头中央。这第三只眼表明他拥有无边法力，能够知过去、晓未来。

　　紧邻这座大殿的建筑是方丈室，其中一间供奉着3尊塑像，分别是最初主持这座寺院的3位方丈。这些塑像面前直立着一块黑色的大理石板，上面用金字刻着历任已故方丈的姓名。每年的正月初一到十五，这些已故方丈的肖像都会被挂在屋子的墙上，供本寺僧人瞻仰。另一间屋子布置成讲堂，上首安放着方丈的专座，桌上放着律藏。专座左边放着方丈的权杖，我们或可这么称之；右边是一根木棍。如果没记错的话，这根木棍最初是用于警告在讲经时打瞌睡的僧人的，也叫"香板"。说到这间作为讲堂的屋子，我们应该知道，佛教以前就是一个最讲究皈依的宗教。在这样的讲堂里，方丈等高僧每天都要给大批信众讲解教义。但如今因僧人的懒惰（据我们所知），这种教义讲解已经很久都没有举行了。我想，僧人们为了安慰自己的良心，就每月两次（农历初一和十五）在这座讲堂里诵读律藏。这种仪式几乎都是由方丈主持的。

方丈室后方矗立着幽冥钟殿。这是一座整洁的建筑，里面的摆设如同中国其他钟楼——只有一口钟。大钟从钟楼的顶上垂下，由一把小锤（因为缺乏更好的词，我们姑且这么称呼吧）敲响。钟上刻着3个汉字：幽冥钟。这是本寺的僧人在雍正年间集资铸造的。[①]雍正皇帝于1722年登基，统治13年后去世。

每天夜里，这口钟都会按时敲响。比如，每天晚上8点，看守钟楼的和尚会敲一下钟，然后默默念佛5分钟。念毕，再敲一下钟，然后再念佛5分钟。这样的仪式一直持续到天明，中间会换人值班。这种奇特的仪式主要是为了安抚那些生前作孽、死后永堕苦海的怨灵。

从钟楼所在的庭院出来，我们进入一座花园。花园非常大，不仅有种植蔬菜的畦田，也有生长着花草灌木和盆栽的花圃。花园入口处有一座茅棚，里面放着一些陶缸，其中有腌着的蔬菜。从这些蔬菜的腌法来看，想必最开始是先铺在附近的泥地上，让人们光脚踩踏。挤压后，再放到太阳底下暴晒几个小时，然后收集起来，放入一定数量的盐，再放进陶缸中。入缸之后，它们还要被那些光着的汗脚再踩踏一

① 原文有误。幽冥钟铸造于清康熙五年（1666）。——译者注

遍。花园里有一座叫白鹿山的亭子，据说底下埋着一头白鹿。这座白鹿坟和白鹿的故事据说非常简单，大致如下：清朝雍正帝在位年间，广州的一名高官给该寺进献了一头驯养的白鹿。这头鹿曾是高官儿子[①]的宠物，十分珍惜。几个月后，高官儿子死了。同一天，这头白鹿也死了。迷信的僧人认为，白鹿是主人去世而伤心致死的。白鹿的尸骨就埋在如今的亭子底下。亭里立着一块黑色石碑，上面用汉字写着我上面讲述的故事。紧靠着这个亭子生长着一棵粗大的木棉树，枝繁叶茂。树下有一棵被修整过的小黄杨盆栽。

花园里还有个池塘，其中养有活鱼，也是信徒贡献给佛的牺牲。这样的放生时常发生。池塘边上，按例有僧人设立的石柱，上面刻着汉字，劝导民众为了菩萨在池中放生鱼儿。

花园一角有荼毗炉，也就是僧人死后火化尸体的地方。炉以砖砌成，形似圆顶小塔。塔门洞开，里面宽阔得足以放进一顶木轿，待火化的尸体就是这样被抬进去的。进塔之后，尸体被置于4块大石之上，大石四周围以柴垛。送葬众僧列队塔前，念经超度亡灵。这一宗教仪式的第一段结束之时，高僧会从一名俗家弟子手中接过火把，点燃柴垛[②]。火焰升起，众僧重新继续做法事，直到尸体焚化为止。骨灰冷却后便被收集起来，置入瓷瓮中。接着，瓷瓮被迎入塔院，精心看护，直到来年三月中国人祭扫先人坟墓的时节，再将骨灰倒入一个红布袋，投入一个大陵墓，中国人称为"普同塔"。塔院、普同塔都与荼毗炉相邻。普同塔是一栋精美的

---

①原文有误，应该是番禺知县庞屿的父亲。

②这种柴垛当中一定会有檀香木。不过，掌管荼毗炉的俗家弟子也会在火化过程中不时地往火里扔小块的檀香木。——原书注

砖石建筑，有专门的围墙，形制极像希腊字母 Ω。不过，普同塔已多年未用，其两侧本来各有一孔，用作投放盛骨灰的红布袋，皆因其所处的洼地已积水盈尺了。暂时寄放骨灰的塔院如今已瓮满为患。但是，这种塔院在花园里有许多个，还有一个多年前已被密封，僧人不会再打开，因为其中已盛放了5048个和尚的骨灰。根据佛教说法，一座塔院最多只能存5048个和尚的骨灰。

西归堂：僧人等死之所

从花园回来，我们参观了西归堂，也就是病入膏肓的僧人等死的地方。年老体弱的僧人随时都可能去世，因而会搬至此处。这是一个小小的敞院，一侧是一排阴暗潮湿的房间。那些奄奄一息的和尚就是在这样的屋子里咽下最后一口气的。所有重病待毙之人都被移居此地的原因，据说是他们的灵魂在脱离寄居的臭皮囊飞升西天时，从这里出发会比从其他地方更快、更近。和尚一死，12个小时之后尸体就要被送往荼毗炉火化。首先，死者要按在寺中的身份和等级穿戴整齐，然后放入四周封闭的木轿。尸体在木轿中的姿势与平时所见佛像相似，也就是全跏趺坐，脚心朝天。尸体的两手要合十作祈祷状，但我们知道，这并非菩萨的双手摆法。盛放尸体的木轿会被抬出西归堂，穿过死门进入附近的庙堂，置于一神龛之上。在行超度法事的时候，众僧围绕着神龛，像面对佛像那样诵经数卷。木轿两边如今都绑上了杠棒。一切准备就绪，死者的身体就由俗家子弟抬着，沿鹅卵石甬道走向荼毗炉。不妨将这条甬道称为"死亡之路"，因为除了在上述情况之下，是没有活人会走的。这条甬道两边有高大的墙，两头有坚固的门封着。这座庙堂的一角还储存着三四顶专供上述用途的木轿。

太平天国起义期间的1854—1855年，有一支清军驻扎此地，给众僧造成了极大的困扰和不便。英法联军占领广州期间，由南海、番禺两县主持的邑试也是在这座寺庙举行的。

创办之时，该寺僧侣有百人之众。不过，住寺和尚无论何时都没有超过60人。他们有些一心向学，有些则像我先前说过的，是好吃懒做之徒。至于吸食鸦片的恶习，他们几乎人人都有。所以我非常怀疑他们之中是否有虔诚和正直之人，正可谓：

> 大地既哺育香花，也滋生毒草，荨麻常常跟玫瑰长在一道。①

伍家宅邸：祠堂文化

这座寺院附近就是广州富裕且有权势的伍氏家族的宅邸。这里门禁森严，但衣着体面的外国人却从未碰壁，所以我们决定前去拜访。离开寺院走了不过十几米，我们来到了一条狭窄的小道，入口的门上方写着4个大字：珠海波光。沿着这条窄道经过一个池塘，便来到一个铺着整齐石板的广场。广场一侧矗立着伍家祠堂。

祠堂的入口是巨大的双开门，除了节庆等重要日子，一般情况下是不开的。正门两边各有一扇小门，通常都是开着的。我们便从小门往里走。走进第一进院落，我们看到大门

---

① 出自古罗马诗人奥维德的《爱的医疗》（*Remedia*）。——译者注

内两侧的高石台。每当家族有隆重活动时，这些高石台便是乐师的位置，他们用原始乐器演奏出合宜的曲调。院落两侧走廊的墙边靠着几块红木牌，上面用金色大字写着他们祖先的官衔。扛这些木牌的人在家族的婚丧仪仗队列里占据突出位置。院子尽头是一座宽大的敞厅，里面摆放着一张小桌和几把椅子，长辈们就在这里商讨家族事务。比如，家庭成员之间为田地或房产起了纠纷，长辈们就在此聆听双方陈诉，如果可能，就会当场决断。在这样的议事厅里，有关妻妾之间的纷争也会视严重程度受到相应的处理。此外，如果某支的儿子长大成人，父亲要把家产或部分家产做一划分，也必须在这样的地方处理。在此，我还要再多说几句：中国的父亲通常会在儿子成人后，把家产分给他们一份。就这一点而言，中国人不但像古罗马人，还很像腓尼基人和犹太人。

在这个大厅，他们还会给家族里尊贵的成员庆生。当然，过世的先辈也不会被遗忘，每逢他们的生日和忌日，后辈们都要在这里敬拜。

祠堂内的祭坛上摆放着先人的牌位。每天早上和晚上，家人会点亮牌位前的灯，拜上一拜。

屋顶的椽子上悬挂着一块匾牌，用大金字写着家族成员在3年一次的科举考试中获得的功名。祭坛顶上也挂着一块牌匾，上面用密密麻麻的小字记载着本族一位成员在几年前将大部分财产捐献给官府抵抗英国蛮子入侵的事迹。

沿着一条鹅卵石小径，我们穿过一个门洞，看到一块石碑，上镌"万松园"3个大字。来到园中，右边是一座土丘，顶上和四周栽种着各种各样的绿叶灌木。土丘前有一座高大的建筑，是专门用来祭祀掌管士人功名禄位之神文昌的所在。不过那也并非唯一目的，据说它在风水上有利于祖宗祠堂。再往前行，我们见到了一些亭台楼阁，中国绅士白天就在这里盘桓小坐。还有一座瞭望塔，顶层是更夫守夜之处。在东方的豪宅里，这样的附属建筑几乎是必备的。右转是一个大荷塘，六七月荷花盛开之时，这里会显得生机勃勃，色彩缤纷。荷塘的东西两岸矗立着几座凉亭，其中西边的整齐干净，因而更引人入胜。凉亭后面是一条不长的步道，入口洞门的匾额告诉我们，这是给疲惫之人小憩的地方。小道虽短，却绿树成荫。道上有一张大石椅，一头有个石枕。这样的设计似乎有些违背初衷，因为对于一个疲惫之人来说，这么坚硬的石头椅子怎么能够让人舒服地休息呢？

　　伍氏府邸被一道高墙围绕，我们从西门出去，沿着一条名为"溪峡"的街走过庄巷，来到慈林庙。这座小庙的一个庭院里长着一棵桄榔树，也就是一种棕榈树。人们视其为神树，并建了一道墙围住其扎根的泥土，将其精心保护起来。为了拜这棵树，信徒们，尤其是女信徒，常常来这座庙，比如妻子们会向这棵树祈求让丈夫不要纳妾。风尘女子——信徒中还挺多这种脆弱和不幸的人——也时常到这里来，她们认为这棵树有一种令情人永不变心的法力。待嫁之女的母亲也会来这里祈求这棵树保佑她的女儿，让未来女婿禁受得住诱惑，断绝三妻四妾的念头。

　　这棵树受信徒崇拜的原因，据说是它高大、挺拔，并且没有树杈。它只有一根圆柱主干，高达20米，没有任何分枝。总而言之，此树本身就是一个整体。树干的底部有数根绳子——其实是裤腰带——缠绕着。把这些腰带一头拴在病人身上，另一头拴在树干上，据说这样能立刻驱除病人身上的痛苦。那些希望生儿子的妇女们也会来拜这棵树。拜过之后如若真的生了儿子，她们还会回来还愿，在树根上供上男孩的陶俑。之所以如此作为，可能是因为这种棕榈树在某些时候是雌雄同体，也就是"同一个花萼里既有雄蕊也有雌蕊"；此外，也是因为它们一夫多妻，也就是"一棵长雄花，另外的长雌花或结果"，或者是"雄树不结果，雌树如果不跟雄树的花相互授粉也不会结果"。不过，信徒们崇拜这种棕榈树也许还有个很简单的原因——其树干圆而挺，象征着男性生殖器。

庙中有4个幽暗而肮脏的房间，其中的架子上摆放着写了穷困潦倒之人名字的木牌位。他们死得凄惨，"没人哭丧，没人祭拜，没人诵经"。为了安慰这些人，大批信徒（主要是女人）每年的三月和七月都会来到此庙，在牌位前供奉食物、纸钱和纸衣等，并号哭一番。

我们现在前往海幅寺，也就是海洋幸福庙的意思。此庙很小，籍籍无名，似乎不足一游。但这是一座古寺，建于好几个世纪之前。这里驻守着两三个目不识丁的和尚。小庙的方丈似乎专注于配制一种药，他们称之为"精"①，据说有神效，许多中国人颇为推崇。小庙的山门前有个放生池，供信徒放生活鱼。池旁立着一块石碑，上面刻着汉字，提醒人们遵循规矩。

从海幅寺出来，我们前往宝岗拜访一名西班牙传教士的墓地。此人是在中国传播基督教的先驱之一，1669年死于广州②。此墓不大，外形朴实无华，形制与那些普通中国人的一

---

① 音译，未知何物。——译者注

② 作者没有记录墓主姓名和碑文，美国人亨特的《旧中国杂记》中有收录，但也不详。——译者注

样，墓碑上刻有中文和拉丁文。

现在我们走上去溪峡街的路，然后会沿着兴隆里前往龙尾导。到达之后我们进入数家作坊（也称为行），本地画匠在其中忙着在各种各样的瓷器上作画。这些花瓶、餐具等都是从景德镇买来的。那是坐落在鄱阳湖畔的一个大镇，附近有制作瓷器的上等黏土。河南郊外某些地区有瓷窑，上述画匠在瓷器上作完画，就会将其放到窑里烧6个小时，使之浑然一体。这种窑由两座圆墙构成。内墙是平坦的泥瓦，外墙是砖。外墙的底部有几个小孔，或称炉条。两座圆墙之间堆放着煤炭。窑内放了瓷器后，顶上用平瓦盖住，瓦上再覆盖烧红的煤块，以保证窑内的瓷器均匀受热。

跨过环珠桥，我们前往供奉吕纯阳的寺庙。过桥的时候，我们终于有机会见识了一条中国的水上街市。吕纯阳庙所在的街叫沙地。进庙之后，我们受到两位道士的热烈欢迎。据他们说，该庙的来访信徒在清晨之时最多，都是来问前程吉凶的。每个人都要先焚香拜吕纯阳像，然后跟道士要所求的信息。道士当然不会怠慢，他们带领信徒来到一张铺了沙子的桌旁，接着用两根指尖夹住一根长木笔，据说那支笔就会自己动起来，在沙上画出一串神秘的字来。这种字除了道士没有人看得懂。所以，此时会有另一个道士在沙桌边上坐下，将它们翻译成汉字。

这里请允许我插一句。在随后的某一天，我们经过这座庙时看到一位中国商人正要进庙，他是我们多年的朋友。我们问他来这座庙求什么，他说几天之后要到隔壁的广西省去一趟，想问问旅途的吉凶。出于好奇，我们跟他进了庙，看着他在神坛前上香祈祷。他在那里默默地跪了一会儿，然后

突然起身奔向站立在沙桌旁的道士，请问神的回答。木笔立刻动起来了，显示他此行将平安无事。精明的道士猜对了此人将要出行，不过那完全是误打误撞，因为我们完全可以肯定，所谓的神是完全不可能知道此人此行的吉凶的。不过，这个答案对那位商人来说已经足够了。

茶栈：制茶工艺

出了这座庙，我们跨过一座名叫跃龙桥的小桥，走上名为"鳌鱼滴水"的街。几分钟之后就到了街头我们要去的地方——龙溪首约。我们走进济隆糖姜铺。这里不但出售糖姜，也制作糖姜，并因其品质优良而闻名世界。济隆制作糖姜的方法如下：把姜块放进清水缸中泡上四天四夜，此期间需要换一次水。然后把姜取出铺在工作台上用大锥子扎，为了提高效率，扎姜的工人要双手各握一把锥子。之后把姜倒进大铜锅里煮透，再捞出来放入盛有水和米粉混合的大缸里泡两天两夜。最后，把它们置于盛有水和贝壳粉的槽里浸泡，再捞出来放在铜锅里煮。

这次煮的时候要加上一定数量的糖，通常是一担姜一担糖。这种糖是加了鸡蛋白提纯过的。煮过的姜晾凉之后，就可以装入小瓷罐中准备出售了。

离开济隆糖姜铺，跨过三度桥，经由鳌洲外街，就到了一处广场，这里有一座供奉金花娘娘的金花庙。进庙之前，我们参观了位于同一广场的两个茶栈，名为祥和以及德泰。这两家茶栈比邻而居，由一条小道从广场穿过去。进入第一家茶栈，我们看到有几个妇人和姑娘腿上都放了一只藤制箩筐，上面盛满了茶叶，她们灵巧地在其中挑出茶梗和败叶。

为了进一步清理，去除败叶的茶叶还要过筛。过筛还不够，下一步还要用类似于英国扬谷机的机器吹。这样，重量轻且没什么用的叶子就会跟重量重且健壮的叶子分开。最上等的茶叶会多吹几遍，而次等的茶叶就相应少吹。

经过这些工序后，接下来就是把茶叶放在煤火上烘焙了。她们在盛有火炭的铁锅上搁上一个两头宽、中间窄的支架。需要烘焙的茶叶会铺在筛子上，然后再搁到支架的狭窄部位。为了受热均匀，工人还会不断地翻搅茶叶。

我们看到茶栈里有很多的橙花，工人正忙碌地筛捡。我们询问这些东西的用途。他们说，那是湿润过的花，准备用来熏干茶叶，制作香红茶，也就是广东商人口中的"白毫"。茶叶和鲜花的比例是90：36。混合之后要静置24小时，等橙花释放完香气，就能达到预期效果了，工人随即用筛子和鼓风机来分离茶叶和橙花。之后，工人还要再烘焙一次这些被花熏过的茶叶。人们可能要问，为什么还要再烘焙一次呢？答案很简单，因为这些橙花是湿润过的，有水分。我们应该知道，中国人还常常用其他花来熏茶叶。福琼先生在他的一本关于中国的著作①中列举了一些：

青玫瑰花、梅花、茉莉花、素馨花、兰花、桂花、橙花、白蟾花

不过，熏茶叶过程中，茶叶和花的比例不是千篇一律的。

下面我们来看看珠茶的制作方法。这种茶叶产自香山

①罗伯特·福琼，苏格兰植物学家，曾先后4次来到中国及远东地区，将中国茶树品种与制茶工艺引进到东印度公司开设在喜马拉雅山麓的茶园，结束了中国茶对世界茶叶市场的垄断地位，给中国经济带来巨大影响。他写过几本颇具价值的著作，介绍其中国之行，其中包括《两访中国茶乡》。——译者注

县——该县是广州府所辖的14个县之一——的广袤山区，我们曾多次走访过。

　　首先，茶叶要经过仔细的筛选、晾干、烘焙。积累到一定数量后，会被送往广州，再以下面的方法做成"珠"：17或18把茶叶放入茶栈的炒锅，每个锅底下都烧着火。这种锅乍一看很像煮汤的大锅，它们排成一列，固定在砖泥砌成的灶台上。锅里的茶叶被水浸泡过，现在工人们需要用手翻炒。广州的每个茶栈都会雇用许多这样的炒茶工人。经过翻炒，茶叶会变得柔韧，然后马上装进小麻布袋，每个口袋装满扎紧之后就像个大橄榄球。麻布袋会被放在地上，工人们用脚来回搓动。也就是说，每个工人都会站在分配给他的茶叶袋上，像球一样转动它。为了顺利完成这个任务，工人必须双手扶墙，或者抓紧绳子与木柱。经过这道工序，口袋里的茶叶会变成"茶球"，也就是所谓的"珠"了。用筛子和鼓风机分离出来的粗茶不是无用之物，反而被做成了珠茶。这种

茶叶工人踩制香片和珠茶。

［英］约翰·汤姆逊　摄

茶叶炒过以后放入木盆中用刀剁碎，再按上述方法做成球，就是所谓的珠茶了。有一种很低等级的香珠茶是用茶叶末和米汤混合之后做成球状的，不过并非出自我们参观的这种茶栈或茶行。如果我没记错的话，香珠茶是出口到英国和爱尔兰的。

我们得知，这些茶栈不但制作橙花白毫和珠茶，也制作绿茶。绿茶的茶叶出自一种叫茶树的植物。茶叶采下后要先摊在竹匾里暴晒，然后放入预先用木柴烧热了的铁锅炒几分钟。起锅时工人要用手搓揉，以便把其中尚存的汁液挤出来。这一步做完后再扔回炒锅，由工人不停用左右手翻炒2小时。接下来就是例行的清理工序，即筛选、吹扬。制作绿茶的关键是注意茶叶的大小和形状，可以按客户的要求生产出多种多样的品种来。叶子小且像小球的，就叫作珠茶，形似珠茶但叶子较大的叫御茶。叶小、体形虬曲的叫雨前，形似雨前但叶较大的是熙春。叶大而粗且形状不齐的是屯溪，叶小而细且形碎的是皮茶，有时候也称作熙春屯溪。茶叶进行这样的挑选分类后要进行第二次烘焙。烘焙时间因品种而有所差异：珠茶12～14小时，御茶8小时，雨前8小时，屯溪和皮茶3小时。茶叶在半干时，工人会加入少量石膏粉、普鲁士蓝和姜黄粉，让茶叶变得更绿。

金花庙：妇幼保护神金花娘娘

参观完茶栈，我们接下来前往金花庙。这座庙的屋顶铺了绿色琉璃瓦，飞檐上除了琉璃瓦之外，还装点了陶瓷的人物形象。我先简单介绍一下此庙供奉的女神吧，她是妇女和小孩的保护神，下面是她的相关传说：

　　从前有个名叫金花的女孩。很小的时候，金花就按时参拜家宅附近的寺庙。她向庙里的菩萨虔诚祈祷，冀求得到他们的保佑。她不想嫁人，不要俗世荣华，只一心事佛。她相信女人的责任就是献身。据说，金花可以与鬼魂交流。最后，她厌倦了尘世，投水而死。人们在她投水的地方打捞，却什么也没找到。不过没多久，她的尸体自行浮了上来，第一个目击者名叫陈光，是这里的长者之一。他命令众人不但要尽快把尸体捞上来，还要立即厚葬。据说，尸体刚捞起来，空气中就弥漫起浓郁的香气。尸体放入陈光准备好的棺材后，河中立刻浮现一具檀木雕像，那就是金花的像，且久久停留，这一现象被视为奇迹。人们将雕像打捞上岸，精心保护起来。他们在广州旧城的仙湖街上建了一座庙，把这座檀木雕像安置在祭坛之上，供人们参拜。后来这座庙年久失修，破败不堪。很久之后，又被一位叫陈公的官员重建①，并称她为"金花普主惠福夫人"。后来到了嘉靖年间（1522—1566），反传统的广州提学魏校烧毁了金花的神像。在他调任后，人们重新制作了一座泥塑神像供奉起来，并持续到现在。

　　不过，广州最重要的金花庙是在市郊河南的那座，我们在远足时也曾有幸拜访过。

　　金花娘娘深得广大妇女和儿童的爱戴。不过，经常来庙

---

　　①据清同治《番禺县志》卷五十三，明成化五年（1469）由巡抚陈濂重建。——译者注

里朝拜的信徒当中更多的是希望能生个儿子的女人。

金花庙的主殿里有一座高大的神龛，上面矗立着金光灿灿的雕像。此外，殿里还有两座小神龛，各自摆放有10座金像，代表着生前以慈母著称的女子，如今是金花娘娘的侍女，或称奶娘，名讳和职责如下：

第一个叫保痘夫人胡氏，是出痘孩子的保护神。

第二个叫梳洗夫人张氏，专司婴儿的沐浴梳洗。

第三个是教食夫人刘氏，负责教新生儿和婴儿进食。

第四个是白花夫人周氏，是男孩的保护神。

第五个是养育夫人邓氏，专司照料婴儿的食物。

第六个是血刃夫人周氏，专门保护生育的妇女。

第七个是转花夫人李氏，她能够响应妇女的祈祷，将女胎转为男胎。

第八个是送子夫人谢氏，她有法力保佑妇女生男孩。

第九个是大笑姑婆祝氏，会保佑孩子平安喜乐。

第十个是剪花夫人吴氏，负责保佑产妇顺利剪断脐带。

第十一个是送花夫人蒋氏，保佑妇女受胎。

第十二个是小笑姑婆黄氏，负责教导孩子嬉笑。

第十三个是腰抱夫人万氏，负责照顾婴儿直到会走路。

第十四个是教行夫人黄氏，负责教导婴儿走路。

第十五个是教饮夫人梁氏，负责教导婴儿吮吸。

第十六个是保胎夫人陈氏，负责保护腹中的胎儿。

第十七个是羊刃夫人苏氏，负责保护胎儿出生前的安全。

第十八个是红花夫人叶氏，负责照顾女婴。

第十九个是瀬花夫人林氏，负责保佑孩子身体强壮。

第二十个是栽花夫人杜氏。

金花庙的墙壁和顶梁上悬挂着几块信徒的还愿木匾，上面写着金花娘娘如何有求必应，让她们如愿以偿。其中有一块特别吸引中国人的注意，上面写着4个大字：乞儿到手，意思大致是：从前我们无儿无女，现在我们手抱一子。这块还愿匾是一对夫妇挂的，男的名叫董小平，女的叫董杨琳氏。他们多年不育，家境也很贫穷。金花娘娘赐予了他们一个儿子之后，他们开始发家致富，最终发展成一个有钱有势的大家族。匾上的日期表明它初刻于雍正十一年。第一次修补是嘉庆年间，第二次是在道光年间。在同治六年，也就是1867年，这块匾又重修了一次。

庙中有个阁楼，是金花娘娘的卧室。里面床铺被褥、桌椅板凳、梳妆台、便器等物品一应俱全，都是娘娘的合法财产。卧室里也摆着一尊小神像，女信徒们会常来此处参拜祈祷。中国人崇拜金花娘娘，一如古罗马人崇拜维纳斯。每年的四月十七日是金花诞，人们都会隆重地举行庆祝活动。当天一早，无论是贵妇还是平民女子，都会盛装前往庙中，向她们心目中的保护神奉上供品，颂扬金花娘娘的功德，祈求保佑。我们要离开的时候，注意到庙里放着一口钟。钟的表面刻有铭文，大意如下：道光二年，吴陈氏和吴刘氏敬酬，钟重200斤，佛山万明炉铸。

参观完金花娘娘庙，我们返回沙面，结束了第一天的旅程。

第四章

闲逛西郊

兴隆大街——棉花店——五金店——陶器店——
禽蛋市场——卜师——北帝庙——槟榔街——制
绳坊——染房——面铺——烟叶铺——夏布店——
绣袍店——殡葬街——铜匠——木雕师傅——猫狗
肉铺——鸦片烟馆——中药铺——商人会馆——李
府——乞丐广场——绿茶商人会馆——尼姑庵——
漆器作坊——华林寺——五百罗汉堂——吹玻璃艺
术——宝石商——长寿寺——花园和点心铺——金鱼
花园——丝绸织机房——义冢——制香铺——乞儿头
会馆——第二个金鱼花园——螺钿雕工——当铺——
燕窝店

　　走访了广州河南郊外有名的景点之后，第二天我们就顺
着兴隆大街前往广州西郊。走在这条大街上，我们发现左右
两边的每家商铺都摆放着几大包孟买棉花，可零售，也可批
发。继续往前走，还能看见几家出售英格兰产五金商品的店
铺。在一家名叫合义的铺子里，我们看到三四个男子正忙着

熬制猪油。他们在一个盛有泉水的槽里清洗板油,然后放到大锅里熬煮。隔壁一间屋里有几口陶罐,满满地盛放着熬好的猪油,店老板正将猪油出售给一名客商。在中国,猪油是一大消费品。

禽蛋市场:腌蛋的秘方

继续往前走,就到了家禽市场。顾名思义,这里是贩卖活蹦乱跳的鸡、鸭、鹅、鸽子、石鸡、鹌鹑、水鸭、潜鸟、野鸭的地方,此外也会贩卖鹳、猫头鹰、乌龟、蜥蜴以及腌制过的老鼠。在各自的货摊上,鹳是用绳子绑着的,可能是防止行人走过时它们受到惊吓而扑扇翅膀。它们的眼皮也被缝了起来,这样就不会注意到来往的客人。类似的残酷行为我们在海南岛的海口市场上也看到过,那是用在出售的石鸡身上。在中国,人们喜欢用鹳、猫头鹰和蜥蜴来给病弱之人进补,据说能加快恢复体力。乌龟是生脓疮溃疡之病人的药膳,老鼠肉则是美食家的挚爱。不过,脱发和失聪的男女也常吃,他们认为前者可自然生发,后者可帮助恢复听力。

进入溶光街,我们就到了禽蛋市场。在永泰蛋铺,伙计们在内屋忙碌地检验当天早晨从乡下买来的大批鲜蛋是否完好。他们左右手各拿两枚蛋,互相轻轻一撞,力度拿捏得恰到好处。禽蛋市场的所有店铺都售卖鲜蛋和腌制过的蛋。中国人一般不吃半熟的蛋,煮老的蛋也只是偶尔吃吃。不过,在孩子出生和生日的时候,他们都会按例吃些煮老并染色的蛋。中国人特别喜欢腌蛋,因此每年都会腌制大批鸭蛋。下面我简单地描述一下腌蛋的方法。首先,往大锅中放入一种蔬菜,以及竹叶或者杉树叶,加水一起煮。配料会给这锅水增加一种香味。等到水凉了以后，人们会把要腌的蛋放进去洗干净。最后，他们把这些蛋放进盛有同样香料水的容器里浸泡几个小时。腌制100枚蛋，就要用到10两盐、5两草木灰、1斤石灰，加上适量的香料水调成糊。这样的糊会被倒进罐或瓮里，然后把蛋放进去腌制3天。3天之后把蛋取出来，工人将腌蛋的糊搅拌均匀，然后再把蛋放回去。再过3天，上述工序又重复一次。如此这般3次，这只罐或瓮就被密封起来，30天后再打开。届时蛋就完全腌好，可以成为人们的美食了。

我们再看看另一种腌蛋方法。往泉水中加入四两武夷茶煮透，滤除茶叶，混入3碗石灰、7碗草木灰,再加上10两盐，拌匀搅成糊状，糊在蛋上。糊好的蛋放进装有草木灰的罐或瓮里，草木灰主要是为防止上了糊的蛋粘在一起，然后将罐或瓮密封起来，腌制40天就可以取出来了。为了腌蛋，草木灰的需求极大，中国的厨子一般会收集起来，以8个铜板1斤的价格出售。给腌蛋上糊的工人有男有女。为了保护手不受石灰的侵蚀，他们都戴手套。此外，中国人腌蛋，也可以把它们放在混合了红泥、盐或者是烟灰、稻草灰与盐水的罐子里。用这两种办法腌出来的蛋叫作咸蛋，是病人的美食。麦栏街专门制作腌蛋，距离禽蛋市场很近。

北帝庙：拆字与占卜

从禽蛋市场出来，我们踏上溶光直街，准备前往北帝庙，也就是供奉北方之神的庙。来到庙的山门，只见两个卜师分别坐在一张桌子后面。信徒交几个小钱，就能得知自己所怀胎儿的情况。卜师前面的桌子放着笔墨，用来预测吉凶。这种桌子不由得让我们联想起《圣经》里提到的那种。尽管古人习惯于在涂了腊的小松木桌上写字，却很少有人在铅制桌子或镀锌木桌上写字。卜师还有另一重身份——文牍先生，也就是说，你只要付几个铜板，就能请他们代写书信。他们也可以算是公共翻译，不识字的信徒在庙里求了签，可以请他们用白话讲解文绉绉的签文含义。

对于这种人的算命方法，戈柏①在他的《中国人自画像》（*Pictures of the Chinese Draw by Themselves*）一书中有很精彩的描述。这位尊贵的会吏长说："（他们）首先挑选出一些重要的字，分别写在不同的小纸条上，然后卷成卷，就像以色列人的护符，也就是写了《圣经》语录的小羊皮纸细卷那样。这些小纸条有数百张，全部放进一个盒子打乱。那些急于知道即将开始的远行是否平安，或是生意是否有利可图的人，都会来求助于卜师——这样的人在大街上随处可见——他们从盒子里抽出一张小纸条。接下来就是这种艺术的神秘之处了。卜师在一块白板上写下纸条上的字，然后开始拆解，诸如由几个部分组成，字根是什么，笔画共有多少之类，并解释此字的重点是什么，蕴含着什么特别的力量，然后从字义和结构推演出一些特别意思来迎合问卜者的需要。这个世界上恐怕没有其他文字能够像汉字这样任由卜师随意解读了。事实上，这些选定的字能够轻易被精明能干的艺术家推演出一些神秘且模棱两可的意思。英语和其他语言中也有以颠倒和重组词句中的字母而改变词句本意的把戏，或许这样你们就可以大致理解中国的这种拆字艺术了。比

①戈柏，英国圣公会"行教会"传教士。——译者注

如，人名Horatio Nelson可以通过头韵置换而变成Honor est a nilo；Vernon可以变成Renown，Waller可以变成Laurel。著名的例子还有彼拉多的问题：Quid est veritas，以及耶稣的回答：Est vir qui adest。[①]"

　　进入北帝庙，只见尽头的壁龛端坐着一尊天神塑像。我先介绍一下这个神祇的来历。根据中国文献记载，北帝是这个世界的总管。在天皇时代，北帝是三皇中第一位，化作人形下凡，名称太始真人。在地皇时代，他再度下凡，在三皇中排第二，名叫太元真人。在人皇时代，他再次下凡，在三皇中排第三，名叫太乙真人。根据中国史书记载，到了黄帝时代，即公元前2697年前后，北帝吸太阳之精入心，落地古净乐国。善胜皇后梦中吞日，怀孕14个月，生下了北帝的化身。他的降世非同寻常，他是从母亲的左肋出来的，诞生之时天降五彩祥云，大地异香弥漫，奇石珍宝层出不穷。出生后，他心地善良，聪慧绝伦，且行为举止也与众不同，7岁时就已遍习经典。随年岁渐长，他立意辅助玉皇大帝拯救世人，无论父母如何规劝，都无法令他回心转意。于是，15岁那年，他离家周游山川，访仙问道。皇天不负有心人，他在荒山野岭中遇到了玉清圣祖，拜其为师，得授无极上道。修道圆满后，玉清圣祖命他前往太和山。此山在东海之中，周围水阔五万里。玉清圣祖还告诉他，到了该山之后，他要以一个红崖洞（紫霄岩）为家，继续修行500年。修行期间，他应当披发跣足，以后才有资格做众神之首。他领命而去，谨

---

　　①庞提乌斯·彼拉多，罗马帝国犹太行省第五任巡抚，他判处耶稣钉十字架。因为耶稣声称自己是真理的见证人，他就问："真理是什么？"耶稣回答："就是这里的这个人。"——译者注

遵戒律，最终如愿以偿。在他得道的那天清晨，据说天空大放光芒，落下最美和最香的花雨——也就是天花，三百里之内仙乐飘飘。在此期间，据说北帝身长九丈，脸如满月，眉如虬龙，眼如丹凤，皮肉纯净如水晶。他头戴玉冠，身着锦袍，立于其修道的高山之巅，仰望天空，双手作祈祷状。此时神仙从天而降，为他授封，同时带来了绣着金龙的袍服、红靴、飞剑和九色战车。一众仙女骑着骏马，也自天而降。她们带来天帝的诏书，敕封他为天庭总管。同时，他获得一面黑旗，上面画着7颗白色的星星，代表北方七宿。中国人至今都认为，那就是北帝在天上的居处。

每逢节庆日，北帝庙都会把画着北方七宿的黑旗悬挂门前，以示崇拜。人们还会给北帝穿上神仙当年送给他的袍服。每年的三月初三，乡里的士绅就会给北帝庙中的神像换上一身新袍服，布料、颜色和款式都与上述一致。我们有幸目睹了1867年给北帝换装的仪式。仪式在夜半时分举行，当地的几名士绅盛装前来，在神坛前跪叩礼拜。在换装期间，庙里的钟鼓齐鸣。在跪拜的士绅身后，一边是庄严肃立的7或9位道士，另一边是同样数量的和尚。换装结束时，士绅行过叩拜礼起身，和尚和道士齐声诵经礼赞。

坐在九色战车里，由众神相陪，我们的主人公被封为北帝，升上天庭。据说，这一年是黄帝五十七年，也就是公元前2754年的九月九日。

炎帝时代，确切来说是公元前2357年，大地被洪水荡平。[①]水势消退之后，北帝曾下凡教民耕种，还传授了其他种

---

① 炎帝与黄帝约为同时代人，此处描述与中国人公认的历史不符，似有误。——译者注

种因洪灾而消失的技艺。到了商朝，世风日下，人心不古。君王、文武百官一个个变得荒淫无道，骄奢贪腐。商朝最后一位君主商纣王辛登基后统治残暴，人神共愤。于是，天庭派北帝去降妖伏魔，除暴安良，使人间重回清净。北帝首先推翻了商朝，建立起周朝。然后穿戴上黑衣黑甲，向唆使纣王为非作歹的妖魔开战。据说，在这场战斗中，妖魔得到了一龟一蛇的帮助。它们都身形巨大，力量无穷。不过北帝还是战胜了敌人，一龟一蛇被降服，分别踩在他的左右脚下。此后所有龙蛇、龟鳖等水族都归北帝管辖。为了防止龟、蛇将来作怪，他把它们关在一个叫丰都的大岩洞里。就这样，北帝完成了天庭交给他的任务，派了信使回去禀报情况。因为伏魔有功，他又被授予玉虚师相玄天上帝的封号。在此期间，他的父亲被封为净乐天王，母亲被封为善胜天后。

　　据说，北帝还被汉高祖加封过。在起义推翻暴秦、创建大汉的斗争中，汉高祖身经百战、历经艰辛，最终取得胜利，很大程度上有赖于北帝的指引。所以他登基后尊崇北帝，给他加封。公元25年，东汉的第一任皇帝光武帝又给这位神祇加封了帝佑的尊号。光武帝据说曾远征南方，平定广东暴乱。为了能够百战百胜，他下令旗下的所有军队都要打出北帝的旗号。470年前，北帝再次得到明太宗①的加封，此人是明朝第三位君主，在1403年从侄子手中夺得帝位，被视为北帝（即玄武大帝）的化身。这种迷信说法起源于他在多年征战中因为突然而起的沙尘暴而屡屡取得成功，人们传说那是北帝在帮助他。所以，现存的大多数北帝庙都是在明太

----

　　① 原文有误，应为明成祖，下同。

宗，也就是永乐年间建立的。不过，在那个时期，北帝更多地被称作真武或玄天，即北方七宿的名字。如今人们多称其为真武，即玄天大帝和北极上帝，能保世间太平。镌有他各种封号的金底黑字牌匾排列在这座庙的两边回廊里。

为了求得北帝对未来的指引，所有北帝庙都人头汹涌，热闹非凡。信徒问卜的方法大致如下：首先，信徒要确认北帝是否有意听取自己的诉求。他们得从神坛上取两块小木片，然后跪在神坛前，往地上扔木片。这种木片形似对剖的羊角，分阴阳两面。扔到地上后如果都呈阳面或阴面，那就意味着神不愿意听他诉说。不过，中国信徒一般都十分执着。他会不断地扔，希望自己的虔诚能感动北帝，让北帝回心转意。简而言之，最终他总能扔出一阴一阳的组合，表示北帝答应听他的诉说了。于是，他喃喃低语，说出自己需要神明决断的事由。然后他要到一个竹筒里去听取神明的解答。这个竹筒里有64根竹签，每根长约1尺，薄而光滑，上面写着中国数字。求签的信徒拿到竹筒以后会用手摇晃并使筒口慢慢下倾，直到其中一根掉出来。信徒们把这根签交给庙祝，后者根据签上的号码，找出对应的签纸。签纸上印有三四句话，也就是神的回答。这些话含糊其辞，所以解释也可以多种多样。信徒拿到签纸，往往去请卜师或算命先生解读。这种人上文介绍过，为了做这种生意，他们一般坐在寺内的回廊上，或者庙门口。

这种求神问卜的方式不但在北帝庙，而且在所有中国寺庙里都存在。得到指示的信徒自然要感谢神明，献上香烛纸钱。纸钱要焚化，这样神明才能受领。烧纸钱的时候，庙祝会撞钟，既通知神明来领受供奉，也警告邪魔恶鬼不得抢夺。北帝庙的那口钟上有铭文，表明它是在道光六年（1826），由当地的Ye-T-Kee商行捐献的。

中国人击鼓鸣钟以恐吓妖魔的习俗，让我想起古埃及人来。他们相信人死之时，正神和邪魔都在等着被解脱的灵魂，并在其升天途中争夺。但邪魔害怕钟声，钟声越响它们就越弱，而正神则相反，是谓邪不压正。

每年的三月初三是祭拜北帝的日子①。前后3天，北帝庙里都人山人海。夜里则张灯结彩，大肆庆祝。当地士绅每天夜里都会把他们的鸣禽（尤其是百灵鸟）拿来此庙，让它们婉转的歌声取悦北帝。

鸟儿被关在蒙了布的笼子里，透过蒙布看到明亮的灯火，便以为天亮了，就放声歌唱。百鸟齐鸣，确实无比悦耳动听。

庙祝站在柜台后面售卖香烛纸钱，他还出售小柏树枝，那是中国人心目中最有神性的常青树。在婚庆、寿诞以及其他节庆日里，受邀出席的妇女都会在发髻上插上一枝柏叶。孩子们刚上学的头几天也会在辫子上插一小枝。不过，这座庙里卖的柏树枝据说特别吉利。信徒买了带回家，可保佑百事顺遂。靠近柜台立着一个大青花净瓶，里面盛放着得到北帝赐福的水，供病弱之人取用。他们有的用此水熬医生开的草药，有的用以泡茶。

供奉北帝的神坛上方左右两边各有五座小神像。他们是北帝手下的十大元帅，被认为是替北帝行事的使者，也得到

---

①即北帝诞，又叫"真武会"。旧时在三月初一至初三期间，村民会举办庙会、游神等庆祝活动。——译者注

信徒的香火供奉。

　　右侧的5位元帅当中，玄坛被认为是最重要的一位。他生前的名字叫赵公明，据说曾在秦始皇手下为官，后来政坛失意，退隐终南山。不过，与其说他是为了逃避秦朝的暴政，还不如说是为了修道。他修道有成，被封为掌管雷电之神。他五行属水，所以脸膛须眉皆黑。他手握铁杖，常常以虎为坐骑。他掌管人间诸多事务，所以会赐予粗人智慧，赐予少女幸福，赐予商人财富，赐予一切好人平安。但他的神通还不止如此：他还能呼风唤雨，因而能保丰收；能降魔驱邪，因而能除瘟疫，如此等等。一句话，他有决定人之生死的能力。他还主管着28颗星宿，坐下的黑虎据说能飞天遁地。有时候他也会骑着金轮行空。因为有求必应，广庇天下，所以他得到了众多的封号，其中最高的恐怕是正一玄坛元帅。

　　在离开玄坛之前，我们别忘了再看一眼这座庙里的黑虎，那可是病残者十分崇拜的灵兽。因为能镇邪驱魔，人们在这座石雕的鼻子上挂上肥肉作为供奉。渐渐的，它的鼻子变得油腻腻的。卖香烛纸钱的庙祝也会高价出售一条条肥肉，供信徒讨好玄坛的这只老虎。神坛左侧的5位神将中，雷公大约是最重要的一位了。他的塑像是尖下巴，右手握锤，左手执凿——那是用来制造雷电的。他的两肩还生有翅膀，可在天空飞行。

　　神殿右边立着一座小木神龛，里面供奉着龙。龛上放了一个盆栽，是传说中龙喜欢栖息的常绿灌木。在夏季，我们常常会在这种灌木丛中看到从冬眠中苏醒的绿色小蛇。作为龙的象征，这种蛇常年出没于竹林，中国人称之为竹节蛇。在小蛇为家的盆栽边上，放有信徒供奉的蛋和茶叶。蛇、蟹、龟、鳖以及一切水生动物，都被认为是龙的低级形态。每3年，龙王就会在大海深处的水晶宫举行大考，如果通过，这些低等动物就能幻化成完美的龙身。供奉龙王的神龛后壁雕了一只龟和一条蛇，还有波涛汹涌的大海。

有时候，被指控有盗窃行为的人会来到这个神龛前，用手指触碰蛇头。如果蛇不咬，那就表明他们无罪；如果咬了，他们就会被乡亲们视为有罪。如果没有活蛇，他们就向上面描述过的蛇像求助。据说，如果嫌疑人确实偷盗了，木蛇的头会让其手指有退缩的反应。就在这座庙里，也时常有被控偷盗之人以砍公鸡头起誓来自证清白。如果誓言是假的，此人就算不是立刻，以后也一定会遭到同样的厄运。还有人是在红色的纸条上自述清白，并请神灵作证，然后把纸条扔到火中。据说，在这种仪式中说谎的人后果极其严重。中国人还有一种发誓的方法：摔碎小盆小碗，这种誓通常是男子在妓院跟相好的妓女发的。一般认为，发了这种誓的男子如果毁约，恐怕会被邪魔上身。在中国的某些地方，人们是以折断木棍来发誓的，不过那一定不能在神面前发。

言归正传。北帝庙的右边有一道门通往一个小院，院子里有一个池塘，其中养着5只大龟。它们是信徒们献给北帝的，因而也受到人们的尊崇。不过从院墙上的告示来看，有些人很不以为然。告示说："此院此塘皆为圣地，理应保持洁净。无奈有无耻之徒，乱扔污秽之物，无惧本寺诸神降怒。特告本寺执事、仆役等及敝寺诸位访客知悉，自本告示之后，如仍有扔污物入此圣池者，立罚大洋五元。又，下流无耻之徒玷污圣池，一经定罪，必当街受笞杖。凡向本寺举报此等亵渎行为者，一经查实，即赏纹银一两。咸丰六年四月示。"

　　北帝庙的墙上挂满了大大小小的还愿匾，每块匾上的4个大字都表达了送匾人的感激之情，小字则记录送匾者的姓名和送匾时间。在神庙挂匾的风俗自古就有，也不仅仅是中国有，离中国千里之外的地方也有。比如贺拉斯①就曾说："这个老人（伟人）的一生可以被铺陈在这一块匾上。"这样的习俗也曾出现在西塞罗②、奥维德③、提布鲁斯④和尤维纳利斯⑤的笔下。

　　北帝庙的还愿匾中有一块非常有意思，可以反映广州人的性格。它悬挂在通往放生池所在的庭院之门上方。关于这块匾的故事是这样的，中国史书记载了很多官员贪赃枉法的事情，其中很有名的一件发生在多年前。两个家族起了争执。一方的主人公叫林贵兴，另一方叫梁廷来。在处理这起纠纷的过程中，官员腐败的情况受到了当时雍正帝的关注和谴责。

　　原告林贵兴有财有势，但就像以色列的亚哈王一样，虽然有享不完的荣华富贵，却贪得无厌，设计强夺亲戚梁家的地产。官司最后打到了广州府。知府收了贿赂，把地产判给了林贵兴。

　　至此时，官司已经打了6年，也就是从雍正四年到雍正十

---

　　① 贺拉斯，罗马帝国奥古斯都统治时期著名的诗人、批评家、翻译家，代表作有《诗艺》等。——译者注
　　② 西塞罗，是罗马共和国晚期的哲学家、政治家、律师、作家、雄辩家。——译者注
　　③ 奥维德，古罗马诗人，与贺拉斯、卡图卢斯和维吉尔齐名，代表作《变形记》《爱的艺术》和《爱情三论》。——译者注
　　④ 提布鲁斯，古罗马诗人之一，著有两卷本挽歌诗作。——译者注
　　⑤ 尤维纳利斯，生活于1—2世纪的古罗马诗人。——译者注

年。梁廷来自信有理，知道广州府的判决是原告用钱打点上下买来的，决心告到御前。雍正帝以廉正、慈悲闻名天下，果然召见了这位要求申冤的子民。简单地听取了梁廷来的诉说之后，皇帝知道了广州府官员徇私舞弊的事情，派了钦差大臣黄大鹏前往广州调查。最终的结果是梁廷来完胜，林贵兴家族除了一名男丁以外被满门抄斩。那些贪腐的官员全被革职查办，永不录用。梁廷来从广东省府出发进京申冤时，曾到北帝庙参拜，祈求神祇保佑，希望诸事顺遂。回来之后，他就送了这块至今还悬挂在庙中的匾，作为对神灵保佑的感激和赞颂。

梁廷来住过的宅邸位于一个叫潭涌的村里，离广州城很近，后来成了颇为知名的景点，节假日常有市民前往游览。

这件案子也成了中国通俗悲剧的题材，后来还被搬上舞台演出。北帝庙所在的广场上搭着一座戏台，一年中会演出数场颂扬北帝的戏曲。演戏的时候，广场常常人满为患。中国人爱看戏，不管戏有多长，他们都兴致勃勃，乐此不疲。

在这种时候，广场两边的商铺自然会关门。不过，店主不会因为这种暂时的歇业而亏钱。相反，他们还能挣钱。这是因为那些商铺的二楼都布置得如同戏院的包厢，演出的时候，士绅之流很乐于付上一笔钱借用。离北帝庙不远的大屋西街有几家茶叶作坊，但各方面都与前文描述的差不多，因此就不再重述了。

槟榔街：待客的幸运食品

出了北帝庙，我们经过一条专门卖椰子和槟榔的窄街。因为没有更合适的名称，外国人就叫它槟榔街。这些待出售

的椰子和槟榔有的是从海南岛贩来的，有的来自马六甲海峡。这里的店铺都有独特的招幌，也就是一长串画了花鸟的椰子壳。

　　广州人的婚庆典礼少不了椰子。新郎的父亲会准备一对、两双、六个或八个椰子，加上一大批点心和几坛酒，一起送给新娘的父亲。这是因为椰子被视为吉祥物，寓意新人多子多福。水果商也会把椰子切成小块出售，每块卖两个铜板。中国人有时候还会把椰子做成蜜饯。椰子壳可以榨油，有的人用它入药，有的用来美发。这个心灵手巧的民族还能用椰子壳做出各种茶具、碗盘、瓢盆等日常用品来。

　　槟榔是中国传统家庭在新年里招待朋友和客人的食品。在这种时候，槟榔常常会被切成小片，状似铜钱，称为发饼。顾名思义，主客双方都认同它寓意着发财纳福。在婚庆的场合，槟榔还是招待宾客的水果。大型宴会结束时，每位宾客都会收到一片槟榔。一个村子的长者受邀或被召集到祠堂议事的时候，每个人都会先收到一小片槟榔，作为幸运礼。结束的时候会再收到一片。不过实际上，许多中国人和其他亚洲人一样，都喜欢嚼槟榔。那种槟榔先要蘸上蛎灰，再加点名为升珠的粉末，以增添一种粉红色。为了让槟榔更可口，还会裹上一种名为"青蒌"的叶子，这种叶子是专门从海丰贩来广州供嚼槟榔的人用的。

　　从槟榔街出来，我们就到了显镇坊。这里有几家大商铺售卖一种胶。这种胶是从碎牛皮中提炼出来的，大概是将碎牛皮放入锅中，加上水用慢火熬12个小时。熬成的汁倒入陶缸，静置3天使之凝结成冻，再用快刀切成长条，仔细地排列在匾里，拿到搭建在屋子边上的敞篷里，放在架子上晾干。

这道工序的耗时视季节而定，也就是说，如果是冬天，5天就够了。如果是夏天，那就要40天，有时甚至要50天。熬牛皮的锅里剩下的残渣卖给农民作为肥料，据说能够增加地力，所以价格不菲。在离广州不远处有一个叫白沙的村子，村里有个大制革坊，出产大量的胶供应广州市场。在显镇坊漫步，我们的目光被几个女子吸引住了。她们是麻风病人的后代，在这条大街上出售棉线和椰绳。这些可怜人居住在广州东南郊竹横沙的麻风病院，因为偶尔才有的捐赠不足以维持生活，便用闲暇时光搓绳售卖。

继续前行，我们进入了杉木栏街。事实上，它是显镇坊的延伸，街上有很多布料商铺。它们布置得干净而整洁，是中国商铺的典范，我们走进福生布铺看了一眼。

下一个走访地点也位于这条街上，是一家制绳坊。我们得知，他们也是用机器制绳，工序与英格兰的差不多，但所用的材料却大不相同。比如，中国人能用藤、竹、麻、苇、棉以及苎麻（英国人叫中国草）来制绳，而英国只用麻。我们走访的顺兴缆绳铺大概就是最大的绳铺了。

接下来我们走访的是三益染房。这家作坊的内屋有数个石槽，里面灌满了染料。这种染料是用不同比例的靛青、水、米酒、蛎灰调和而成的。待染的布料都要先用清水煮过，然后放入染槽浸泡4天4夜。从染槽捞出来的布料拿到附近的小溪或河流里冲洗干净，然后放在太阳底下晒。待到布料干后就再放入染槽染色，继而捞出放在溪水里漂，再放在太阳底下晒。就这样不断地重复至少15次，染布才算完成。不过，如果你只想染成淡蓝色的话，那就重复三四次就足够了。染布需要特别多的靛青，因此中国的广大地区都大规模种植。漂洗干净的布料最后被送去轧光。工人把布料裹在木轮上，用脚踩大石碌碾压，使其平整光亮。

出了三益染房，我们进入合成面铺。这家面铺深且长，内有12对石磨，每个石磨都由一头蒙着眼睛的牛在拉着转动。之所以给这些牲畜蒙眼，是因为要是不蒙眼拉着轭转上两三个小时，它们一定会晕倒。每头牛的肚子底下都挂着一个小桶，那是用来收集牛尿的。面铺主人坦然告诉我们，如果不这样做，不但面铺里会屎尿遍地，还有可能会污染磨出来的面。再说了，为什么要浪费这些天然的肥料呢？麦子和其他谷子不就是地里长出来的嘛。他们磨麦的方式仍然非常原始，但简单实用，值得一看。制作完成的面粉卖给茶室、糖果铺和点心店，用来制作出各种各样的点心。

看完了碾磨簸扬等工序，我们的注意力被一座燃着线香的祭坛吸引了。这个祭坛是供奉石磨的发明人的。走到面铺尽头，我们有幸见到一个大牛棚，里面关着39头牛。

烟叶铺：种烟与制烟

现在我们去同珍茶叶铺，据说这是广州城历史最悠久、资本最雄厚、顾客最多的茶叶铺，专门向中国人出售各种各样的茶叶。

这间顾客满堂的茶叶铺不远处是一家大烟叶铺，名为永茂生烟铺，也是广州众多有趣的地方之一。进去之后，我们先看了存放烟叶包的库房。在与其相邻的两间屋子里，几个妇女和孩子正在高效率地从烟叶上分离茎脉。更里面的一间屋子，有几个男子正在往架高了的地板铺摊大批已经去除茎脉的烟叶，最后用脚踩踏，还时不时地洒上一些油。为了使烟叶略呈红色，他们还会加一点升珠粉。

　　完成上述工序后，工人们把烟叶收集起来，放入两大块硬木板之间，用大木杠杆挤压成饼状，然后再用木工刨把这些烟饼（如果可以这么叫的话）刨成细丝。下一步是过秤，按顾客的需要分成大小不同的白纸包。这些烟包还要放在烧煤的烘炉里烘干，因为此前烟叶曾被工人踩踏并加了油。这家烟铺不但零售，也做批发生意。高明和南雄县大量出产烟叶，烟草种子很可能是葡萄牙或西班牙人在16世纪时带到中国的，不久之后就在这块大地上蔓延开来。

　　为了阻止食用烟草，明朝末代皇帝崇祯在1641年下诏，要他的子民此后不得种植和吸食危害巨大的烟草。但这道诏令没有取得预期效果，烟草的种植反而加倍地扩张，就连蒙古和台湾地区都大规模种植。烟草的品质取决于生长环境，临近热带的省份产出的相对较好，所以广东省大规模种植，尤其是三水县的高明地区。不过广东最好的烟草产自南雄。

　　烟草的健康成长需土地肥沃并远离水源，所以种植者要在田里挖深沟，施豆饼和畜粪，尤以牛马的粪为佳。但这种肥料会给烟草留下一种难闻的味道。在春季，烟种要先播撒在平整施过肥的苗圃上。在广东，这个季节夜间气温很低，所以要在烟种上覆盖稻草或草席保暖。移种烟苗的土地要修成宽约2尺的垄，垄距不过几寸。每垄栽两行，行距约1尺半。移栽的时候，农民用小铲将烟苗小心翼翼地从苗圃上铲起来，放入预先挖好的小坑，这期间不能抖掉烟苗根部的泥土。在生长期间，农民要精心看护，保持垄上没有杂草。同时还要经常松土，以促进烟苗生长。烟苗长到一定高度就要培土护根，进一步促进生长。烟茎长到1米多高之后就会有10～12片肥大的叶子。

　　到了秋天，叶子变成淡绿偏黄时，就该收割了。要从根部贴地割下，连茎带叶摊在地上晒几个小时。在此期间，农夫要常常翻动，这样可以尽快晒干。晚上的露水对烟叶有害，所以傍晚就得把它们收进仓库。在仓库里，为了让它们发酵，烟草要成堆叠放。4天之后，发酵完毕，再把它们放到通风的屋子里晾干。干后要堆在竹匾里，盖上草席再发酵一次。在此期间，农夫要经常检查，以免烟叶堆的温度过高。以这种工序完成发酵的烟叶，在剥离烟茎后就可以送到最近的市场出售了。

　　下一个吸引我们的地方是广州最大的夏布店——友信夏布铺。与这个街区的其他商铺一样，这个店铺的铺面也是雕梁画栋，一副喜气洋洋的样子。内里有两三间小室，展品除了夏布之外，还有本色棉布。铺面尽头矗立着一座砖楼，与店铺相连，用作防火的仓库，专门储放存货。夏布产自三水，那是一个离广州城约70英里的县城，大量种植制作夏布的苎麻。不过，中国最好的夏布原料产自云南、四川和湖南等省。

　　在三水县，女子负责纺线，男子织布。织夏布的棚架要比织绸缎的小。供给广州市场的夏布略带黄色，因此出售前要经过漂白。工人先在本色夏布上涂牛粪，然后用冷水冲洗。再放入大锅加草木灰用开水煮。煮透之后取出布料，放在太阳底下暴晒14天，在此期间定期喷洒冷水。漂白了的夏布就送去轧光，方法如上文所述。在广州西关的观音桥一带，我们还能看到漂白夏布的场景，但最出名的漂白夏布之处要数离广州20千米的石桥村。至于制作夏布的苎麻，汉斯博士①在他的《中国释疑》（*Notes and Queries on China*）第一卷中有过详细描述。

离夏布铺不远的是一家大绣袍店，名叫金纶新衣铺。铺主客气地请我们进铺参观，这是一个难得的机会，可以让我们正确地了解这种中国绅士和淑女都十分喜欢的衣物。从金纶新衣铺望出去，大街两边面对面的两家店铺外观十分奇特，让我们联想到圣诞节话剧中的某些场景，有那么一会儿，你甚至会怀疑它们是不是真的店铺。这家新衣铺的后面是一座大宅，是铺主和家人的住所，其外观及附带庭院都十分整洁，令人赏心悦目。但我们也必须指出，商人在店铺后面建造大宅这种情况是很少见的。出了金纶新衣铺，我们走到了另一条街的街口，扑面而来的街景令人震惊。我们在这里转向白米街，打算看看宝兴瓷器铺和其他有趣的地方。在宝兴瓷器铺，我们见到了各种各样的瓷花瓶，个个姿态优雅，图案精美——都是面向欧洲顾客的。它们来自景德镇，那是鄱阳湖畔的一个大镇，周边有最好的黏土。宝兴瓷器铺对面不远处是怡昌瓷器铺，也很值得一看。

殡葬街：往生者的购物天堂

从那里出来，我们上了长乐街。在这条街上的众多商铺里，我们看到很多给往生者使用的物品，如纸衣冠、纸金银元宝之类，还有写着经文的纸钱，这些都是亡魂希望得到的

---

①亨利·弗莱彻·汉斯，英国外交官，生于伦敦，1845年到香港担任公务员，后来历任英国驻黄埔副领事、驻广州署理领事、驻厦门署理领事。他用业余时间在中国研究植物。——译者注

祭品。这一类东西是在附近叫**Pit-Kong**和**Poon-Poo**的村镇制作的，用的是竹纸。最好的造纸原料产自较远的地区，如广宁县、四会县和怀集县。前两个县属广东省，最后一个在广西。这些竹子扎成捆，放在泥水中浸泡六七个月，再移到河流里加锚固定，冲洗两三个月。洗完之后剁成碎片，放入石臼中捣烂成浆。再把竹浆倒入石池，加入清水搅匀。工人用一个平行四边形的细帘在浆水里轻捞一下，帘面就附了一层纸浆。一层层纸浆（或曰一张张纸）从帘子上掀下来，叠成一叠，用重物压紧，使之成为紧紧粘在一起的纸团。把它们分离应该是最费心的工作了，不过工人们自有办法——用木棍用力敲打就是了。

其他店铺还会售卖专供死人穿的便宜鞋子。中国人有时候会给死尸穿靴，有时候会穿鞋。这种鞋的底子不是皮制的，而是毡。这种奇特风俗的来源是这样的：据说阴间有一个鬼役名为牛头，他会对所有穿牛皮鞋底进冥府的人施以严厉惩罚。

在另外的店铺里，我们还看到有大量爆竹出售，这种能够驱除恶鬼的物品在丧礼以及其他场合很受欢迎，因此销量可观。店铺的货架上堆满了大包小包的爆竹。在经过的时候，我们不禁产生一个好笑的念头：如果某一家店铺着了火，那其中的货物一定会火上浇油，造成更大的破坏。在欧洲的城市，这种性质的商店是绝对不允许存在的。这种店铺里还会出售大小不一、色彩多样的蜡烛，有的还雕龙画凤。大量使用蜡烛的场所除了寺庙，也有众多欢庆场合，如宗教节日、婚嫁和寿诞，还有丧礼现场。神坛使用的蜡烛是用菜油和白蜡做成的，而非牛油，其配方是100两植物油加50两白蜡。大蜡烛的烛芯要在煮沸的烛油里蘸10下，小蜡烛的则蘸四五下。神坛上用的蜡烛还必须染红。这种蜡烛要加涂3次这样的混合油，即100两植物油，100两白蜡，50两朱砂。其烛芯也有所区别，用细竹棍裹上棉花制成。这种竹棍来自广宁，那是广东省的一个县。在做烛芯之前，它们已经被泥水浸泡过1个月。从池子里捞出来后，工人把它们剖成小细枝，裹上棉花。一般用途的蜡烛用牛油制成，有时候是牛油加植物油。这种蜡烛也加涂层，配方是1斤牛油、1两白蜡和6钱朱砂。做蜡烛用的白蜡产自四川。

制作蜡烛的植物油部分来自乌桕树。麦嘉湖博士[1]曾写过一篇有关这种树的文章，其中说道："乌桕主要生长在江西、江南和浙江三地。杭州附近的人就是用它的产品来缴纳赋税的。它的生长地既可以是冲积平原，也可以是石头坡之间的河谷，还可以是海边的沙土。杭州湾的沙地除了乌桕，再不出产其他东西。那里的一些乌桕据说有几百年寿命了，尽管已经伏倒，但仍然枝繁叶茂，还会结果。有的乌桕还被人们故意放倒在小河上当桥用。它们很少种植在可生长其他植物的地方，多见于墙头、屋角、路边、河谷等地。"

至此，我们还没有走完这条街，街道两旁还有许多卖旗幡的店铺值得一看。这些旗幡有绸有布，颜色或蓝或白，上面印着斗大的汉字。我们了解到，这是专门送给最近有父母或至亲好友过世之人的。一般是在给死者过三七那天送上，丧事人家收到后会挂在灵堂墙上。旗幡上的汉字都是颂扬死

者的美德之词。

这些商铺也出售一种专门给死者使用的扇子。此地有种风俗，尸体入殓之后，身边要放一把扇子。这条街上还有一些商铺制作和出售写有死者名讳的木牌位。因为街上的商铺出售的物品都跟死人有关，所以很自然地被外国人叫作殡葬街。

登龙街：铅皮工艺

从这条街出来，我们转到了登龙街。在这条街上，我们参观了那些铅工和铜匠可以大展身手的店铺。他们有的做灯笼和枝形烛台，有的做茶叶箱衬里的铅皮。关于后者的工作方式，雒魏林[①]在其《在华行医传教二十年》（*Medical Missionary in China*）中有很好的描述："铅工的工具包括地上的一个火炉，火上架着的一口熔铅的铁锅，一把铁制或铜制小勺。还有两块地砖，约1尺见方，一面包了纸，贴紧抚平。这两块砖一块放在地上，不过架高约三四寸，有纸的一面朝上；另一块置于其上，有纸的一面朝下。工人下蹲，一脚压砖，一脚着地，右手舀一勺铅水，左手熟练地掀起面朝上之地砖的前沿灌进去。然后提起着地的脚，面上的砖承受了他的体重，两块砖之间的铅水被挤压，多余的就从边缘流出。他马上掀掉面上的那块砖，取出铅皮，接着做下一张。他的搭档会检验他做出的铅皮，如果不规则就回炉，合格的就剪成正方形，再焊接成大张的，在上面贴上纸，就可以用来做茶叶箱衬里了。有时候，薄铅皮箱做成再包纸；有时候

---

① 雒魏林，英国伦敦会传教士，1838 年被伦敦会派驻中国，1843 年成为英国皇家外科医学会会员。——译者注

则在单独的铅皮上蒙纸，有问题稍后再处理。有纸垫衬着，铅盒就不会影响茶叶，否则茶叶跟铅直接接触就不好了。"

为了看木雕，我们折回长乐街，转入鸡栏巷。在才盛店我们看到了一些精心之作，一些是用来装饰寺庙的，另一些则是富贵人家的摆设。

在邻近的一家铺子，我们的目光被一些木匠吸引住了。他们正在制作中国风箱。每对风箱（如果我们可以这么叫的话）都是木头做的，很像小型的棺材。箱子的一头装有一截短木管，里面有一根木棍，用力前后推拉来驱风。

焕香猫狗肉铺：餐馆的菜单

接下来，我们进入了一条窄而短的小巷，名叫朝圣门。我们在一家餐馆逗留了一会儿，这里专供狗肉和猫肉，广州的居民叫它焕香猫狗肉铺。这家铺子的底层跟广州城许多类似的铺子一样，用钩子挂着一条条遭宰杀褪了毛的小狗，样子像极了乳猪，所以有那么一会儿我们以为身在一家猪肉餐馆，而非狗肉餐馆。店门旁边有一口平底锅，正在煎一块狗肉。旁边的另一口锅则在炖猫肉。这口锅的上方有一块小木板，上面的字告诉食客，本店长期供应上等黑猫肉。爬上餐厅二楼，我们看见几张小饭桌，人们正津津有味地吃着精心烹制的狗肉或猫肉，并且气派地以酒佐餐。餐厅的墙上贴着菜单，所以我们可以知道店里的平均消费。其中一张是这样的：

一两黑狗肉，八个铜板；

黑狗鞭，三分银子；

一两黑狗肥油，三分银子；

大碗黑猫肉，一百个铜板；

小碗黑猫肉，五十个铜板；

大瓶普通酒，三十二个铜板；

小瓶普通酒，十六个铜板；

大瓶黑米酒，六十八个铜板；

小瓶黑米酒，三十四个铜板；

大瓶梅子酒，六十八个铜板；

小瓶梅子酒，三十四个铜板；

大瓶雪梨酒，六十八个铜板；

小瓶雪梨酒，三十四个铜板；

大瓶天青葡萄酒，九十六个铜板；

小瓶天青葡萄酒，四十八个铜板；

一碗粥，三个铜板；

一小碟咸菜，三个铜板；

小碟酱或醋，三个铜板；

一对黑猫眼睛，三分银子。

如果你认为在华南地区吃狗肉不是普遍现象，那就错了。在整个广东省，下层百姓吃狗肉的不在少数。这个论断的根据是，我们走访过的不少该省市镇的饭馆，都供应狗肉。可以这么说，进食狗肉被认为有益于身体健康①，特别是在夏季。这家猫狗肉铺所在的街道相邻的街道也叫朝圣门，在那里，我们走访了两家大烟馆。一家叫太和，一家叫茂隆。这些密室（我们没有更好的名字）中有几个人都在吸食

①在夏至那天，很多饭店只供应狗肉和猫肉，不管是上层还是下层人士都吃。这一天的狗肉宴据说能有益于健康。——原书注

那种有毒的玩意儿。他们看起来都是社会下层人士，在大多
数情况下都像是最不幸和最堕落的。

现在我们来到了十七甫，也就是这个城市的第十七个街
巷单位。首先吸引我们的目的地是爱育堂，那是一家中国医
院。它由广州士绅集资建于1871年，耗资6万大洋。每天早
上8点到下午2点，会有三四个本地医师在此处给大批当地病
人免费诊治。病人来到这里之后，先拿一个号，然后按号就
诊。这个机构也会向老弱孤寡施舍少量的米或钱，或者米加
钱。它还资助4所义校，提供棺材收敛贫民的尸骨并埋葬。
这个机构里有一个俱乐部，常来此玩乐者除了本地的士绅商
贾，也有下层官员。这个俱乐部值得一看的其中一个原因在
于，其内部风格是中国士绅宅邸的典型代表。

这家医院附近还有几家古玩铺。穿过十八甫，我们看
到了伍家（也就是浩官家）宅院。简而言之，这个宅院包括
三四个华丽的院落，每个院落都带有一个整洁的花园，里面
不但种植着奇花异草，还有参天乔木。整个花园显得枝叶繁
茂，浓荫遍地。园里还有亭台楼阁，伍氏成员夏天大多在这
里休息。据说，这个大宅院里生活着不少于500个人。

在同一条街上，还有潘、李两家的宅邸，分别叫作潘
明呱大屋和李仲良大屋。李家的客厅用许多小玻璃格窗做分
隔，给人一种明亮通透的感觉。这家的主人是朝廷高官，正
在浙江省任职，家眷也都随行，府邸交由仆人照管。所以对
于外国游客来说，进去参观不是太难的事。这条街上还有几
家卖古董的店铺，从前它们以收藏大宗古代瓷器、青铜钟鼎
而蜚声四海，如今已风光不再。这主要是因为自英法联军与
中国交战以后，几乎每个欧洲国家都有人来此，因而古董都

被收购一空了。

　　向右拐，我们上了一条同属本城西郊十八甫的街道。这条街上有两三家店铺，专门出售成品棺材。这些棺材用树干做成，也有做成树干的样子的。换言之，每口棺材由4块木板组成，每块木板拼装起来就像一段树干的样子。每家铺子门前都坐着三四个人，他们被中国人称为"仵作"，其职责包括收敛死尸入葬。举例来说，某个人来此买了棺材，这些人就跟他谈好价格，把棺材抬到丧家，帮助收敛尸体，出殡时再肃穆地抬到墓地。从事这个行业的人都是社会最底层的人。这被视为是最低贱的行业，所以从业者都被禁止进入任何公共寺庙。

天后庙：海上守护女神

　　跨过德兴桥，我们走进了供奉南海之神的洪圣庙。此神生前是祝氏一族，在同辈中以赤帝闻名。赤帝生于隋代，娶伊娃为妻，一生建功无数，死后封神，荣耀无数。比如，唐代封他为广利王，宋朝皇帝封他为洪圣王，明太祖洪武帝封他为南海神。这座供奉他的庙建于明朝嘉靖帝在位的第14年，在清朝嘉庆帝在位的第23年重修过。洪圣庙中有一口铸于1819年的大钟。清朝康熙帝在位期间曾派一位董姓钦差到广州代他祭拜此神[1]。按照康熙帝的旨意，董姓钦差于1668年举行了祭神仪式。如此看来，康熙帝应是南海神的忠实信徒，在其统治的第31年再次派人到广州祭神。这次代表皇帝来的

---

[1]康熙帝至少14次派高官重臣前行祭祀南海神，并御笔亲书"万里波澄"，制成牌匾护送到南海神庙。——译者注

钦差是杨正纯。

洪圣庙旁边是一座很值得一游的大庙——天后庙。此庙供奉的神在中国神话传说中声名显赫，所以让我们先介绍一下。她生前姓林，福建人氏，据说在母亲的肚子里待了14个月，出生之时有各种异象，预示了她并非凡人。她一岁即晓事佛，5岁就能读经，11岁有意出家修行。父亲极力反对，将其禁锢家中。她的4个哥哥因为经商，常年乘船穿梭于这个幅员辽阔的国家或远或近的港口。有一次，她的4个哥哥都出门了，她陷入昏迷状态，最后被父母的大声哀号唤醒。深爱她的双亲见她一动不动，以为她死了。醒来之后，她告诉父母，她看见哥哥在大洋深处遇到了暴风雨。不久之后，她最小的哥哥回家，告诉父母大哥在暴风雨中落水而死。他还说，在暴风雨中，天上突然出现一个女子，放下绳索，把翻滚下沉的船只拉出了险境。就在他讲述自己悲惨的经历之时，妹妹来了，祝贺他九死一生逃了出来。她说，那女子正是她自己，而她在救大哥的时候，被以为她死了的父母唤醒了。

长大成人之后，她坚决反对父母让她出嫁的企图。到了20岁的时候，她突然死了。但据说亲友们看到她的灵魂每个月都回家一次，认为她得道成仙了，于是立刻动工给她修庙。

千万不要以为这位救死扶伤的女神在这个国家只受到部分人民的崇拜。据当地文献记载，宋朝有位皇帝曾派人出使高丽，使团在横渡黄海途中遭遇风暴，船队岌岌可危。于是大使向此神祈祷，请她拯救自己和随从。他刚祈祷完，就看见一位夫人穿过浓云，降临在颠簸起伏的船上接掌船舵，把船驶出险境，最后安全地进了港。大使询问来者是哪位神仙，答曰她就是那位女神，专门庇护在海上谋生、虔心祈祷的百姓的。大使遇险，蒙女神救助这件事很快就上达皇帝，后者立刻拨款，并命令福建省（女神出生省份）巡抚建造一座供奉女神的大庙。这道上谕当然被该省巡抚立即执行了。与此同时，皇帝还封女神为灵惠夫人。

还有一条记载说，清朝雍正帝也曾派人出使高丽，在黄海上也遇到风暴。狂风巨浪眼看就要吹翻专使的船了，他立刻向女神祈求保佑。慌乱沮丧的船工看到女神现身，飞越汹涌的波涛前来救援。专使回京之后把海上遇险、神威夫人慈悲搭救、船队逃出生天的情形一一向皇帝汇报。于是，雍正帝仿效前例，诏谕诸省督抚建庙供奉，并加封她为天妃。不过这还不是她从皇家得到的最后一个封号。乾隆帝在位期间加封她为天后，也就是天帝的皇后。但这也不是她的最后一个封号。道光帝在位期间又封她为天太后。

这位神仙无时无刻不被大批信徒崇拜，特别是渔民、水手等在水上讨生活的人。三月二十三日被定为她的诞辰。在那天，人们（特别是水上渔民）往往大肆庆祝。官府也要祭祀这位女神。在元旦、春分和冬至，大小官员都会披袍挂带，盛装朝拜。官员举行这些祭拜仪式的天后庙①位于新城的关部前街。

关于这座天后庙，我还要多说几句。庙里有座精心雕刻的神像，矗立在一座鎏金画彩的殿堂里，两边各有两尊塑

---

①道光年间在新城区内存在的天后庙，据光绪五年（1879）刊刻的瑞麟《广州府志》，在归德门外五羊驿（即驿前街）东，"天后宫，在归德门外……国朝康熙五十九年重修。岁以春秋二仲癸日致祭，礼仪视名宦祠"。《广州府志》还提到："（天后）庙有数处，不主祭于有司，不悉载。"据此，本书所指举办官祭的应该是归德门外这座。——译者注

像，应是女神的侍女，被视为女神上传下达的使者，因而也受到信徒的崇拜。该庙山门的两边也各有一尊神像。据说它们专司观察大海，一发现有人遇险就立即告知女神。[1]此庙也有一口大钟。钟上的铭文显示，此钟是一些信徒于顺治十七年（1660）捐铸，重达千斤，铸成后从未出过此庙。

神殿尽头有两个房间，被视为女神的私人空间，特别神圣。下面一间是客厅，上面的则是卧室。客厅里悬挂着一口精美的铜钟，上面有铭文："此钟重千斤，谨供天后享用，永留此地，不得移动。此钟由下列人士认购并献于天后：Ng-Sik-Yaong，150两；Ng-Sik ln，100两；Ng-Sik-Kee，50两；Ng-See-Fong和 Chan-Chong，各20两。康熙五十年敬献。"

天后的卧室里有床、梳妆台、箱柜、衣帽架和椅子。床是大红描金的，极其大气。帷幕是一个名叫Chay-Lum-Shi的女信徒在同治十二年（1873）奉献的。

湄洲庙：文昌星的故事

紧邻天后庙还有一座湄洲庙，供着文昌星。他被中国人视为掌管文运之神，原是周朝人。

据说他的名字叫张亚，在梓潼的昌司禄[2]为官。他在梓潼出生的时候，据说满室生辉，四周祥云笼罩，预示了将来成就非凡。他父亲老来得子，亲朋好友都对他寄予厚望。据说他的先辈十六七代皆在朝为官，尽职报国。文昌成人之后，

---

[1] 天后的两位天将俗称千里眼与顺风耳，一说是高明、高觉兄弟，职能与此处描写相同。——译者注

[2] 此处当有误。他有"辅元开化文昌司禄宏仁帝君"的称号。——译者注

常常独自游山玩水，意在修道。他性情平和，谨言慎语，勤奋好学，饱读诗书，才思敏捷，著作颇多。他常常做奇怪的梦。有一次，他梦到自己变成一条龙。还有一次，梦到自己成了一国之君。亲友们认为这些梦预示了他前途无量，他却认为这荒诞不经。

有一天，他在河边漫步，一位神仙突然降临，对他说："我受天帝之命，宣你前去一个地方。不要迟疑，请跟我速行。"事出突然，文昌犹豫不决。但神仙最终让他相信自己来自天庭，并变出一头白骡作为坐骑，以便赶路。文昌不从，说自己必须回家跟亲友告别。神仙坚决反对。就在此刻，风雨大作，文昌珍爱的村庄屋舍全部消失无踪，他这才骑上白骡跟随神仙而去。他们行走如风，翻山越岭，最后在一座大山里看到一个名为"雷公"的大崖洞，形如城堡，巨大的石门紧闭，根本无法穿过。门前有一巨石，神仙告诉文昌，如逢大旱，只需礼拜，此石便会有水涌出。他还说，难道你不记得了吗？你前世是个官员，因为公正清廉、爱民如子，因而受到上天的保佑。文昌恍然大悟，记起了前世的种种事迹，并感谢神仙的点拨。于是两人进入崖洞，文昌发现自己的十六代先人都居住于此。洞内装饰华丽，极像人间富贵的君王宫殿。文昌这才发现，自己可以御风而行，救人于水火，千里之遥，瞬间可达。

他身死成圣，因为文学成就出众，著作经典，因而被尊为文运之神，广受中国人的崇拜，特别是学生，在他们第一次上学的时候，是一定要祭拜文昌星的。

崖洞边上有一座专门供奉文昌的宽大庙宇。据说大殿的天花板有一只鸟是用金子打造的，用一条金链吊着，鸟嘴里衔着一支笔。官员来求神问卜，这支笔就会在沙盘上写出他们所询之事的预言。人们说，此笔只在黑暗的夜间作法，而且作法的时候，还必须关闭庙门。当地的文献还记载说，在此庙中，金鸟一写下预言，庙中的一口钟就会鸣响。不过，文昌只答应那些为官清正者的祈求，并借金鸟赐言。文昌据说掌管南方之星，并决定新生儿的命运。清朝的历代君主把他尊为主管文官之神。

不过我们还是说说广州西关的这座文昌庙吧。此庙十分大，常有夫妇同来向文昌祈求保佑孩子聪慧。信徒多给文昌供奉鲜葱，因葱根有分株的能力，就像人的大脑，如果有深厚的知识积累，就能焕发无穷的智慧之光。

庙里还供奉着关帝，也就是战神。后面我们还会再详细提及。庙里有一口钟，上面的铭文显示，它是康熙十一年（1672）由4位善士捐献的，他们分别是Ho-Kwok-Kew、Wong-Chung-Ming、Wong-Chee Hoo和Ng-Sau-Wing。铭文还说，此钟由Man-Ming和Man-Sang所铸，重400斤。此庙的尽头有一座精美的石牌坊，坊额镌有两个大字：龙门。每逢春分和秋分，当地大小官员一般都要来此举行官祭，向文昌奉上供品，即整只的牛、羊和猪。主祭的通常是总督或巡抚，要上下高高的祭台不少于7次。不过，这样的官祭是在官庙举行的，其位置在育贤坊街。

此庙门前的广场被外国人叫作乞儿广场，因为不管白天黑夜，这里都聚集了很多乞丐。濒死的乞儿也会被送来此地，因为此庙后面的一些屋子属于福建会馆，福建商人会给死在广场附近的乞丐施舍棺材。每当广场上死了一个贫民，附近的地保就向会馆申请一副棺材来收敛尸体。

仓沮祖庙：焚字炉与敬惜字纸

从乞儿广场出来，我们前往下九甫，准备去看仓沮祖庙。此庙供奉两个神祗：一个是汉字的创造者，名为仓颉；另一个是印刷术的发明者，名沮诵。[①]据一些文献记载，大约公元前2852年伏羲统治中国时，仓颉是伏羲的朋友和大臣。另一些文献则说他是黄帝的朋友和大臣。黄帝是伏羲之后的第三代统治者，大约于公元前2697年继位。在仓颉生活的年代，黄帝和他的子民都还没有使用文字，据说他们是通过结绳记事的。黄帝深感这种方法的落后和不便，于是创造了一个更完美的系统。他以苇做笔，以烟制墨，发明了一些文字。人们根据这些字的形状命名为九龙篆。但是，这些字（或者说是图形）仍然无法令他满意，于是他叫来自己手下最聪明的大臣，希望他能够发挥才智，创造出一套文字。仓颉是河南人[②]。据中国文献记载，仓颉双目炯炯，阔嘴龙面。从小品德端正，少年即有绘画之才。成人之后，得王仙师教导，兼修经世之道和长生之术。

王仙师似乎神通广大，有未卜先知之能，预见到仓颉最后会成仙，其智慧和学问会流传后世。有一次，两师徒前往河南省的商州，正沿着Hu-Shen河边行走的时候，一只大龟浮出水面，红色的龟甲上有绿色的交叉条纹，立在他们面前。王仙师让仓颉仔细观察龟背上的条纹，却不解释原因。在河边的沙地上，他们还见到许多鸟儿。王仙师也让仓颉仔细观察它们的足迹。后来王仙师让仓颉练习描画类似的龟纹鸟

①传说沮诵协助仓颉造字，此处作者描述与中国传说有出入。——译者注
②中文文献记载其故里是古昌意城，即今河南省南乐县。——译者注

踪，直到非常熟练后才告诉后者，他完全可以完成黄帝赋予
他的任务。

于是，当黄帝询问仓颉，谁能够担任创造文字的大任
时，仓颉答道，自己已经具备了完成这项工作的能力。黄帝
让他表演一下，他欣然从命，向黄帝呈上大约200个字。仓颉
造出的这些字被称为蝌蚪文。当时没有纸，他新造的字是写
在竹片上的，这也是他第一次在竹片上写字。黄帝感到非常
满意，大大地奖赏了一番。

有关仓颉的记载还表明，在他造字前，无论白天黑夜，
妖魔鬼怪、龙蛇走兽都肆无忌惮地骚扰人类。文字出现之
后，这些东西都害怕它们的恶行被文字记录下来上报天庭，
激怒众神，因此不再作恶。黄帝和他的子民极其满意这一重大
发明，大地也深受其惠，一片欢欣鼓舞，产出了丰盛的五谷。

接下来黄帝问仓颉，要有多少字才足以构成一套书面语言。
仓颉回答，需要几千个。于是，同样以博学多才著称的沮诵被指派
去协助仓颉。

仓颉和沮诵的塑像矗立在仓沮祖庙尽头处的神龛之
上。学生们常来此顶礼膜拜，希望这些神像能够对他们指点
一二。庙里还树立着一些小牌匾，上面用金字写着16条圣
谕。其中6条是顺治九年（1652）订立的，10条是康熙九年
（1670）订立的。这16条圣谕分别是：

1．敦孝弟以重人伦
2．笃宗族以昭雍睦
3．和乡党以息争讼
4．重农桑以足衣食

5．尚节俭以惜财用

6．隆学校以端士习

7．黜异端以崇正学

8．讲法律以儆愚顽

9．明礼让以厚民俗

10．务本业以定民志

11．训子弟以禁非为

12．息诬告以全善良

13．诫匿逃以免株连

14．完钱粮以省催科

15．联保甲以弭盗贼

16．解仇忿以重身命

这16条圣谕也常常被悬挂在祠堂以及供奉文昌帝君的庙里。在这些地方，每逢特殊日子，官府都会组织给愿意倾听者宣讲圣谕。

仓沮祖庙的庭院里有两座塔状小炉，是庙里的执事每天焚烧字纸的地方。焚化的纸灰装入陶瓮放入江河，任其漂流入海，如此便可让纸上的内容融入汪洋。

这些字纸有的来自商铺，有的来自街上①，或者两者都有。收纸的人受雇于文士，走街串巷，大声吆喝：敬惜字纸！敬惜字纸！店铺主人或者伙计一听到吆喝，便会热心响应。

这种奇特风俗的背后原因在于：中国人认为无论如何崇拜文字都不过分，因为自从发明了文字，人不仅可以记录过

---

① 广州几乎所有街道的墙上，每隔一段距离就挂有一只小木箱，专门收集字纸。每天都会以本文所述的方式收集起来处理。——原书注

去的事情，也获得了古圣今贤的智慧。所以，踩踏字纸是大不敬的行为，这样的孽行绝对不能做。在这座庙里，有个郭姓秀才每个月都会多次为众人宣讲圣人之学。他宣讲时的庄严肃穆与基督教堂中的宣道并无二致。作为酬劳，他每月从本城的文士绅商几年前设立的一笔专款中领取14块大洋。该庙的回廊里有个叫孟福兴的人开了个书摊，专门售卖旧书。来此庙的人中有许多学生，而他的书质量不错，价格也便宜，因而生意很好。

仓沮祖庙的门口有一口井。在1870年那个疯狂的时代，有个姓梁的年轻人被冤枉朝井里投放了一种迷魂药，于是被一批暴徒打死了。这个案子的背景是这样的：中国人相信，在洋人的教唆下，有几个中国人走遍全国，往所有的水井里投放所谓的"迷魂药"。他们认定，凡是喝了这种井水的人都会十分痛苦，只有改信拯救灵魂的基督才能解除痛苦。这个不幸的小伙子只是路过并往井里看了一眼，根本没做过他们所说的那种事，就被残酷杀害了。不过，后来人们还是证明了他的清白，他悲痛的亲人从当地耆老（或者说是街坊）处得到了一些金钱补偿。

离开这座庙之前，我们还要补充一句，这是广州城唯一一座供奉创造文字和发明印刷术之人的庙宇。这是一栋新建筑，由文人士绅捐资，建于1870年。广州之所以有这么一座庙，要归功于一个名叫梁耀枢的学生，他于1872年在北京参加殿试，获得了最高的荣誉[1]。

① 梁耀枢（1832—1888），字冠祺，号斗南，晚号叔简，广东顺德人。少时从学于名儒朱九江。同治元年（1862）中举人，同治十年（1871）中进士，钦点状元，为广东最后一位状元。——译者注

徽州会馆：典型的会馆文化

我们下一个要去的地方是徽州会馆，也称绿茶商人会馆。它与仓沮祖庙位于同一条街。我们从边门进入会馆庭院，这可是一个非常好的角度，因为能够观察到门楼内部精美的雕刻，是大街上看不到的。门楼有三重檐，由木柱支撑，有时也被用作戏台，人们在祭拜会馆的保护神时常常在上面表演戏剧。门楼两旁各有一间小屋，供戏子更换服装。普通观众被安排在庭院当中，士绅则安坐在面对戏台的高石台之上。石台两侧的墙上各挂有两块白色的大木匾，每块都写着一个大字，分别是忠、孝、仁、慈。石台正后方是一个殿堂，里面供着朱夫子的牌位。此人是中国历史上著名的哲学家，现在显然被绿茶商人视作会馆的保护神。进入这座殿堂要通过一道三孔小石桥。石桥横跨的池塘被围以石壁，时而可见戏水的锦鲤。会馆尽头有一个院子，其中一个入口形似花瓶，采光的窗则做成盛开的莲花状。其他屋宇的门窗或像叶片，或像橘子、画轴、折扇。最后一座庭院里有个小池塘，上面有座九曲桥。此桥象征着一条虬曲的龙。池塘的一边还有一座小石拱桥，通向一座假山和凉亭，周围有一棵枝繁叶茂的大树。此水、此桥、此亭、此山、此树构成的画面，与英国人从小就通过瓷器而眼熟能详的柳树图案非常相像。

徽州省①的茶叶商人做生意常要到广州住上几天或几周，通常都会在这里落脚，因此可以说这既是他们的行会，也是他们的旅舍。

---

① 原文如此。当时徽州是府，属安徽省。——译者注

尼姑庵：尼姑的修行生活

出了会馆，我们就到街对面的中国医生冯济时家参观。他家最吸引我们的是一大批金匾，像画框一样挂在四面墙上。冯宅的大门上方也同样挂了不少类似的匾。这些匾都是被冯济时治愈的富贵人送的，也就是感恩匾，同时赞颂他的医术。这位阿斯克勒庇厄斯①之子即使过世许多年后，仍被视为广州的本杰明·布鲁迪爵士②。他当时死得很突然，其合伙人担心因他而兴旺的事业从此衰落，对他的死讯秘而不宣。

从医生家出来，我们进入一个佛教庵堂，名为净修庵。这是一座小小的建筑，里面住了10到12个人。这些中国尼姑都剃光头，穿长袍，外观与和尚并无二致。16岁以下的女子她们不收，但不会拒绝年老的妇人。因此，很多对俗世和人生失望的老妇常会把尼姑庵当成避难所，来此度过余生。尼姑不是老处女就是寡妇，主要工作是替别人做法事以超度亡灵。为此，她们常常会被召唤到富贵人家的宅邸，为他们诵经超度亡魂。事后她们会收到不菲的报酬，其栖身的尼姑庵也有一定数量的产业，因此算得上衣食无忧。此外，每个尼姑在出家时都要交50或100大洋，收入庵中金库。

不过，如果这些人厌倦了修行生活而要返回俗世，她们也有这样的自由。我们知道，广州赫赫有名的富商Poon Ti-Shing的七姨太就是从西关的祇园庵娶来的，后者曾在那待过20多年。此外，下九甫还有一座美国长老会的教堂，主要是向异教徒宣讲上帝的福音。

---

① 阿斯克勒庇厄斯是古希腊神话中的医神。——译者注
② 全名本杰明·柯林斯·布鲁迪，英国生理学家及外科医生。——译者注

漆器铺：绚丽多彩的漆器艺术

现在我们穿行在一条名叫西来初地的大街上，其中有几间卖中式家具的商铺，商品极其精美，特别是紫檀镶大理石和螺钿的，价格应该不菲。

为了参观漆器的制作，我们来到庆云里的协记漆器铺。当时，三四个工人正在那里填塞小松木茶几、茶盒之类物品的小缝隙。他们用的是一种粗糙的黄纸，以一种叫作猪流的东西为黏合剂。所谓猪流，顾名思义，是用猪血和磨细了的贝壳粉调制出来的混合物。第二道工序是在这些家具毛坯上涂一种叫灰泥的涂料，那是一种猪血和花岗石粉的混合物。这种花岗石粉大批量产于西柱山区，运到广州专门用作家具涂料。涂料干了之后，坯胎会被搬进一个无光无风的屋子里涂上一层精漆，然后再上一层明漆，这两种漆都产自四川。一般来说，这最后一道漆上完也就可以了。不过，为了使漆器持久如新，他们常常上三道漆。之后，这些成品会被搬去隔壁的李家祠，由那里的画匠绘图描金。其方法大致如下：他们有几套图案，都用细针刺成。画匠选一种图案覆在胎器上，用一个装了细灰的小布袋轻轻拍打，灰粉从布袋的网眼漏出，透过纸上的针眼，过渡到胎器上，形成完美的图案。

之后，画匠要用铁笔小心翼翼地沿着灰点刻线，再填上以朱砂调制的颜料。颜料半干之后，他会再用棉花球蘸上盛在小碗里的金粉，轻轻地描上红色图案。图案沾了金粉就变成金色，画匠也就大功告成。所有漆器作坊都是这样制作绚丽多彩的漆器的。

华林寺：五百罗汉堂大观

下一个我们要看的是华林寺。此寺是印度僧人达摩于公元502年建造的，他花了3年时间，从印度漂洋过海来到中国。

我们来到寺前，只见山门之外是两尊门神，山门之内则是四大天王，与我们此前在海幢寺所见类似，因此不再赘述。供奉三世佛的大雄宝殿也与我们在海幢寺所见的差不多，因而也可略过。不过它没有海幢寺的那么大，也没有那么整洁。此寺内有一口大钟，其上的铭文显示，此钟由众人捐资铸造，于顺治元年（1644）献给佛祖。

我们觉得，此庙的舍利殿要比海幢寺的好。佛骨塔是汉白玉的，状如优美的七层宝塔，每一层都放有佛像。这座优美的建筑代表着西天的不同境界，接纳那些有一定修行的佛教徒。塔底应当埋有佛骨的舍利塔是乾隆帝所赐。

第三座大殿是观音殿，供奉着一位坐在莲花宝座上的慈悲女神。这位神祇我此前已有详细描述，所以不再重述。观音殿的两边以及这座多手菩萨的头顶共有5个木箱，里面装着佛经。每个经箱外面都覆盖黄布，上有蓝白色的皇家真龙图案。这些经箱和佛经都是同治帝所赐，当年它们被人高举过头送到这里，刚进入第一进庭院之时，和尚们为了表示承受不起浩荡皇恩，也作为对佛经的尊崇，都匍匐在走道两旁。出了这座神殿，穿过方丈堂，我们前往五百罗汉堂。

经过方丈堂旁边的讲堂[①]时，我们想起了在1856年10月迈

[①] 佛经讲堂前文也有描述。——原书注

华林寺的五百罗汉堂。［英］约翰·汤姆逊 摄

　　克尔·西摩爵士[①]炮轰广州之时，广州的士绅就是在这里向市民发出"杀尽洋人"的号召的。为了激励他们，士绅们为每个洋人人头悬赏40银元。

　　我们穿过一个整洁的庭院，才进入供奉五百罗汉的大殿。此殿三面封闭，殿中的石柱以灰花岗石为原料，每根都是一整块的巨石。里面的五百罗汉像都是泥塑描金，成排而

---

　　① 迈克尔·西摩，英国海军上将、议员。第二次鸦片战争时任东印度及中国舰队司令，攻陷广州。后又在第一次大沽口之战中占领大沽口，迫使清政府签订《天津条约》。——译者注

列。事实上这里的塑像共有504座，也就是三世佛每人一座像，罗汉每人一座像，还有一座是乾隆帝。皇帝的塑像端坐在龙椅之上，处于殿堂最重要的地方。乾隆帝是一位杰出的皇帝，深得子民爱戴。他能在此占有一席之地，是因为佛教徒认为他是佛祖最聪慧的弟子转世的。

佛祖的弟子据说不少于800位。这些弟子堪称是佛祖一支浩浩荡荡的传教大军，其中有500位以天台山的一座寺院为总部，另外的则栖身雁荡山的一座寺庙。①

这座罗汉堂建于1847年。罗汉的容貌衣裳各不相同，据说是按照他们的画像一一塑造的。上帝保佑这可以使人永生的艺术。②

不过很遗憾，雕塑家（如果我们可以这么称呼他们的话）应该用这门艺术来造偶像吗？不管它们跟原型有多像，终究还是被剥夺了优雅和美丽。对我们来说，人类心甘情愿地匍匐在无知无觉的偶像脚下真是一个难解之谜。而当我们发现，信徒们参拜的塑像面容竟如此可怕，震惊之感因而倍增。

这些罗汉有胖有瘦，身材有高有矮，年纪有老有小，神情有喜有悲。他们有声有默，有笑有哭；有的着灰布褂，有的穿百衲衣；有的光脚，有的穿鞋；有的坐在椅子里，有的骑在异兽上，有的坐在芭蕉叶上，有的坐在嶙峋石头上。他们有的脸色红润，有的面如黄铜。在这众多不同之中，只有一点是相同的——事佛的虔诚。据说，作为佛教的忠诚信

①清人朱彝尊的《曝书亭集》卷五十二《书五百罗汉名记后》称："按佛书，诺俱那与其徒八百众居震旦国，五百居天台，三百居雁宕，故梁克家《三山志》'怀安大中寺有八百罗汉像'。"——译者注

②此句出自英国诗人威廉·古柏的《为收到母亲的画像而作》。——译者注

徒，他们拥有无穷法力，不仅能捉妖擒魔，还可以降龙伏虎。他们还得到佛祖的真传，知晓各种语言，可以解答无论多么奇怪的问题。

这500位罗汉中，有一位衣着和面容据说很像外国人。如果我没记错的话，有个作家曾认为这座塑像是著名的旅行家马可·波罗。他于13世纪来华，并在这里停留了一段时间。这个论断毫无根据，但我们也不能否认该书作者其他论断的正确性。

被认为是马可·波罗的那座塑像名叫善住，原是印度北方一省人氏，因虔心事佛而闻名。据说500位罗汉能保佑信徒长寿、平安喜乐，因而很得信徒崇拜。

下面是一张记载罗汉名字的名单，由杰出的官员苏云编于嘉庆年间。

1. 阿若憍陈如尊者
2. 阿泥楼尊者
3. 有贤无垢尊者
4. 须跋陀罗尊者
5. 迦留陀夷尊者
6. 闻声得果尊者
7. 栴檀藏王尊者
8. 施幢无垢尊者
9. 憍梵钵提尊者
10. 因陀得慧尊者
11. 迦那行那尊者
12. 婆苏盘豆尊者
13. 法界四乐尊者
14. 优楼频螺尊者
15. 佛陀密多尊者
16. 那提迦叶尊者
17. 那延罗目尊者
18. 佛陀难提尊者
19. 末田底迦尊者
20. 难陀多化尊者
21. 优波毱多尊者
22. 僧迦耶舍尊者
23. 教说常住尊者
24. 商那和修尊者
25. 达摩波罗尊者
26. 伽耶伽叶尊者
27. 定果德叶尊者
28. 庄严无忧尊者
29. 忆持因缘尊者
30. 迦那提婆尊者
31. 破邪神通尊者
32. 坚持三字尊者
33. 阿楼驮尊者
34. 鸠摩罗多尊者
35. 毒龙皈依尊者
36. 同声稽首尊者

37. 毗罗胝子尊者
38. 伐苏蜜多尊者
39. 阇提首那尊者
40. 僧法耶舍尊者
41. 悲察世间尊者
42. 献华提记尊者
43. 眼光定力尊者
44. 伽耶舍那尊者
45. 莎底苾蒭尊者
46. 波阇提婆尊者
47. 解空无垢尊者
48. 伏陁蜜多尊者
49. 富那夜舍尊者
50. 伽耶天眼尊者
51. 不著世间尊者
52. 解空第一尊者
53. 罗度无尽尊者
54. 金刚破魔尊者
55. 愿护世间尊者
56. 无忧禅定尊者
57. 无作慧善尊者
58. 十劫慧善尊者
59. 旃檀德香尊者
60. 金山觉意尊者
61. 无业宿尽尊者
62. 摩诃刹利尊者

63. 无量本行尊者
64. 一念解空尊者
65. 观身无常尊者
66. 千劫悲愿尊者
67. 瞿罗那含尊者
68. 解空定空尊者
69. 成就因缘尊者
70. 坚通精进尊者
71. 萨陀波仑尊者
72. 乾陀诃利尊者
73. 解空自在尊者
74. 摩诃注那尊者
75. 见人飞腾尊者
76. 不空不有尊者
77. 周利盘特尊者
78. 瞿沙比丘尊者
79. 师子比丘尊者
80. 修行不著尊者
81. 毕陵伽蹉尊者
82. 摩利不动尊者
83. 三昧甘露尊者
84. 解空无名尊者
85. 七佛难提尊者
86. 金刚精进尊者
87. 方便法藏尊者
88. 观行月轮尊者

89. 阿那分提尊者
90. 拂尘三昧尊者
91. 摩诃俱絺尊者
92. 辟支转智尊者
93. 山顶龙众尊者
94. 罗网思惟尊者
95. 劫宾覆藏尊者
96. 神通亿具尊者
97. 具寿具提尊者
98. 法王菩提尊者
99. 法藏永劫尊者
100. 菩注尊者
101. 除忧尊者
102. 大忍尊者
103. 无忧自在尊者
104. 妙惧尊者
105. 严土尊者
106. 金髻尊者
107. 雷德尊者
108. 雷音尊者
109. 香象尊者
110. 马头尊者
111. 明首尊者
112. 金首尊者
113. 敬首尊者
114. 众首尊者

115. 辨德尊者
116. 羼提尊者
117. 悟达尊者
118. 法灯尊者
119. 离垢尊者
120. 境界尊者
121. 马胜尊者
122. 天王尊者
123. 无胜尊者
124. 自净尊者
125. 不动尊者
126. 休息尊者
127. 调达尊者
128. 普光尊者
129. 智积尊者
130. 宝幢尊者
131. 善慧尊者
132. 善眼尊者
133. 勇宝尊者
134. 宝见尊者
135. 慧积尊者
136. 慧持尊者
137. 宝胜尊者
138. 道仙尊者
139. 帝网尊者
140. 明罗尊者

141. 宝光尊者
142. 善调尊者
143. 奋迅尊者
144. 修道尊者
145. 大相尊者
146. 善住尊者
147. 持世尊者
148. 光英尊者
149. 权教尊者
150. 善思尊者
151. 法眼尊者
152. 梵胜尊者
153. 光曜尊者
154. 直意尊者
155. 摩帝尊者
156. 慧宽尊者
157. 无胜尊者
158. 昙摩尊者
159. 欢喜尊者
160. 游戏尊者
161. 道世尊者
162. 明照尊者
163. 普等尊者
164. 慧作尊者
165. 助欢尊者
166. 难胜尊者

167. 善德尊者
168. 宝涯尊者
169. 观身尊者
170. 华王尊者
171. 德首尊者
172. 喜见尊者
173. 善宿尊者
174. 善意尊者
175. 爱光尊者
176. 花华尊者
177. 善见尊者
178. 善根尊者
179. 德顶尊者
180. 妙臂尊者
181. 龙猛尊者
182. 弗沙尊者
183. 德光尊者
184. 散结尊者
185. 净正尊者
186. 善观尊者
187. 大力尊者
188. 电光尊者
189. 宝杖尊者
190. 善星尊者
191. 罗旬尊者
192. 慈地尊者

193. 庆友尊者
194. 世友尊者
195. 满宿尊者
196. 阐陀尊者
197. 月净尊者
198. 大天尊者
199. 净藏尊者
200. 净眼尊者
201. 波罗密尊者
202. 俱那舍尊者
203. 三昧声尊者
204. 菩萨声尊者
205. 吉祥咒尊者
206. 钵多罗尊者
207. 无边身尊者
208. 贤劫首尊者
209. 金刚昧尊者
210. 乘味尊者
211. 婆私咤尊者
212. 心平等尊者
213. 不可比尊者
214. 乐覆藏尊者
215. 火焰身尊者
216. 颇罗堕尊者
217. 断烦恼尊者
218. 薄俱罗尊者

219. 利婆多尊者
220. 护妙法尊者
221. 最胜意尊者
222. 须弥灯尊者
223. 没特伽尊者
224. 弥沙塞尊者
225. 善圆满尊者
226. 波头摩尊者
227. 智慧灯尊者
228. 栴檀藏尊者
229. 迦难留尊者
230. 香焰幢尊者
231. 阿湿卑尊者
232. 摩尼宝尊者
233. 福德首尊者
234. 利婆弥尊者
235. 舍遮独尊者
236. 断业尊者
237. 欢喜智尊者
238. 乾陟落尊者
239. 莎伽陀尊者
240. 须弥望尊者
241. 持善法尊者
242. 提多迦尊者
243. 水潮声尊者
244. 智慧涨尊者

245. 众具德尊者
246. 不思议尊者
247. 弥遮仙尊者
248. 尼驮伽尊者
249. 首正念尊者
250. 净菩提尊者
251. 梵音天尊者
252. 因地果尊者
253. 觉性解尊者
254. 精进山尊者
255. 无量光尊者
256. 不动意尊者
257. 修善业尊者
258. 阿逸多尊者
259. 孙陀罗尊者
260. 圣峰慧尊者
261. 曼殊行尊者
262. 阿利多尊者
263. 法轮山尊者
264. 众和合尊者
265. 法无住尊者
266. 天鼓声尊者
267. 如意轮尊者
268. 首火焰尊者
269. 无比较尊者
270. 多伽楼尊者

271. 利利婆多尊者
272. 普贤行尊者
273. 持三昧尊者
274. 威德声尊者
275. 利德声尊者
276. 名无尽尊者
277. 阿那悉尊者
278. 普胜山尊者
279. 辨才王尊者
280. 行化国尊者
281. 声龙种尊者
282. 誓南山尊者
283. 富伽耶尊者
284. 行传法尊者
285. 香金手尊者
286. 摩挐罗尊者
287. 藏律行尊者
288. 慧依王尊者
289. 降魔军尊者
290. 首焰光尊者
291. 持大医尊者
292. 藏律行尊者
293. 德自在尊者
294. 服龙王尊者
295. 阇夜多尊者
296. 秦摩利尊者

297. 义法胜尊者
298. 施婆罗尊者
299. 护妙法尊者
300. 王住道尊者
301. 无垢行尊者
302. 阿婆罗尊者
303. 声皈依尊者
304. 禅定果尊者
305. 不退法尊者
306. 僧伽耶尊者
307. 达摩真尊者
308. 持善法尊者
309. 受胜果尊者
310. 心胜修尊者
311. 会法藏尊者
312. 常欢喜尊者
313. 威仪多尊者
314. 头陀僧尊者
315. 议洗肠尊者
316. 德净悟尊者
317. 无垢藏尊者
318. 降伏魔尊者
319. 阿僧伽尊者
320. 金富乐尊者
321. 顿悟尊者
322. 周陀婆尊者

323. 住世间尊者
324. 灯导首尊者
325. 甘露法尊者
326. 自在王尊者
327. 须达那尊者
328. 超法雨尊者
329. 德妙法尊者
330. 士应真尊者
331. 坚固心尊者
332. 声响应尊者
333. 应赴供尊者
334. 劫尘空尊者
335. 光明灯尊者
336. 执宝炬尊者
337. 功德相尊者
338. 忍心生尊者
339. 阿氏多尊者
340. 白香象尊者
341. 识自在尊者
342. 赞叹愿尊者
343. 定拂罗尊者
344. 声引众尊者
345. 离净悟尊者
346. 鸠舍尊者
347. 郁多罗尊者
348. 福业除尊者

349. 罗余习尊者
350. 大药尊尊者
351. 胜解空尊者
352. 修无德尊者
353. 喜无著尊者
354. 月盖尊尊者
355. 栴檀罗尊者
356. 心定论尊者
357. 庵罗满尊者
358. 顶生尊尊者
359. 萨和坛尊者
360. 直福德尊者
361. 须刹尊者
362. 喜见尊尊者
363. 韦蓝王尊者
364. 提婆长尊者
365. 成大利尊者
366. 法首尊者
367. 苏频陀尊者
368. 众德首尊者
369. 金刚藏尊者
370. 瞿伽离尊者
371. 日照明尊者
372. 无垢藏尊者
373. 除疑网尊者
374. 无量明尊者

375. 除众忧尊者
376. 无垢德尊者
377. 光明纲尊者
378. 善修行尊者
379. 坐清凉尊者
380. 无忧眼尊者
381. 去盖障尊者
382. 自明尊尊者
383. 和伦调尊者
384. 净除垢尊者
385. 去诸业尊者
386. 慈仁尊尊者
387. 无尽慈尊者
388. 飒陀怒尊者
389. 那罗达尊者
390. 行愿持尊者
391. 天眼尊尊者
392. 无尽智尊者
393. 遍具足尊者
394. 宝盖尊尊者
395. 神通化尊者
396. 思善识尊者
397. 喜信静尊者
398. 摩诃南尊者
399. 无量光尊者
400. 金光慧尊者

401. 伏龙施尊者
402. 幻光空尊者
403. 金刚明尊者
404. 莲花净尊者
405. 拘邮意尊者
406. 贤首尊者
407. 利亘罗尊者
408. 调定藏尊者
409. 无垢称尊者
410. 天音声尊者
411. 大威光尊者
412. 自在主尊者
413. 明世界尊者
414. 最上尊尊者
415. 金刚尊尊者
416. 蠋慢意尊者
417. 量无比尊者
418. 超绝伦尊者
419. 月菩提尊者
420. 持世界尊者
421. 定花至尊者
422. 无边身尊者
423. 最胜幢尊者
424. 弃恶法尊者
425. 无碍行尊者
426. 普庄严尊者

427. 无尽慈尊者
428. 常悲悯尊者
429. 大尘障尊者
430. 光焰明尊者
431. 智眼明尊者
432. 坚固行尊者
433. 澍云雨尊者
434. 不动罗尊者
435. 普光明尊者
436. 心观净尊者
437. 那罗德尊者
438. 师子尊尊者
439. 法上尊尊者
440. 精进辨尊者
441. 乐说果尊者
442. 观无边尊者
443. 师子翻尊者
444. 破邪见尊者
445. 无忧德尊者
446. 行无边尊者
447. 慧金刚尊者
448. 义成就尊者
449. 善住义尊者
450. 信澄尊者
451. 行敬端尊者

452. 德普洽尊者
453. 师子作尊者
454. 行忍慈尊者
455. 无相空尊者
456. 勇精进尊者
457. 胜清净尊者
458. 有性空尊者
459. 净那罗尊者
460. 法自在尊者
461. 师子颊尊者
462. 大贤光尊者
463. 光普现尊者
464. 音调敏尊者
465. 师子臆尊者
466. 坏魔军尊者
467. 分别身尊者
468. 净解脱尊者
469. 质直行尊者
470. 智仁慈尊者
471. 具足仪尊者
472. 如意杂尊者
473. 大炽妙尊者
474. 劫宾那尊者
475. 普焰光尊者
476. 高逸行尊者

477. 得佛智尊者
478. 寂静行尊者
479. 悟真常尊者
480. 破冤贼尊者
481. 灭恶趣尊者
482. 性海通尊者
483. 法通尊者
484. 敏不息尊者
485. 众心尊者
486. 导大众尊者
487. 常隐行尊者
488. 菩萨慈尊者
489. 拔众苦尊者
490. 寻声应尊者
491. 数劫定尊者
492. 注法水尊者
493. 得定通尊者
494. 慧广增尊者
495. 六根尽尊者
496. 拔度罗尊者
497. 思萨埵尊者
498. 注荼迦罗尊者
499. 钵利罗尊者
500. 愿事众尊者

在广东，供奉五百罗汉的庙堂并非就此一家。例如，东莞也有一个类似的罗汉堂，名叫资福寺。不过，那里的罗汉塑像较小，被摆放在庙堂的二层阁楼里。此外，那里也没有我们刚刚提到的另外两座大殿，这可以说是全国独一无二的了。浙江杭州也有一座供奉罗汉的大庙，但不是塑像而是画像，刻在黑色的大理石碑上。那些罗汉像的雕刻在很大程度上要归功于胡观澜，此人曾任杭州太守，似乎是一位虔诚的佛教徒，热衷于向民众宣传，佛教教义在许多方面与孔孟之道一致，可以并行不悖。我们所说的那座罗汉堂据说就是他建造的，以便每年来往的商贾可以得到罗汉的保佑。这座寺里还有一块颂扬胡观澜功德的石碑，同时还赞扬了另外两位协助胡观澜建寺的官员。其中一位名叫顾公，时任阳湖县令；一位名叫周公，时任武进县令[1]。

浙江省也有不只一座五百罗汉堂，杭州的净慈寺也曾有一座。苏州也有，不过在1860年的时候被太平天国的士兵捣毁了。1866年，我们还曾走访过那座寺庙的遗迹。不过，它很可能就像是浴火的凤凰，已经从灰烬中重生了。我们相信，中国其他地方也有供奉八百罗汉的寺庙，例如江南淮安的大钟寺。

---

[1] 此事作者所记有误。中国文献如此：原石刻于清嘉庆三年（1798），在常州天宁寺镌立。当时，安徽庐江人胡观澜任常州府太守，他拜读了太上皇乾隆亲自撰写的《万寿山五百罗汉堂记》，顿时领悟，自发愿心，要为本邑百姓行善积德，便恭请一流画师仿摹杭州净慈寺五百罗汉雕塑像，绘制成五百罗汉平面画像，然后汇集工匠，镌刻勒石。嘉庆三年，工程完毕。因胡观澜与时任天宁寺住持净德之月大师交往甚密，嘉庆四年，胡太守便会同武进县令、阳湖县令，将镌刻成的五百罗汉像石版送到天宁寺的罗汉堂，敬供壁间，由十方信众瞻仰观赏、膜拜顶礼。——译者注

出了罗汉堂，我们进入一座小殿，名为崇德堂。殿中神龛上方的架子上摆放着一些小木牌位，绿底金字，写着人名。贫困家庭的妇女（特别是没有孩子的）出于根深蒂固的敬祖习俗，担忧自己死后无人祭拜，就会付一些钱给寺庙，在这里安放一块牌位。这样她们就可以放心了，因为寺中的和尚会代替后人祭拜她们。

崇德堂旁边是一个与之类似的小殿，名叫树福堂。不过，这里的牌位都是富贵家庭的妇女的，她们在此安放牌位的目的也是保证死后有人祭拜。无人祭拜的亡魂会成为游荡的野鬼，永远不得超生。这座殿摆放牌位的费用要比崇德堂贵得多。第三个类似的小殿名为檀越堂，位于附近，里面摆放的牌位有男有女，摆放目的也与前面两个一致。檀越堂前有一个小池塘，我们参观的时候还看见两只鸭子在脏水里嬉戏。

接下来，我们走到了斋堂。它在各方面都跟海幢寺的类似，前文已有描述，这里就不再赘述。临时为我们准备的午餐摆放在客堂，因此我们就往那里去了。客堂是间宽敞的大屋，里头很阴凉，适合作为休息室。我们征得僧人同意后，在此小憩了一会儿。客堂尽头有个小池塘，里面养了很多乌龟，据说都是信徒贡献给菩萨的牺牲。它们在池里游来游去，争食和尚撒下去的饭粒。

三娘庙：怨妇的心愿

这座大庙山门前的广场一侧有一座供奉藻圣大王的庙。此神生前是位名医，死后封神，被同行及普通百姓视为药王。道光二十九年（1849），皇帝封他为藻圣大王。庙里立着一个大瓷花瓶，里头装有藻圣大王施过法的圣水，据说有治病的神效，因而常有病人来此买水回去熬药或煮茶。病人的买水钱视他们的经济情况而定，有些人会为一杯水付点碎银子，有些人则只付几个铜板。这些钱都装在红纸包里交给庙祝。此庙种有一棵小树，枝条修剪成蛇形，常有信徒在它面前磕头。我们访问的时候，正好有一个小和尚在它跟前行大礼。庙中也有一口钟，其铭文告诉我们，此钟是在嘉庆十七（1812）年由下列人士捐资购买敬献给菩萨的：Ow-Yaong Tak，其妻Ow-Wong-Shi，以及他们的5个儿子。

　　藻圣大王庙的第二个殿中有一排小神像，至少有60个，代表着同等数量的神仙。据说他们掌管着60个年头，也就是中国的一甲子①。每个神像脚下都放着两三块或更多的小泥板，均由希望得到神仙赐福的信徒所放。比如，某人被算命先生告知某年可能会有灾祸，为了改运，便会来此求主管那一年的神仙。按照这种宗教仪轨，他要在该神仙脚下放一块泥板②。我们的读者或许会对中国的甲子纪年法很感兴趣，在此引用一下罗存德③翻译的扎哈罗夫④的《中国纪年》（*Chronology of the Chinese*）中的一些文字作为简介：中国人认为，60年是一个轮回，是为"花甲子"，据说是黄帝的大臣大挠发明的。大挠把十干（也就是甲、乙、丙、丁、

---

①　六十甲子神，古称岁神，又称太岁。太岁共有60位，由斗姆元君统御，按天干地支配列。——译者注

②　这种泥板积累到一定程度，影响后来者参拜就会被庙祝移走。——原书注

③　罗存德，德国传教士，著有《英华字典》。——译者注

④　扎哈罗夫，俄国人，外交家、满学家。曾任俄国驻中国伊宁总领事。著有《满俄大辞典》。——译者注

戊、己、庚、辛、壬、癸）和十二支（即子、丑、寅、卯、辰、巳、午、未、申、酉、戌、亥）组合起来，形成了这个循环。黄帝马上采用了，并把他统治的第61年称为第一个甲子的第一年。如此算来，74个甲子就是4440年，完结于1803年。

藻圣大王庙的第三个殿叫三娘庙，供奉着七星中的三位女神仙。她们的信徒主要是一些怨妇，因而庙堂中有股怨气。祭坛上有信徒放置的男女纸人，女纸人一般都被头脚颠倒摆靠在祭坛的围栏上。摆放这些纸人的多半是有个心狠女主人的奴婢，或者有个恶毒女邻居的女人，又或者是某大户人家常常争风吃醋的妻妾。这些女人相信，颠倒摆放这些代表她们怨恨之人的女纸人，可以在慈悲的女神的帮助下，改变其恶毒心肠。仇恨、恶意、愤怒和妒忌将会转化为友爱、欢心、和睦、耐心和善意。祭坛上也摆放有男纸人，上面写有姓名，摆放者多半是丈夫被她人夺取欢心的妻子，或是跟恩客吵架了的妓女。这些无知的女人认为如此摆放，可以借助女神的法力，唤回情人那颗或因吵架或因移情别恋而渐渐远离的心。此庙的一角种了一丛竹子，竹竿上挂着蒲扇，均由那些怨妇所挂。她们认为扇动这些蒲扇，可以带走她们的一切烦恼。

关帝庙：战神的诞生

沿着西来初地继续走，我们来到了关帝庙门前。这座庙供奉的关帝是中国历史和神话中声名显赫的战神，很值得我稍加介绍。

据说，关帝少年时名羽，成年后以关云长之名行世。到东汉结束之前，他成为帝国军队的一名武官，效命于汉桓帝及其百姓，在抗击叛军的过程中战功显赫。[1]叛军首领名为吕蒙，试图推翻东汉王朝，取而代之。汉桓帝有个表兄弟叫刘叔[2]，跟古罗马皇帝马克西米努斯[3]一样，力大无穷。当时还有个武士名叫张飞，据中国史书记载，此人名声也很响亮，且身强力壮。这3人均忠于皇室，悲愤于叛贼作乱导致的生灵涂炭。3人于是结盟，组建了一支强大的军队，以关云长为统帅，抗击叛军，保卫江山。这支军队一经组成，立即被征召奔赴前线，与破坏和平秩序的乱贼作战。在一系列战斗中，他们大获全胜，5年之内收复了大片被吕蒙叛军占领的国土。关云长因为作战指挥有方，功勋显赫，因而得到皇帝的许多嘉奖，最后被封为一地总督，时称蜀国（现为四川省的一部分）。在数年之内，他把这个地方治理得很好，颇得皇帝嘉许。但是，因关云长的军事才能而建立起的帝国和平不久之后遭到破坏。战败的叛军首领吕蒙不甘心，在此后几年内秘密地训练了一支大部队，希望夺回被关云长占去的土地。他决定从水陆两路同时发动进攻。考虑到关云长在战术上技高一筹，他打算在战略上出奇制胜。于是，他毁坏了许多建立在山顶上的烽火台，切断关云长探知他的部队进军消息的途径。战船也按照他的命令伪装成商船，遍布于该地区的大江

---

①有关关羽和三国的故事，作者不知从何得来，多与史实不符，不一一指出，请读者注意。——译者注

②当指刘备。——译者注

③马克西米努斯，189年，16岁的马克西米努斯加入军团当辅助兵。211年，马克西米努斯已经爬升为百夫长。235年，不受军队拥护的皇帝亚历山大·塞维鲁被军队推翻，马克西米努斯被拥立为皇帝，并将塞维鲁杀害。——译者注

小河，希望能出其不意地攻击保卫荆州的皇家舰队。荆州乃关云长辖下地区的首府。

吕蒙的策略奏效了，皇家军队因为毫无防备，被打得落花流水，四散奔逃。许多人在战争中被杀，包括勇士关云长。幸免于难的将士认为他应当被封圣，便说曾看见他身骑赤兔马，手提偃月刀，腾云驾雾上天了。关云长的肉身到底如何，我们不得而知，但他的灵魂果真获得了俗世的荣耀。蜀汉开国皇帝昭烈帝[①]下令追封关羽为大忠王。不过，直到宋朝，关羽才真正被神化。宋真宗于997年登基后，山西省百姓的财富之源——盐井——纷纷干涸。百姓惊恐万状，觉得大难临头。爱民如子的宋真宗召来大臣，希望他们解释这种神秘的现象。不过，如同被埃及法老召去解释梦境的祭司一样，他们对这种前所未闻的奇特现象一无所知。皇帝转而求教于道教的张天师，后者回答说，盐井之所以干涸，全因一个叫蚩尤的鬼在作怪，皇帝如若想救民于水火，就必须请关云长相助。他如今在天上为神，有帝王之威，还能调遣天兵天将。于是，宋真宗命张天师画符宣召关云长。画毕，置于火上焚化。按中国习俗，凡是跟神灵的交流都是以火为媒来完成的。中国的史书还记载，1小时之内，人们看到关云长骑着赤兔马，召集天兵天将前来帮助宋真宗打击恶鬼。他来到皇帝面前禀告，为了保证胜利，在与恶鬼交战之前，必须请居住在盐井周围的民众闭门7日，不得外出。皇帝应允。一切准备就绪后，这位神勇的武士便率领部下向妖魔鬼怪宣战了。闭户不出的百姓只听得外面风声雷动，知道天神在与恶鬼激

---

①即刘备。——译者注

烈厮杀。最后，关云长一方大获全胜，恶鬼被一举歼灭，盐井不但重新出盐，而且产量大增。鉴于关云长的功劳，宋真宗封他为"义勇武安王"，并在他的埋骨之地附近建造了一座祠。时至今日，为了纪念这位英雄，中国很多地方都建有庙宇供奉，当朝皇帝也曾加封他为"忠义伏魔王神大王"①。

此庙的陶瓷屋脊上镶嵌着许多男女小像，分组排列，讲述关云长生前经历过的重大事件。庙门门楼的重檐两边有木梁支撑，上面也刻了许多人物像。进庙之后，这位昔日英雄的塑像就矗立在我们面前，它被置于一座雕花描金的木阁之内。

关帝庙中还有两个木制神龛，均是精雕细刻，描红画金。神龛门脸上雕刻着男男女女、飞禽走兽、亭台楼阁，被中国人视为艺术品，被精心地用框和大片的玻璃围了起来，加以保护。不过，这样的木雕神龛其实算不上罕见，毕竟与其他庙里的相差无几。

关帝庙中也挂着一口钟，上面的铭文显示，是Wong-Too及其子Tai-Chun于康熙三年（1664）购买贡献给关帝的。育贤坊街也有一座供奉关帝的官庙，每年春秋两季都会举行官拜礼仪。在新年元旦的清晨，一些高官也会前来祭拜。

离开关帝庙，我们穿过一条也叫西来初地的街道。街上有几个作坊，里面的工人正把破旧布料叠起来，以便日后卖给鞋匠作为制鞋材料。出了这条街，我们穿过贤梓里，其间有许多商铺出售种种千奇百怪的货物，有时候你甚至能发现

---

① 咸丰五年（1855），清文宗封关羽为"忠义神武灵佑仁勇威显护国保民精诚绥靖关圣大帝"，并非作者说的这个称号。——译者注

价值连城的古董。每天清晨的5点到8点，这条街都会形成一个集市，专门出售二三流当铺中无人赎回的物品，被盗赃物也常常在这个早市上出售。这条街道有一扇门通往一个精心培育的花圃，中国人称为"茂林园"。园内有各种各样的花草树木，可租可售。此外，园中还有一座精致的凉亭，是中国人假日筵宴的好去处。此园的内门呈圆形，被认为是太阳的象征，所以鬼怪是无法通过的。

吹玻璃铺：玻璃吹制术

邻近的街道叫永兴大街。我们进入一家吹玻璃的作坊——仁信吹玻璃铺，有幸参观到广州人的玻璃吹制工艺。广州人制作玻璃的原料或可列举如下：铅、沙、硝、锡，以及碎火石玻璃①。第一道工序是把40斤锡和40斤铅放入铁锅中熔化，然后在第二次熔炼时不断搅拌溶液，并加入60斤沙。广州人把这种沙称为"石矶"，产自广东省英德县。此县有大量能制成这种沙的石头，将石头放在石臼里捣成粉末状，然后运往广州。捣碎石头的石杵以水轮驱动。

当铅、锡和细沙的混合液烧透之后，工人会将其倾入泥坛，静置24小时，然后加入60斤硝和一定数量的碎火石玻璃，再上火炼。这一次的熔炼要持续24小时，之后的混合液就可以用来吹玻璃了。工人手执一根铁吹管，把一头浸在坩埚内沸腾的玻璃稠液中，并转动几次，取出时吹管顶端沾上的玻璃液状如网球。把这根带"网球"的吹管再次浸入坩埚中搅动几次，取出时会沾上更多的玻璃液，形如一个大足

---

① 因而有大量碎玻璃从澳大利亚运至中国。——原书注

球。这时，工人把吹管的另一头接到一对中式风箱的输风管
上。风箱吊在离地面的一个坑洞口七八尺高的地方，架上一
把梯子，工人就站在梯子的最高一阶上，使劲地推拉风箱，
吹管另一端的玻璃球会渐渐膨胀，变成一个大球，直到进入
上述坑洞。这时就该把吹管和玻璃球分开了，方法是把球平
置于预先备好的摇笼中，工人取出预先浸在冷水里的快刀，
在仍然火热的球颈上划一圈，再轻轻地用锤子敲打吹管，把
它从透明的球体上分离下来。这时，要在这个巨大的玻璃球
上用笔墨画出正方形、菱形或圆形来，然后由另一个工人用
金刚石进行切割。工人们技术娴熟，沿着表面的墨迹划行。
由于这些玻璃片在未分割前都是那个人玻璃球的一部分，因
而是弯曲的，如新月一般。为了使它们变得平整，就需要工
人一次把六七块玻璃片，摊放在平滑的石板上，然后把石板
置于固定在煤炉中央的支点上。石板在煤炉上只停留几秒
钟，而且要不停地翻转。从火上取下之后，其上的玻璃片就
相当平整了。这些玻璃片最后不是卖给制作镜子的工匠，就
是卖给不愿使用画布或纸张作画的画家。前者会把玻璃改造
成镜子，后者就在玻璃上作画。

　　要制作红玻璃，除了上述配料之外，工人还要再加上
一定数量的金叶子。中国的私人祠堂和公祠的祭坛常用人造
花，那是用极薄的镀金铜皮做成的。年头一久就不再适合，
吹玻璃的工人往往会把这些即将废弃的人造花买来做红玻
璃。同样，要做出绿玻璃或蓝玻璃，也需要适当地加入其他
配料。

宝石街：工匠的妙手

离开吹玻璃铺，我们经过福星街，街上也有前面描述过的那种早市。在开市期间，此街有两间店铺出售多种玉石首饰。出了这条街，我们走进长兴街。此街住了很多宝石商，他们的主业就是制作各种各样的玉石首饰。这种玉石是软玉，性质坚硬持久，四川省有丰富的蕴藏。天然的玉石犹如人们在山涧和河流的河床里见到的大石头，颜色十分丰富，有白色、浅绿、深绿，以及白绿相间的。大块的玉石要用线锯切割成小块，中国人早在许多个世纪之前就知道如何使用线锯了。这种锯形如木弓，锯线由钢丝绞成，由两个人分站在玉石的左右两边不断推拉，将玉石锯成小块。在锯割的过程中，为了保持线锯的平滑推拉，要时不时地用小刷子往切口上涂一点水和金刚砂的混合液。锯下的小块玉石就交给其他宝石工匠，让他们用由踏板驱动的小圆锯加工成各种首饰。为了用这种宝石制作手镯、戒指和耳环，必须使用圆铁凹槽，也由踏板驱动。打磨上光时则在凹槽内垫上皮革。有些玉石价值不菲，特别是一种绿色的。玉并非中国独有，世界的其他地方也有发现，例如新西兰。不过，外来的玉石在中国没有市场，因为当地人认为它们都是普通的石头，品质远比本土产的低劣。

跟宝石工匠居住的这条街相连的另一条街居住着许多被雇来制作玻璃手镯的艺术家。制作这种首饰的玻璃配方是：10斤锡、40斤铅、6斤英德沙以及40斤硝。这种手镯有时候被制作成天然玉石的模样，精美到能以假乱真，普通人根本分辨不出来。这种首饰有时也会添加颜色，方法我们此前已介绍过了。中国的下层女子多用这样的手镯。居住在广州的波斯和穆斯林商人也常常大批量采购这种手镯，转运到孟买和加尔各答出售。印度女子十分喜欢这样的首饰，因而非常好卖。事实上，这种首饰的制作成本很低。

长寿寺：养金鱼的悠久历史

长寿寺就在宝石街附近，于是我们前往参观其中的许多庙堂和庭院。此寺的大雄宝殿宏大、整洁，供奉着过去、现在和将来三世佛。上述3尊金佛矗立在石台基之上。穹顶垂下几条红绸，每条都用紫天鹅绒绣着"阿弥陀佛"4个大字。该寺也有一口大钟，上面的铭文显示，这口钟是广西省耀州府保元县的4个商人买来奉献给三世佛的，他们分别是Tchoy-Hin-Sam，Chaong-Tchu-Kow，Wong-Koo-Sze和Yik-Fu-Ng。铭文还说，此钟是在万历八年（1580）的四月八日安置于此地。

长寿寺的第二个大殿中有一座舍利塔，外观花哨闪亮，是木质结构，形如宝塔，共7层，覆以金箔。其内应当存有佛骨。

第三座大殿的前面有一池死水，上面横跨着一座三孔小桥。这座大殿供奉着长寿佛。这尊佛像外形胖胖的，一副喜气洋洋的神态。求子得子的夫妇常来这里还愿，感谢佛的恩赐。中国人认为，多子多孙是福气，可以使家族繁荣昌盛。殿堂两边各有数尊神像，与海幢寺内的（特别是毗卢殿）的差不多，代表着每位天王。供奉长寿佛的神龛上有一个小阁，里头供奉着观音菩萨，上去需要通过一架梯子。不过，显然没什么人愿意受这种罪，因为僧人认为那里是一块净

土，上去的人必须脱下鞋子。此庙其他房屋（如斋堂）的形
制和结构与我们此前描述过的大同小异，此处就不重复了。
不过，长寿寺方丈居住的院子却很值得一提。这个院子尽管
不大，却是一个典型的中式园林。其中有一个池塘，水面覆
盖着浮萍，中央有一座假山，两旁长着各种各样的灌木。我
想，构建这座假山的石头当来自广西省，用钢筋和水泥粘结
成一体。池塘上也横跨着一座石板桥，曲曲折折的，象征着
蜿蜒的游龙。石板桥的一头矗立着一座八角亭，和尚和俗人
偶尔在此举行宴席。

　　长寿寺的第一进院落还有一个小门，通往花园。花园中
有吸引游客的各种花草树木，还有养金鱼的大缸。另外还有
一些水槽，供这些有鳍之族在特定的季节产卵和孵化后代。
鱼儿都是金鲤，是中国所有金鱼中最美丽的一种。据说这种
鱼在17世纪末还被引入英国。

　　关于金鱼的饲养，梅先生在《中日释疑》（*Notes and
Queries on China and Japan*）第2卷第123页上说："达尔文
认为中国人早在远古时代就在鱼缸中养金鱼了，这种说法是
有充分根据的。中国有关博物学的著作都谈及金鱼，这个名
字被用于指称好几种鲤科的鱼，但主要指金鱼。在成书于约
1560年[①]的《本草纲目》中，李时珍说：'金鱼有鲤、鲫、
鳅、鳘数种，鳅、鳘尤难得，独金鲫耐久，前古罕知，惟
《博物志》（约成书于3世纪）云，出涴婆塞江，脑中有金
盖，亦讹。'《述异记》（成书于8世纪）载晋桓冲'游庐
山，见湖中有赤鳞鱼，即此也，亦不疑有此鱼。自宋始有家

──────────
　　① 应为1578年。——译者注

畜者，今则处处人家养玩矣'。

　　"编辑于17世纪初、出版于1664年的《物理小识》有一条'养金鱼法'，引岳珂《桯史》说：'金鲫为上，鲤次之。有三尾九尾，白中朱者。取阛渠小红虫饲，凡百日皆变。初白如银，次渐黄，久则金矣。'

　　"《物理小识》的作者还补充了一条有趣的信息：'金鱼三尾五尾者，跌子时大虾盖之，无虾则尾如常鱼。'[1]

　　"1753年出版的百科全书《格致镜原》在这个题目之下有很多引证，最重要的出自《七修类稿》：'杭（州）自嘉靖戊申来，生有一种金鲫，名曰火鱼，以色至赤故也。人无有不好，家无有不畜，竞色射利，交相争尚，等等。'

　　"作者还补充说：'金鱼不载于诸书，《鼠璞》以为六和塔寺池有之。'苏子美《六和塔诗》云：'沿桥待金鲫，竟日独迟留。'苏东坡亦云：'我识南屏金鲫鱼，南渡后则众盛也。'所以这种鱼在迁都杭州之后肯定到处都有了。"

　　上述两位诗人活跃于宋朝南渡之前很长的一段时期，作者引用他们的作品或许是想说明，正如他们提到的那样，金鱼在12世纪中期已经很常见了。苏子美生于1008年，死于1048年。苏东坡死于1101年，享年64岁。所以很显然，在诺尔曼人征服英格兰的时候，中国就已经熟知金鱼了。我们还可以知道，早在远古时代，中国人就开始养鱼了。一本出版于公元1000年左右的《四六赋》引用了《养鱼经》中的一段（我还没见其他人提及），内容大致如下："（齐）威王

　　①《物理小识》共十二卷，是方以智的作品。作者所引的是《四库全书》子部十杂家类三，第十一卷。方以智（1611—1671），南直隶桐城县人，明末清初著名学者、思想家、科学家。——译者注

问陶朱公（范蠡的别名，中国版克罗伊斯①）曰：'公任足千万家，累亿金，何术？'朱公曰：'夫治生之法有五，水畜第一。水畜，所谓鱼池也。以六亩地为池，池中有九洲。求怀子鲤鱼长三尺者二十枚，牡鲤鱼长三尺者四枚，以二月上庚日内池中令水无声，鱼必生……至来年二月，得鲤鱼长一尺者一万五千枚，三尺者四万五千枚，二尺者万枚。枚值五十，得钱一百二十五万。至明年得长一尺者十万枚，长二尺者五万枚，长三尺者五万枚，长四尺者四万枚。留长二尺者二千枚作种，所余皆取钱，（得）五百二十五万钱。候至明年，不可胜计也。'"

尽管有关范蠡的事迹更像是传说，但终归表明了一个事实：中国人很早就知道开池养鱼了。现在，让我们回头继续参观这座带池塘、始建于万历元年（1573），并由博学的方丈Shing-Kwoh主持多年的佛寺。这位高僧死于1869年，在广州家喻户晓，他不仅精通佛教和儒家经典，还是个艺术家。他也懂医术，尤其擅长眼科，所以有眼疾的民众常来求医。广州的官员也十分钦佩他在政事方面的洞见，常来求教于他。广州被英法联军围困的4年里，该城的最高长官就常拜访此寺，向他请教应对策略。

离开长寿寺，我们前往一条叫作畴春洞的街，去参观那里众多的丝绸织机房。途中，我们经过一个小广场，名叫闭翳亭。一般认为，很久以前这里是不幸之人聚会的地方，大家各自倾诉，相互安慰。广场一角有个死水池，池上有个木桩支撑的草棚，每天会有一位士大夫来此，为大批聚精会神

①克罗伊斯，里底亚最后一任国王，以财富甚多闻名。——译者注

的听众讲解一段儒家经典。

　　进入畴春洞街，我们立刻听见织机梭子来回穿行的声音。在一双双巧手之下，美丽的绸缎一寸寸地出现。他们的平纹织机与英国及其他欧洲国家使用的非常相像，但整经机在某些方面有所差异。中国织工在纺织带花或其他图案的锦缎时用的手工提花织机非常原始。织布工位于织架上方，以不精确但十分规律的节奏拉动线绳，将必要的经线投入其同事飞来的机梭中。中国人拒绝创新，这种织机早已被雅卡尔①先生的发明所取代，但中国可能还要许多年才能接受。

　　广州还有许多织工以织宽带为生。这种宽带被中国女子用于裹小脚，其织造方法类似于制作战船上的宽绳。离开畴春洞这个织机房聚集中心，我们前往被某些中国人称为"猪姆岗"或"珠玡岗"的地方，主要是为了观看埋葬众多汉族军民尸骨的义冢，他们都是在鞑靼兵攻占广州时被杀的，发生时间是顺治帝统治期间。义冢坟头有块石碑，碑文显示，此地所葬的都是广州被鞑靼攻占后遇难的男女老幼。这座义冢常常有赌徒前来祭拜，他们希望借助死者的法力让自己赌运亨通。

　　离义冢大约3米处有一座寺庙，刚刚修葺一新，其中一个大殿供奉着财神。据说，财神生前是中国历史上第一个拥有巨大财富的人。另一个大殿则供奉着观音，也就是我们介绍海幢寺时详细描述过的那位慈悲女神。还有一个殿里有好几排架子，上面排列着几个牌位，都写着人名。这些都是死后没子嗣祭祀的人，摆在这里可以接受信徒的香火。另一个殿

------

　　① 全名约瑟夫·玛丽·雅卡尔，法国发明家，设计出人类历史上首台可设计织布机——雅卡尔织布机。——译者注

供奉的是城隍爷。中国有一种风俗，工匠、木匠和其他匠人应召去顾客家干活时，要请一幅城隍爷的画像供在那里。为此，他们要临时制作一个小神龛，每天开工前和收工后都要拜一拜。这种神像便常常出自此庙。等活干完了，匠人习惯上要把神像送回庙里。庙祝则回赠几文钱，他们称为"幸运钱"。供奉城隍爷的主庙在西城，那是这个巨大而古老的城市里人口聚集的郊区之一。

　　离义家和这座庙不远处有几家线香铺，出售人们祭拜神灵时所需的线香。这种香是用某种桉树属的树皮和枝叶的粉末加少量水做成的。最好的香每支都有3层，第一层是树皮粉做的糊，第二层是树木和皮的粉糊，最后是树叶粉糊。为了增加香味，工人在制作时会加入檀香和其他香粉。他们用光滑的竹签在这3种粉糊中依次转动，令其各沾一层。沾了粉糊的竹签状如长而细的小蜡烛，然后放入盆里摇晃——他们做得得心应手。然后，趁竹签未干时，往上洒叶粉，再放到太阳底下晒干。①制作线香所需的大批树皮是从广州府的增城县和肇庆府的广宁县采购而来。竹枝则有的来自广西的怀集，有的来自广东的广宁和英德。竹枝在做成竹签（香脚）之前，要先在流水里浸泡两个月。制香用的叶子则来自一种香木，木头来自桉树，大量产自从化山区。伐木工人把树枝砍下切碎，放入臼中捣成粉。捣臼的杵由水轮驱动，水磨坊则建立在树木产地附近的山涧边上。有一次我们旅行经过从化，趁机参观了一个这样的水磨坊。

____

　　①盘香的制作方法如下：将一种状如短炮筒、上边有一个点火孔的铁器竖直放置，往其中灌入做香的粉糊。然后在筒口放一个撞锤，用撬棒慢慢加压，粉糊便从点火孔挤出，形成盘香。——原书注

这些线香铺附近有个花园，名叫聚星园，其中养有金鱼。通往此园的街叫珠秀坊。聚星园很小，池塘里的金鱼也不多，园中游人寥寥。

乞儿头会馆：丐帮与商贾的交情

我们下一个要访问的景点是乞儿头会馆。在中国，乞丐和商人一样，有专属行会，缴纳一定费用后就能入会。每个乞儿行会都有一名长老，也是乞丐，被推举为首领。每个入会的乞儿都会得到一张护身符，时刻佩戴在身上。入会的仪式在会馆的大堂举行，新进会员要拜祖师，并给观礼者每人一枚槟榔。仪式结束时，此人就得以了解参加一切兄弟聚会的暗语。进入他们称为聚贤堂的会馆，里头既小又脏，一如我们所料。其中一间屋子的显眼处立有一块告示牌，上面写着他们的帮规：

花子规

国有国法，乡有乡约，行有行规。吾等花子，亦无例外，俾能长幼有序，兄弟和睦，不至作奸犯科，败坏家门。以下诸条，一体遵守，不得疏殆。

吾等奉关帝为祖师，馆内建祠祀之。每日早晚，必以香烛供奉，方保庇佑。

帮内兄弟，不得争吵。寻衅闹事，有辱家门。犯者笞十板。

遇红白喜事之家，可索讨喜钱，然必给予本帮收据，张示于门，一应兄弟，不准再去滋扰。

本帮兄弟出外乞食，物无论大小，不得偷盗，犯者笞一百。

集市所售蔬果，本帮兄弟不得触动，违者杖四十。

四乡兄弟来到广州，得以在本馆寄宿三至四天。如欲上街乞讨，须得本馆帮主长老允许。未得允许而乞讨者，倘有纠纷，自负其责。

帮内小兄弟须打扫会馆，令其整洁。在外滋事者，赶出会馆，不得与会。

外来花子寄宿本馆，对长老须恭敬有礼，对老弱病残者须友爱关怀。冒犯一人即冒犯全体。

帮内兄弟须交规费，违者赶出会馆。本帮所有公币，造福本帮会员。故世兄弟得有两块银元，置办棺木，入土为安。

本帮规立于道光十五年三月吉日

会馆中有个祠堂，供奉着过世花子的牌位，每日早晚都有香烛供奉。每年的三月二十六日和九月二十六日，城里的商贾都会请地方上的丐帮子弟在城里的大馆子吃顿饭，由每个商人资助200个铜板。商人请客是为了感谢丐帮长老在过去6个月的保护，使他们的商铺免受麻风病人、玩蛇卖艺人，以及故意自残以求同情的乞丐和以赤身露体来敲诈勒索的乞丐的骚扰。

西禅寺是广州最古老的佛寺之一，很值得一游。该寺建于东晋安帝登基的那年（即373年）①，最初名叫龟峰寺，得

---

① 此处疑有误。东晋安帝应于397年登基，其父晋孝武帝则于372年登基，疑为晋孝武帝。——译者注

名于殿后一形状似龟的大石。

明嘉靖年间，大学士方献夫非常喜欢这个地方，常来此修行。方献夫死后，他的好友广东提学副使魏校毁了一部分寺庙，改建成方文襄公祠来祭祀他。清朝早期，顺治帝手下的两位藩王①攻占广州，拆了祠堂重建庙宇，名之曰西禅寺。此后，两广总督李栖凤又加以扩建，增加了一座万佛楼，并立碑记事。但该寺已年久失修，几成废墟。曾经金碧辉煌的万佛楼目前是佛去楼空，满目垃圾。此寺的主殿内有口大钟，重1200斤。铭文显示，大钟是一个名叫Cham Chan-Yik的信徒和他的夫人捐献的。他们是南京人，因故寄居广州，于崇祯十年（1637）捐献此钟。

如今，寺中僧人只剩两三个。寺庙前院有几个织机房，由平民租用。但寺中僧人告诉我们，房租很难按月收齐。我们访问的时候，寺里正好有个和尚闭关修道，6个月内都没有跟人说过一句话。我们希望可以看看他，但被婉拒了，因为这会打扰他的清修。不过，我们还是从墙洞里看了他一眼。这墙洞是一天两次给他传递食物用的。

现在我们前往长寿里，那里有一些出售女装绸边的铺子。织这些绸边的织机房多在彩虹桥一带。不过我们此行要看的主要是广隆玻璃灯铺。在玻璃灯铺，我们看到工人们正在做各种大小和形状的玻璃灯罩，所用的工具是吹管和泥模。这里还有铺子售卖荷包、折扇和眼镜袋，都是以绸缎为材料，上面的绣花十分精美。

然后我们去了晓珠里，此处的商铺一年到头都屯有曼彻斯特

①即平南王尚可喜、靖南王耿继茂。——译者注

120

棉织品。

进了瑞兴里,我们拜访了出售各种米纸画和扇子的祥茂莲画扇铺。铺子里也有本地画家的画作,题材丰富多样,但只在扇面和米纸上画。这种米纸是一种树的树芯,盛产于台湾岛。这种树及树芯很像我们熟悉的接骨木。树芯从树干取出之后,要用状如斧子的快刀削成薄片。这种薄片最后到了艺术家手里,被画上各种图案出售。我们在台湾北部的艋舺多次看到人们在制作米纸。这一行确实给台湾创造了大量就业机会。

再往前走、右拐,然后就进入了一条名为"桂兰里"的窄街。这里有家铺子名叫义昌,里面有四五个人在以原始而简单的工具制作螺钿饰件。他们给我们看了一些大双壳贝,上面精巧地雕刻着山水庭院、寺庙石桥。他们还让我们看了一大批雕刻好的螺钿饰件,同样精美绝伦。这家店铺不远处有家叫义兴的商铺,同样出售类似的雕刻品。

从桂兰里出来,经过杨巷,参观泰源玻璃铺。此前我们详细介绍过中国人如何做玻璃,因此不再赘述。下一个类似的铺子叫宏盛,外屋制作镜子,里屋吹玻璃。中国人做镜子的方法极其简单,下面简要描述:工人各自坐在桌前,桌上放着一个装有水银的木盆。木盆中还放了一块平行四边形的木板。工人在木板上摊开一张锡纸,上面立刻会沾上一层水银,然后再在上面铺一张纸,纸上放一块玻璃。把玻璃和沾有水银的锡纸之间的这张纸慢慢抽出来,玻璃和水银锡纸粘在一起,一面镜子就简单地制作出来了。玻璃和锡纸之间的那张纸在慢慢抽出的过程中,不但带走了空气,也除去了水银上的一层氧化物。

沿着杨巷前行，我们经过了几家出售多种物品的商铺，其中包括女子的绣花鞋。此街还有售卖中式烟杆的商铺。烟杆有用竹子做的，原料产自邻省的桂林府。还有些是用藤做的，原料产自菲律宾群岛、婆罗洲和马六甲。为了把这些竹子和马六甲藤烟杆弄直，工人们先要将它们成捆地吊着烘烤，然后一根根过火。

元贞当铺：当铺的规矩

现在我们到了十七甫，立刻去看最高级的元贞当铺。这家当铺有一座四方形的砖楼，离地有数尺高。同等级的当铺都有类似的建筑。中国共有3个等级的当铺，从事这种行当要取得官府的许可文书。老板首先将申请递给所在的县府，然后交省布政司转呈北京。取得朝廷批准之后，经营文书由布政司发回县府，后者按例收取325两银子的费用。文书上仅列一个合伙人的名字，铺子则给予一个明确而独特的名号。文书有效期为60年，到期必须重新申请。不过，重新申请时不得再用原申请人的名字，即使他还活着。更新文书的费用是110两银子，府县收到费用后必须如数上缴。此外，当铺每年要向官府交一笔税，为数9两60分[1]。省布政司会借给每家当铺一定数量的官钱，年利12%。这样的贷款当铺必须接受。如果某家当铺破产了，造成的损失按律应该由该城同行偿还。广州城有100家一等当铺，全省则有千家。

在一等当铺当物品，所得钱款月利3%，相当于年利36%。不过为了不让这样的高利率阻吓潜在顾客，许多当铺

---

[1] 1两＝10钱，1钱＝10分，1分＝10厘。——译者注

图中最高的方形塔楼，是遍布中国南方的典型当铺样式。

［英］约翰·汤姆逊 摄

常常把当值100两银子的月利降到1.5%，10两到49两的月利为2%。

　　另外，当铺的行规是，按照官府的命令，每年十月要降低赎当的利率。这是因为冬天开始了，官府要让百姓可以更容易地赎回他们的冬衣和铺盖。这时的月利是2%，而不是3%，甚至只要1.5%。

　　沿着十七甫，我们到了桨栏街。这条街上有个宁波会馆，是宁波籍商人驻留和交易的地方。这是一座整洁的建筑，带有一个宽大的庭院。另，馆内还有祠堂、议事厅、戏台各一个，以及一些卧室。会馆成员常常会出资请戏班来此表演。

　　同一条街上还有不少卖燕窝的铺子，在里面你可以看到完美的燕窝，还可以看到他们是怎么用燕窝做菜的。泰隆燕窝铺接待外国人，店主十分亲切。铺内有间屋子，供外国客人品尝各种各样的燕窝菜点。

　　中国人非常喜欢燕窝汤。这样的食品颇为昂贵，自然不会出现在底层百姓的餐桌上。燕窝作为重要的商品，大批地从苏门答腊、爪哇、婆罗洲和锡兰进口到广州，因为中国没有可产用燕窝的燕子。不过，普通的燕子每年都会来。中国人视燕子为吉祥鸟，所以热烈欢迎它们。1873年夏天的一个上午，一位中国绅士来拜访，恭喜我们来日大吉大利。他这么说是因为看到了几只燕子在我们屋前飞进飞出。他们从来不会打扰燕子的窝。1869年，我们在走访广东的丝绸之乡Li-Ts'uen时，在一个祠堂的祭坛正上方看到一个燕子窝。因为窝里的小燕子每天都会玷污祭坛，也打扰在祠堂里读书的学生，于是我们建议老师赶走它们。他听了之后惊恐万状，

说打扰这种吉祥鸟可是大不敬，绝对使不得。在中国华北和内蒙古旅行时，我们常常被旅舍房东叮嘱，在任何情况下都不要打扰和伤害在大门或我们卧室梁上做窝的燕子。

　　桨栏街上还有卖中药的铺子，其售卖的许多药物中有一味含有炮制过的鹿角。这味药价格较贵，主要供男士，特别多妻妾者服用。体弱无子的夫妇也把它当作增强活力的药品，常常服用。得了肺病之人则视它为起死回生的万能灵丹，大量服用，希望自己能康复。这些药铺当中，恐怕要数保滋堂最出名了。

　　经由通往旧十三行的街道，我们现在要返回沙面，结束第二次漫游。

第五章

百般文化

> 裕成瓷器铺（新豆栏）——银行（打铜街）——
> 丝线铺——洋瓷店（在铜器上绘画）——绣巾铺——
> 水街——眼镜街——状元坊酒馆——打金铺——檀香
> 市场——铜店——印花布印染工——刺绣工——金银
> 线匠——玉石铺——角灯坊——制鼓坊——卫斯理教
> 堂——象牙和檀香木雕刻匠——佛冷西礼拜堂——
> 珠宝店铺——马鞍匠——中式家具店——图画店——
> 皮毛店——乐器店——归德门——鸟店——四牌
> 楼——南海监房——五仙观——孔夫子庙——贞节烈
> 女祠——预言石——元妙观——光孝寺——花塔——
> 尼姑庵——关帝庙——三元宫——观音山——五层
> 楼——龙王庙等

　　自裕成瓷器铺出发，我们开始了第三次漫游。瓷器铺
位于新豆栏街，收藏着颇多现代陶瓷花瓶，也提供各种早晚
餐、甜点、茶和盥洗服务。裕成瓷器的价格看起来比宝兴要
高。此外，它还售卖雕花的紫檀木桌椅，但要价不菲。

打铜街：银号的烦恼

离开裕成瓷器铺，我们经过装帽街，到达桨栏街。沿着桨栏街可到达太平街，此街又名打铜街。

太平街被外国人称为中国的伦巴底街①，这不无道理，因为这条街道两旁有很多银号。每家银号外面都有一个可以滑动的栅栏，清算和收取大笔钱财时，栅栏门都会被小心地关上。尽管当地的银行家装了这些栅栏来防小偷，但无赖们还是会想出对策。比如，1872年11月23日，6个小偷于下午4点混进民生银号偷走一大笔钱。银号职员想抓住一两个，却发现他们携带凶器，接下来发生的事情就可想而知了——小偷最后带着钱溜之大吉。可是，银号的警报还是拉响了，附近的人收到警报后开始猛追。但最终，小偷还是穿过熙攘的街道，成功地登上接应他们的船。那船当时正停泊在新城竹栏门附近的一个码头。

我们已参观完胜隆丝线铺，里面销售颜色鲜艳的丝线球，非常漂亮。

附近有泰盛洋瓷店，我们在里面看到三四个工匠正往铜器上描绘各式图案。这些铜器有的做得像水果，有的像花朵、枝叶或茎。

在第八甫的义经绣巾铺②，我们欣赏了各式各样的纱巾。这些纱巾都有大丝边，四角绣着美丽而精致的花朵，价格从17到27银元不等。织好的丝巾先卖给西樵的丝商，然后交到画匠手里，用印度墨水在上面绘出图案。当然，图案都是丝

---

① 伦巴底街为伦敦的金融中心。——译者注
② 离义经绣巾铺不远有一家永盛绣巾铺，又名义兴。——原书注

商们预先选好的。之后，这些丝巾再被运到Pak-kow镇，由那里的绣工在上面绣花。最后，呈现在我们眼前的丝制手绢颜色各异，有红的，也有白的。义经绣巾铺规模很大，旁边连着一个给丝巾染色并把它们拉直的作坊。这些丝巾拉直的方法如下：把丝巾绕在一个空心筒外面。此筒由两片新月形的长木组成，由里面的几块木板拉着驱动，促使两片新月形长木展开。大块的丝巾经展开的空心筒而拉直。

我们往回走了一点，经太平桥和太宁街往西濠去，准备一睹广州最宏伟、最壮观的水上街道。到达水街一头时，潮涨得非常高，这让我们可以更好地观看水上街道。当时，水道里挤满了各种船只。水街右角是工匠行会，过了行会，街右边有一扇水门，堪称广州城的第一大水门。

从水上街道出来，我们进入眼镜街。这是一条狭窄的商品街，两旁摆满了玻璃中国画及形状大小不一的玻璃灯。玻璃工匠行会在这条街上的一座小房子里，里面有一些工匠正忙于在玻璃上作画。只见他们眯着双眼，仔细审察自己的作品，脸上有种极为满足的神情。

同一条街上还有制作和售卖罗盘及袖珍袋装日晷的店铺。街上出售的许多罗盘都被风水先生买走，用来寻找建房或坟墓的风水宝地。这些东西真让我们大开眼界、无比快乐，尤其是联想到中国人是罗盘的发明者时。关于这个话题，大学问家克拉普罗特给M.A.洪堡的信中提到：戴维斯在其关于航海者的罗盘的早期历史中，翻译了一段中国的历史记录，显示中国人早在公元前2634年就知道罗盘了。

这段由戴维斯翻译的文章内容如下：

黄帝在涿鹿大战蚩尤。

据《路史·后纪四·蚩尤传》记载：阪泉氏蚩尤，姜姓，炎帝之裔也，好兵而喜乱。蚩尤作五兵：戈、矛、戟、酋矛、夷矛。炎帝榆罔，诸侯携贰，胥伐虚弱，乃分正二卿，命蚩尤宇于少颢，以临西方，司百工，德不能驭。蚩尤产乱，出羊水，登九淖，以伐空桑，逐帝而居于涿鹿。封禅。乃驱罔两，兴云雾祈风雨，以肆志于诸侯。轩辕作指南车以示四方，执蚩尤，杀之于中冀。以甲兵释怒，用大正顺天思序，纪于大帝，用名之曰绝辔之野。

状元坊：打金、印染和绸缎戏服

我们离开眼镜街，经太平门进入广州城。一过城门，便见蕴香酒馆。此馆规模颇大，就像所有类似的酒馆一样，内有几间上房，每日都有许多游人在这里用早晚餐。一顿早餐和晚餐的价格因点的菜数多少而不一样。每间房的墙上都贴有提示，提醒游人不要忘记拿他们的伞或扇子。提示还说，如果客人因疏忽大意而丢失物件，酒馆概不负责。每间房的墙上还贴有价格表。

沿着蕴香酒馆所在的街道状元坊走，我们参观了一间销售铜扣的店铺，名为郭乐记。这些铜扣呈球状，大致在乡镇制成，工人有男有女。广州西郊的兴南坊街有制作这种铜扣的作坊，规模不大。铜扣工人会用一个圆形的小打孔机，在一张小小的铜片上打孔。由于打孔工具的特殊结构，打出来的每片金属都像半个极小的圆球。两个这样的圆球连接在一起，就成了一个球状的铜扣。

在铜扣店附近的一间店铺里，我们看到有些男人在打金。为了打好金，他们把每片金叶子都放在两片极薄的黑纸之间。当好几片金叶子这样放置后，工匠们会小心地把它们包入一个小小的白色厚纸包中。一个坐着的工匠用一把铁锤，像打铁一样击打置于大理石板两端的纸包。大理石板呈方形，很大，未经打磨。纸包里包着的金叶子都是用来做装饰的，这在中国市场的需求还挺大。同一条街的其他店铺还销售一块块檀香木。檀香木产自南海的岛屿，极香，被中国人视为极珍贵之物。他们不仅用檀香木做装饰品，还在庙里、家中的祭坛焚烧，特别是在庆祝新年的时候。他们还用檀香木制油，名为檀香油。檀香油主要用在衣服、扇子和个人装饰物上，使之散发甜香。在众多出售檀香木的店铺里，一家名叫晋丰的店铺客流量最大。

状元坊街上还有一间万成铜店。店不大，但我们在里面看到了熔化铜的炉子，还看到铸铜的黏土模子。铸造坊连着一间零售店，店里的架子上摆满各种铜炉和花瓶，以吸引顾客。

离万成铜店不远有两三间小店，里面有印染工在辛勤工作。布料印花的流程非常原始，可以大致描述如下：印染工把木刻匠人镌刻好图案的雕版放在桌上，刷上染料，然后把布铺在上面。为了同时在布的另一面印上同样的图案，他将一把小刷子浸入染料盆，然后轻轻地在布面上刷。因为布被紧紧地按在雕版上，刷子上的染料只会粘在凸出的布面上。把布从雕版上移开后，布的两面就会有同样的图案了。如果我们没有弄错的话，印染作坊里的头把交椅当属和盛。

状元坊街上也有店铺专门为戏子做刺绣精致的绸缎戏服。有些戏服做得非常华美，价格也相当贵。同一条街的其

他店里，有很多人正忙于在绸缎服装上刺绣，准备卖给官员与
乡绅。还有些人在绣桌围、祭坛盖头以及用来装饰祠堂墙壁
的旗子。祠堂里用的旗子叫寿帐，经常由儿子献给父母，以庆
祝他们的51岁、61岁、71岁、81岁或91岁诞辰。绣这种旗子
时要把它绷在一块平放的框上，框的两端有绣工坐着工作。在
所有绣坊里，没有哪家比悦泰顾绣铺更值得参观了。这家绣
坊的店员对外国人非常友好，那些精美绣品的售价也非常
合理。

　　连着这条绣铺街，有一条叫太平新街的小巷。在那里，
我们看到几个男人在制作金银线，其工艺大致可描述如下：
工匠们在几条狭长的纸上，先涂一种泥①和糨糊的混合物，接
下来再粘上金叶或银叶。为了赋予这些粘了金叶、银叶的纸
一种亮而光滑的效果，他们用固定在竹竿上的水晶辊子从纸
的一端到另一端重重地碾压。轧光的工序完成后，就用大刀
把这些金银纸切成很薄的长条，然后通过快速转动，小心地
缠绕到普通丝线上。

　　沿着状元坊走，我们最后到了天平街。在这里，我们参
观了切割大理石的店铺。这些店里售卖大理石做的香炉和其
他物品。大理石是从大采石场，即肇庆的山里运来的，那里
出产的大理石远近闻名。

大新街：首饰、乐器、马鞍店

　　我们接着走进大新街，街上满是珠宝匠的店铺。店里摆
满了玉石、珊瑚和青金石做的各类饰物，而且还有很多店铺

---

　　① 这种混合物里的泥大部分是事先充分打烂了的。——原书注

售卖珍珠和宝石。有两三家珠宝店也制作角灯，其中大概以信锦最有名。这种灯有的特别大，制作方法大致如下：工匠用热卡钳把几只人手掌大小的兽角焊在一起。为了去掉焊接留下的痕迹，工匠会用一块平滑的热铁，擦拭角灯各只角的连接处。

在大新街的一些店里，工匠们正往铜或银的耳环、发卡、手镯和其他饰物上涂一种粘有翠鸟羽毛的瓷釉。这些羽毛是用胶粘在饰物上的，来自爪哇岛和苏门答腊岛。这类店铺以会章和安兴最重要。

大新街上还有制作鼓和其他打击乐器的店。有些鼓很像古埃及的大鼓，而击鼓的棍子也很像古埃及人用的。店中还制作小鼓，就像远古时候其他东方国家使用的一样。离鼓店不远有一座卫斯理教堂，传教士们在此向中国人传扬称颂主的名。

接着，我们到了元锡巷。这条街和邻近的街大都被象牙和檀香木雕刻工匠占据，他们用最简单的像钢笔或铁笔那样的工具精巧地雕刻。他们刻的象牙胸针、同心球、棋子和手套盒子的价格比和诚①的象牙和檀香木制品的价格低很多。

佛冷西礼拜堂②离这里不远。这座圣殿的基石是在1863年铺下的，当时广州的文武大员们都出席了奠基仪式。他们身着官服，给现场带来一种特别的味道。礼拜堂由花岗石建

①作者没有提供中文，此为音译，据英文查知是广州当年有名的一个外销商铺。——译者注

②即在广州老城区一德路的石室圣心大教堂，于1863年6月18日建成，是国内现存最宏伟的双尖塔哥特式建筑之一。由于教堂的墙壁和柱子都是用花岗岩石砌造，所以又被称为"石室"或"石室耶稣圣心堂""石室天主教堂"。——译者注

成，曾是有名的叶总督的官邸①。它长236尺，宽88尺。礼拜堂看起来像垂直的哥特式建筑，旁边有一座教会学校，里面有几个中国男孩，大多为客家人，正在学习罗马天主教的信仰教义。街道对面还有一所孤儿院，里面有许多被遗弃的孤儿，由法国和中国修女看顾照料。

临近佛冷西礼拜堂的黄埔前街有一座天后宫。每月的初一和十五都会有官员前来祭拜。和庙宇连在一起的客堂是按中国风格精心布置的。

离开佛冷西礼拜堂，我们再次进入大新街，往小市街走去。这条街上有好几间珠宝店铺，里面制作出售给中国妇女佩戴的金银耳环、手镯和簪钗。最值得光顾的大概是天福金铺了。紧临这些珠宝铺，有制作出售中国马鞍和马勒的铺子。马鞍大而沉，看上去很像阿拉伯人和其他亚洲民族世代使用的马鞍。中国的马鞍店不仅售卖马鞍、马勒，也出售制作精美的军服、头盔、箭袋和弓袋，价格相当昂贵。这些军服都做得很像盔甲。马鞍铺中最重要的恐怕是奇新了。从前，这条街上有两座纪念两名百岁老人的牌坊。这两名老人在19世纪早些时候还健在，一位叫罗献，另一位叫黎恒。街上还有一座古坟，据说里面葬有许多广州市民的尸骨。当年两位藩王带领顺治帝的鞑靼兵攻陷广州时②，这些市民被残酷杀害。古坟旁边有一个茶馆，名为月珍茶居。进入茶居主堂，我们还能从那里看到古坟的顶部。

经过濠畔街的一头时，向导建议我们不仅要参观那里的

①即第二次鸦片战争以前两广总督衙门的旧址。——译者注
②1650年。——原书注

毛皮店、中式家具店和乐器作坊，还要去看看那些将图画挂在墙上以吸引爱好艺术之人的店铺。毛皮店里的商品很多来自山西，也有些来自直隶或内蒙古。兔皮——特别是灰色兔皮——是从欧洲进口的。这些店还经常售卖印度豹、美洲豹和老虎的毛皮，广东人喜欢在冬天穿毛皮大衣或斗篷。

有花、鸟、蝴蝶的图画，大都由能工巧匠绘成。欧洲游客常常购买这些图画带回国内，作为装饰品挂在家里的堂屋或饭厅。

濠畔街上制作和出售的乐器大都为弦乐器。这些乐器中，有不少与古埃及的弦乐器十分相似。

四牌楼：牌楼的前世今生

看过了这些店里的各式物品，我们由归德门进入广州老城。经过归德门时，我们立刻注意到了一些鸟店——里面有卖15到20种不同种类的鸟儿。这些鸟儿很少有羽毛颜色鲜艳、精神饱满的。其中还有五六种很会唱歌的鸟。我们把这条满是售卖鸟儿和鸟笼店铺的街道，恰当地称为"鸟笼街"。

沿着四牌楼走，我们看到5座而非4座牌楼[①]。每座牌楼都用花岗石建成，其中一座是专门纪念著名的海南人海瑞的。他以德行和学识闻名，因其高风亮节，于1522年被嘉靖帝赐

①五座牌坊所在的地段正式名称为忠贤街。为海瑞而立的那座牌坊，晚至清同治四年（1865）方才从今仓边路移至此，但之后仍然称为四牌楼街。——译者注

予"盛世直臣"的匾额①。

第二座牌楼是为了纪念何熊祥②，由崇祯帝颁旨建立。

第三座牌楼也建于崇祯年间，是为一个男人及其儿孙所建③。这祖孙三人都是颇具盛名的官员，名为黄廷机、黄镐和黄仕俊。

第四座牌楼是为了纪念梁衍泗④和其他一些广东本地人而建，他们均获进士的功名。

第五座牌楼是为纪念李觉斯、梁士济和其他一些广东本地人，这些人也获得了很高的功名⑤。

南海监房：晚清的人间地狱

几分钟后，我们离开四牌楼，准备去参观南海监房。到达监房后，我们看到紧临监房衙门大门前的小广场上站着几名犯人。为了防止犯人逃跑，他们中有的被捆绑在石头上，有的被捆绑在铁栏上。我们听说，这些犯人被勒令每日都要站在这里示众，被所有经过此处的人肆意藐视和嘲讽。衙门大门旁边有一间小屋，里面有五六个头戴木枷的犯人，他们

---

① 又称盛世直臣坊。海瑞（1514—1587），字汝贤，自号刚峰，琼山人，嘉靖二十九年（1550）中举，最高官职为南京吏部右侍郎、南京右金都御史。——译者注

② 即承恩五代坊。何熊祥，新会人，万历二十年（1592）进士，最高官职为吏部尚书。——译者注

③ 即奕世台光坊，为黄仕俊一家三代立。黄仕俊，顺德人，万历三十年（1602）状元，最高官职为文渊阁大学士。——译者注

④ 即戊辰进士坊。梁衍泗，南海人，崇祯元年（1628）进士，最高官职为副都御史。——译者注

⑤ 即乙丑进士坊，为李觉斯等7人立。李觉斯，东莞人，天启五年（1625）进士，最高官职为刑部尚书。——译者注

都犯了盗窃罪。

从衙门大院到南海监房的路短而窄，用普通大小的门围着。门上方有一个老虎头，瞪着大眼，咧着大嘴。监房附近设有一个祭坛，坛上有一尊花岗石老虎像。老虎是监房的守护神，狱吏们为了得到它的庇佑，早晚都会小心敬拜。中国的狱吏负责看守犯人，被赋予此任后，他们都很希望能得到守护神的庇佑，以提高警觉性。他们以为这样就可以加强警戒，看管那些被关起来的犯人。

监房里不仅有关未被处决囚犯的牢房，还有6个主牢房，每个都有4间大囚室。牢房的墙都紧靠着，形成一个平行四边形。外围有一条过道，可通向各间囚室。这条过道的两侧是高墙，形成了监房的边界。像我们刚才提到过的，每个主牢房都分成4间囚室。这些囚室就像是牛棚，前面用坚固的木篱笆围着。每间囚室里都铺着花岗石板，有一张木桌或长靠椅，囚犯白天就在上面坐着，晚上则睡在上面。这些囚室非常不讨人喜欢，不仅因为阴暗，还因为里面关着各种坏人和肮脏的东西。关在这里的犯人很少有机会洗澡或梳头。在中国的牢里，水是稀有之物，梳子更是没有。更有甚者，每间囚室里都有接尿和粪便的便盆，盆中散发臭味，特别是在酷热的天气里，真是没法形容。每间囚室的中央立着一张小小的神案，是拜狱神①的。中国人相信狱神有能力融化邪恶之人的硬心肠，能使人完全悔悟。可笑的是，在狱神的诞辰之时，犯人们可以饱餐一顿来加以庆祝。如果我们没有弄错的

①中国历史上有很多狱神，但主要有3位：一是虞舜的臣子皋陶，二是汉代的萧何，三是明代的亚龊。此处当是民间的俗称。——译者注

话，这顿酒菜是由狱长提供的。至于置办酒菜的钱财，这位赛布勒斯①可以每天挪用一点犯人的生活经费，很快就能弄回来。监狱西边大墙下面有几间简陋的小房子，里面或关着女重犯，或关着女人质。对清廷官员来说，这些人质的被捕和关押都是合法的。在中国，如果犯人逃走或隐匿了，官府可以扣押犯人的家属，直到犯人被抓到才释放。他们甚至会被这样关押5年、10年甚至20年。是的，许多人因他们潜逃的亲人而在监牢中度过一生。

中国监狱中的死亡率非常高，以至于死人屋成了必要附属设施。死在牢中的犯人会被扔进死人屋，待在那里直至必要的简单手续办完后才被埋葬。离死人屋不远的监狱外墙下有一个洞，或者说是一扇小门，刚好能让一具尸体通过。通过这个洞，死在牢中的犯人尸体会被送到临近的街道草草下葬。中国官员认为，将犯人的尸体通过衙门主门抬出去是对大门的一种亵渎。

关在监狱里的犯人看起来十分悲惨。他们的面容就像死人一样，身体消瘦，头发又黑又直。监狱规定他们不能刮胡子，因此他们看上去就像恶鬼一样，让人见了感到惊恐，并且深刻脑海。所有犯人脖子上都套着链子，脚踝上戴着脚镣，只有一个犯人例外。这个例外就是犯人中被看守们认为更值得尊重、行为比其他犯人好的那个。作为一种信任，他被给予更多的行动自由，还可以监视其他犯人。古埃及的监狱中也盛行与此相似的传统。我们不是在《圣经》中读到过这样的故事吗？埃及的一名监狱看守将其他犯人都交给了被

①赛布勒斯是希腊神话里的冥府守门狗。——译者注

不公正地囚禁在那里的约瑟。

除了我们刚才描述的牢房，衙门旁边还有一些囚室。这些囚室不如普通牢房大，看守也不如普通牢房严密。一般来说，每间这样的囚室中都有一间房间专门给某些特殊囚犯居住。这些囚犯的亲友缴纳一定数额的钱财后，他们就可以被安排进这种囚室中，可以少遭一些罪。如果和其他犯人关在一起，痛苦就不可避免了。那些犯人中很多不仅凶神恶煞，还满身恶臭，身上长满了脓疮，还有其他皮肤疾病。

衙门内有一间房是审判堂，特意与其他房间分开。在这间恐怖的审判堂中，被指控有罪的人如果不承认罪行，就会遭到各种各样的刑讯逼供。这样的逼供是不合法的，却大行其道，所有的官员几乎都使用过。我想，对他们来说，没有什么能比严刑逼供更快地得到想要的结果了吧。

五仙观：五仙与羊城传说

从南海监房出来，我们沿着大市街走，准备参观为了纪念五仙而建的五仙观。在到达五仙观之前，我们从一座牌坊下走过，该牌坊是万历年间由明神宗颁旨修建。

据说在周朝时，5名仙人各骑着一只羊进入广州城，他们手里都拿着一穗谷子①。这5位仙人分别穿着白色、黄色、黑色、绿色和红色的衣裳。在经过广州的一个大市场时，这些从天而降的仙人一起祝福：愿此阛阓，永无荒饥。说完这些话后，他们就乘着山羊飞走了。因为五仙的到访，广州又被

---

① 与第一章中所述略有不同，前面说五羊口中各衔一株六穗的稻谷，此处说五仙手里各拿着一穗谷子。——译者注

五仙观入口。［英］菲利斯·比托 摄

称为"羊城"或"穗城"。在5只羊站过的地上，人们发现了
5块石头，形似公羊，便推断说这是石化的五仙坐骑，对它们
很是敬畏。最后为了安全，人们把它们封存在番禺县衙，直
到后来才被移往如今所在的祭坛。这座祭坛建于洪武年间。
祭坛旁有五仙像，神像脚下依次放着那5块石头。在这个偶像
崇拜的国度，每天都会有信徒祭拜和赞美这些羊。五仙像前
放着木牌位，每个牌位上都刻着金字。比如，第一个牌位上
刻着"丁未仙神位"，或说是火神位；第二个刻着"己未仙
神位"，或说是木神位；第三个刻着"乙未仙神位"，或说
是土神位；第四个刻着"辛未仙神位"，或说是金神位；第
五个刻着"癸未仙神位"，或说是水神位。五仙像和5块石

头所在的庙被称为"五仙观"，其屋顶盖着明黄色的瓦片，表示这是一座官府出资修建的建筑。1864年春天，五仙观毁于一场大火，5块石头中的一两块因大火的高温，裂成了两片。这些石头是如此神圣，因此中国人最终把它们从灰烬中收集起来。当五仙观重建时，石头被放到现在的位置。这场大火是五仙观中两个负责看管的道士疏忽职责导致的，事后他们被传唤到南海知县面前审问，最后被判戴木枷1个月。此外，知县还命令他们在一个月内，每日都要站在五仙观的大门口示众，以示重罚。这个惩罚自然是被严格地执行了。

其实，五仙观并不只是广州才有。祭拜五仙的道观在中国许多个地方都有。每年四月，大批信徒都会前来这座道观祭拜五仙。信徒中有许多是病后初愈的，他们来此感谢五仙保佑他们重获健康。这些信徒穿着红色的衣服，严格来讲，颇有些像中国犯人所穿的。他们脖子上套着链条，手脚都佩戴着镣铐。这些奇怪的装束象征着他们不配从五仙手里接受哪怕是一点恩惠，然而他们却接受了这么多。据说，五仙还懂得治病，能够驱走人们身上的各种疾病。这或许可以作如下解释：中国的道士、医师、算命先生和其他一些智者说，人体由5种元素构成，即金、木、水、火、土。这5种元素如果比例均匀，人就会健康长寿。如果其中一种或多种元素超过其他元素，人就会生病，而五仙能够使这5种元素保持平衡。

五仙观旁边还有一座殿，是用来祭拜玉皇大帝的。这座殿有一个响亮的名字：南天门。现在，我们先来看看玉皇大帝的生平。传说，玉皇大帝是净德王的儿子。净德王这个名字人所皆知，因为那是他当上光严妙乐国的国王后得到的。

净德王年老无子，想到将来王位无以为继，很是悲痛。为了让国王转移注意力，大臣们建议他将更多时间投入国事，并在业余时间研究宗教和哲学。净德王采纳了这些建议。6个月后，王后梦见道教始祖太上老君乘着坐骑，旁边坐有一名年高德劭的妇人。这名妇人递给她一个浑身长毛的孩子。王后接过这个孩子后，马上跪倒在地，向太上老君和那位庄重的妇女表示敬意和感谢。从梦中醒来后，王后把这个奇怪的梦告诉了丈夫。净德王也觉得这个梦很重要。一年后，王后生下一个儿子，取名天意。据说天意太子出生时，一道亮光照在他出生之地，王宫中充满异香。老国王非常高兴，为了庆祝太子的出生，他将大量钱财赏赐给一众大臣，以及国中的寡妇和穷人。两年后，国王年老衰弱而亡，王位传给了太子。太子长大后，品格非凡。上界的神仙都很看好他，赐予他许多祝福，还告诉他，将来他应该被称为"玉皇大帝"。同时，他们向他保证，在诸神的护佑下，加上他非凡的品格，他的统治一定会无比繁荣。他们会保佑他的臣民繁盛安康。最后，神仙们甚至还许诺，说自己已接到命令，任何时候都要帮他实现愿望。玉皇大帝死后被封为圣徒，据说在道教万神殿中占有非常重要的位置。对玉皇大帝的崇拜最早开始于宋代。玉皇大帝出生在正月初九，因而这一天被道士和普通百姓当成祭祀欢庆的一天。广州老城的白岭街有一座庙，庙中挂着玉皇大帝和一众大臣、随从的画像，画中人物都身穿黄缎袍子。

大钟楼：背负着广州城运气的大钟

五仙观和南天门前矗立着大钟楼，里面悬挂的钟号称"中国南部最大的钟"。和其他庙宇里的钟一样，这口钟内没有钟舌。它从来没有响过，因为汉人和旗人（特别是旗人）相信，一旦敲响这口钟，厄运马上就会降临这个城市。钟铸于明太祖洪武七年，由朱亮祖出资建造并摆放在这里，他当时是广州的一位高官。据记载，乙酉年，钟楼的看守不小心撞响了钟。同年，整个广州城瘟疫流行，上千名小孩被夺去生命。当时的广州市民非常害怕，为了给孩子们辟邪，他们请了各种护身符。在这些护身符中，最流行的是一种非常小的银铃铛，父母会把它们系到孩子的裤头上。接着，这口钟又不小心被撞响，据说是一只斗鸡受到惊吓所致，后来它从钟楼飞出来，消失在珠江的白鹅潭里。据迷信的中国人说，白鹅潭附近至今仍能听到斗鸡的啼叫。道光二十四年（1844），钟楼重建。为了能尽快完工，人们觉得有必要在修复完成前让这口钟落到地面上。为了防止钟落在地面时发出声音，挑选出来的工匠都是非常谨慎小心之人。然而，在把钟放下来时，他们还是撞响了钟。因此，本地的百姓说，邪灵将再一次降

照片远处左边的楼阁就是五仙观内的大钟楼，楼上挂着"岭南第一钟"，即"禁钟"。［英］菲利斯·比托 摄

临广州城。比如，1845年，几个住在广州的旗人生病死亡。另外，一个由苇席和竹竿构成的戏院——位于提督学政衙门旁边——不小心着火，烧死了不少于3000人。同年，英国海军上将西摩炮击广州城，这口钟被从一艘叫"对决"的英国军舰射出的子弹击中，再一次响了。中国人认为这次的钟鸣导致广州最终被英法联军攻陷。汉人和旗人经常祭拜这口钟，认为它代表着尚武精神。据说，这口大钟在被悬挂上去之前，钟楼里还有一口相对较小的钟，是由一个名叫刘鋹①的叛军首领挂上去的，他曾依靠武力君临广州城。又有人说，太监们会在每天清晨敲响那口小钟，以唤醒刘头领的众多侍妾。

这些女人在这位造反头目的后宫中算是找到了家。离开这座钟楼前，我们还要再强调一下：广东人至今仍然认为，如果这口钟被移动了，就会有各种灾难降临到广州城的市民身上，甚至包括附近的居民。广东人还相信，曾任英国驻中国大使及香港总督的宝宁爵士，于1854年和1856年极力劝说叶总督打开广州城门让英国人进入，是为了得到这口钟，以摧毁广州城的运气。

这座庙的其他殿里也有一些钟，其中有一口悬挂在五仙观。有人告诉我们，五仙观中的钟上刻有铭文，显示它是康熙五十二年（1713）被两个人带到此地安放的。铭文上还说，那口钟在遭受一次重创后，于雍正年间被重铸。

五仙观有一个庭院，院中有块玄武石，石上的印记看上去就像人的脚印。它长超9尺，深四五尺，有人说那是佛祖的脚印。令中国人惊讶的是，这个凹印一直都盛满水，以至于

---

① 似与史实不符。刘鋹为南汉皇帝，是继位的，并非造反之人。——译者注

成为一个极好的地方，许多本地孩童常在这里洗澡。在夏天酷热的天气里，此地一直都很凉快，给喜爱阴凉的孩子提供了一个极好的避暑之地。

五仙观还有一座殿是供奉金花娘娘的，也就是妇人和儿童的保护神。前面我们已经详细介绍过这位神祇和她的侍从，因此不再赘述。

供奉猴子的神殿：另类《西游记》

离开五仙观前，我们被带到一座小神殿，里面供奉的是一只猴子。中国人给这只神猴起了一个响亮的名字：齐天大圣①。据说他是在一块巨石中孕育成形的，最后从石头里蹦出来。这块石头位于花果山之巅。在他出生前，这块石头吸收了日月精华。他出生后不久，召集了附近山林的所有猴子，自封为王。过了一段时间，大圣认为猴子应当说话，衣着也应如人类一样。因此，他偷了一套人类的衣服，并穿着这套衣服离开了树林，来到人群中。最终，猴子学会了人的语言和动作，便想去西天取经。西天是佛教中的极乐世界，去西天取经是要得到长生不老药和永生的真谛。去西天取经途中，他需要乘坐一艘自造的船，穿过大海。离岸时，他遇到一个正在海边捡柴火的樵夫，就对他说：我想找到那位叫"菩提祖师"的神仙，求你给我指引方向。樵夫回答说，那神仙住在斜月三星洞，位于灵台方寸山。因此，猴子拜别樵夫，前往灵台方寸山寻找。几日后，他终于找到那位神仙。

---

① 齐天大圣的故事出自明朝吴承恩的小说《西游记》，此处所述与小说不大相同。——译者注

菩提祖师见到他很高兴，给他起了个法号，叫"孙悟空"。悟空随菩提祖师学艺10年，暂时放下了去西天取经的事。10年后，他学会了72变的法术，可以变成不少于72种其他生灵的样子。他还学会了筋斗云，一个筋斗可翻十万八千里。

悟空最后返回他出生的花果山，再次召集附近树林和山中的猴子。他向它们详细讲述了外出10年的经历以及自己从中学到的很多有关人和事的知识。他讲完后，猴子们告诉他，在他外出年间，它们因为一个魔王的骚扰遭受了很大的损失。听到这个消息后，猴王决定向魔王挑战并消灭他。他立即出发，不久后战胜了魔王。然而，他认为，为了将来能抵挡其他魔怪的入侵，他还需要其他武器。他决定马上拜访海龙王，从他那里得到某种可以让自己隐身的武器。最后，猴王如愿拿到了他想要的武器，但海龙王觉得自己受到了猴王的侮辱和掠夺，心里极为愤怒，便决定向玉帝告状。玉帝得知后派下一群天兵，与猴王展开大战。猴王用他从海龙王那里偷来的定海神针战胜了天兵天将。而后，他像一个明智的将军一样，希望取得更多利益。因此，他急忙赶往玉帝的凌霄宝殿，提出了息战讲和的条件。玉帝决定安抚这个长相奇怪的造反者，让他去掌管天庭的马。猴王对这个官位极其不满，要求玉帝授予他"齐天大圣"的封号；如不照做，他将继续反抗天庭。对这个要求，太白金星建议玉帝让步，封他为齐天大圣。于是，猴王如今便被中国人称为"齐天大圣"，即整个天际的大智者。

后来，大圣开始前往西天拜佛求经。当他到达蟠桃园时，看到一棵大桃树上结满了桃子。这些桃子都已生长了6000年，他偷吃了一个，因而变得长生不老。西天的使者们发现猴王偷吃了长生果，很是焦虑，严厉责备了看守蟠桃园的那位神仙。这位神仙为了摆脱罪责，说自己斗不过猴王。因为触犯了天条，猴王被神仙们抓住并想置之死地。然而，神仙们根本伤不了吃了长生不老果的猴王。太上老君想用火烧死猴王，但没成功。最后，玉帝请来佛祖帮忙，以降服这个"害人精"。猴王被佛祖抓住，压在五行山下500年。500年后，猴王才得以和唐三藏及其两个徒弟——沙僧和猪八戒——一起去往西天。猴王重新踏上西天之路是为了求取真经。最后，师徒4人终于取得经卷，交与其中一个徒弟保管。不幸的是，从西天返回的途中，因为看管经文的徒弟不小心，导致经卷掉进海里。他们从海里捞起经卷，放在太阳下晒干，那个不小心洒落经卷的徒弟仍然负责照管经文。这一次他睡着了，此时来了一条大鱼，毁坏了所有经卷，除了下面这6个字：南无阿弥陀佛。为了纪念猴王和去西天取经的另外3人，唐太宗专门建造了一座庙宇供奉。

过了五仙观，我们看到了一座衙门，即官府办事处，叫左督衙门。在英法联军攻袭广州时，大名鼎鼎的叶总督曾在这里避难。也正是在这里，当广州城陷落时，他被几个英国士兵俘虏。

叶总督称得上是清朝最卓著的官员之一，对于他的被捕，已故的乔治·温格罗夫·柯克[①]曾作如下描述：

"让我们现在回到最开始，重温一次叶总督的被捕经历。巴夏礼奉命担任赫洛魏上校部队的翻译，但因为到达的

---

　　①柯克，英国律师兼新闻记者，曾于1857年来到中国，任伦敦《泰晤士报》驻华记者。著有《中国与下孟加拉（1857—1858）》一书。——译者注

时间太晚，士兵们全走了。当他正顿足无助之时，遇到了英国皇家海军准将懿律①。巴夏礼告诉懿律，他有叶总督藏身之处的消息。懿律受到蛊惑，也不向上司请示，立刻带100名士兵跟他前往。巴夏礼希望能在越华书院找到叶总督，但当他们到达时，发现人去楼空。他们寻遍了每个角落，都没发现叶总督的身影。巴夏礼用脚踢了一下一扇关着的门，发现有个中国人在那小房间里埋头读书。叶总督在哪里？这个中国人到底知不知道？秀才被拉出来审讯，他交代叶总督曾在这里藏身，但几天前就已经离开。最后他还供出了叶总督的藏身之处，即3英里外广州城西南角某处的巡抚小衙门。于是，一行人又带着那个秀才到了巡抚衙门。此时，巡抚柏贵已被懿律擒住，英军海军上将和陆军司令也已到达。一番盘问之后，巡抚供出了叶总督的最后藏身处。英国方面命令他再提供一个人当向导。于是，这位向导和那个秀才被一起带到英军水兵面前。他们经过广州的狭窄街道时，不停地向人群喊叫：'好人，忙你们自己的事去吧。这些绅士刚刚客气地询问了柏贵，他们现在要去询问叶总督。'人群回答：'好的。'还习惯性地对满大人的帽子敬礼。当他们走进街道迷宫后，一些军官似乎意识到他们在做一件极不谨慎的事情。祺上校说：'如果最坏的事情发生，我们可以依靠罗盘知道墙的方向，然后杀过去。'因此他们继续前行。然而，再漫长的追击也有尽头。最后，这两名向导停在一个三等衙门门前，那衙门看起来已经荒废了。他们撞开衙门，很快就占领了这里。显然，这次他们来对了地方。这里到处都是匆忙打

---

①懿律，全称乔治·懿律，10岁时即入海军学习，1800年升少佐，1802年升指挥。来中国前已有海军少将的军衔。——译者注

包好的包裹，清廷官员四处乱跑，最后有一个人上前来说自己就是叶总督。然而，他显然不够胖。巴夏礼把他推到一边，继续搜查。最后，他们看到一个很胖的人正想翻过后墙逃走。祺上校和懿律的一个水兵部属冲了过去。祺上校抓住那名胖官员的腰，水兵抓住他的辫子，绕在自己手上。被抓之人确实是叶总督，水兵们把帽子扔向空中，高声欢呼。

"叶绝不是人们认为的什么英雄，被抓之时吓得全身发抖，极力否认自己的身份。直至巴夏礼再三保证他的安全，叶才镇定下来。当觉得自己安全后，叶马上恢复了他的傲慢。他正襟坐在椅子上，要在那里等埃尔金和格罗。英军搜查了他的包裹，找到了清廷与英法美三国的条约原件和其他一些文件。他们认为这些文件都不重要，没有必要送往北京。搜查持续了3个小时。抓获叶总督的消息已被送到英军总部。霍克上校被派遣带着一支有力的海军部队前来，叶再次颤抖着坐在椅子上。

"给满大人开路！前面由霍克上校拿着他的剑，准将懿律和祺上校跟着，后面是两队海军，还有蹒跚而行的叶。他并没有被带入那个小房间，而是带进了上将的房间。把叶与广东巡抚和广州将军①放在一起，就像是把一把鱼叉和两条白杨鱼放在一起。柏贵和穆克德纳听到他的脚步声都会发抖。

"即使他在火车上有6个刽子手，而我们都被捆绑着带到他面前，他的头也不会抬得比现在更高。这是一张胖乎乎的脸。从侧脸看，眉毛到下巴几乎是一条直线。他戴着清廷

---

①此处指广东巡抚柏贵和广州将军穆克德纳，两人都在此前被抓获了。——原书注

官帽，上面有红色的顶子和孔雀花翎；除此之外，他穿着的不过是普通缝制的蓝色束腰外衣，这外衣的臀部位置较为宽松，是南方冬天穿着的普通衣裳。他在一把扶椅上坐下，后面紧跟着一些低级官员，他们站成一个圈，形成一个小团体。房间里的官员来来往往，履行着自己的职责，当然也避免直视他的眼睛。没有人敢仰视他，也没人不觉得他是一个重要人物。他那双不安地转动的眼睛让人胆寒，他的脸部表情看起来就像一头凶猛、生气却没有胆魄的动物。当他脏脏的长指甲靠着桌子发抖时，他注视着房间的每个角落，审视着每一张脸。即使你能忘记他的行为，他那太明显的做作也不可能得到人们的尊重，不过，也没人敢藐视他。"

我们并不认同柯克先生这种对叶大人轻率、充满藐视意味的描述，我们认为后者是一位各方面都很卓越的人。

南海学宫：孔子的故事

经过米市街，我们进入南海学宫，又称南海孔夫子庙。这幢建筑的入口是一扇宏大的红色三拱门。富丽堂皇的入口正对着大街，两边都有一根刻字的石柱。这些字告示所有前来祭拜的官员，在靠近庙门时，他们要下轿或下马走过大庙庭院，以示尊敬。进入南海学宫的庭院，我们看到一个新月形的人工池塘，上面横跨着一座三拱桥。人们认为池塘里的水很纯净，象征着这座庙宇的洁净和它所教导的道义。庭院尽头有一个带顶的红色三拱门，经过这扇拱门，信徒就能进入南海学宫的第一个庭院。距拱门前面很近的地方，也是庭院的另一头，立着一座祭拜孔子的庙。殿里的神龛上有一座孔子像，实际上，一般的孔庙不设孔子像，而是供奉孔子的牌位——红色的牌位用金字刻着孔子的名字。孔子虽然教过偶像崇拜，却并不同意设偶像。因为当年发生的中英、中法战争，这位圣哲的神像于1856年被文人学士放于此庙。

庭院的每边都有一个长长的围栏，里边放着几个小神龛。神龛的祭坛上放着牌位，上面刻着孔子72个弟子的名字。在孔子的3000位弟子中，这72位因出众的德行和文学造诣而著名。庙宇的第二个庭院立有孔子的父母及祖父母的大殿。

在这里，我们还要说一下，中国人很以其父母、祖父母取得的功名为荣，不管他们是否还健在。这样做是为了鼓励父母关注孩子的各方面，尤其是在学术造诣上的，好让他们也能成就功名、飞黄腾达。

在每月的初一、十五，以及春分、冬至日，城里所有的官员都会恭敬地祭拜孔子。他们参加祭拜典礼时身着吉服，由主祭官安排站在庭院的两边，面朝孔子像。文官排在院子的东边，武官排在西边。总督担任大祭司，他由两名官员护送着，从庭院到祭坛之间来回走动不少于9次。祭坛上不仅放着羊、猪、阉牛等牺牲，还有花果、糕点、酒等供品。祭坛前，主祭官唱礼后，总督俯伏在地上叩头，其他文武官员也一起同时跪在地上叩头。主祭官此时唱的是：跪下，叩头，平身。

祭坛一边站着一支乐队，由好几个乐师组成，每个乐师都身着礼服，手上拿着各种古代乐器。如今的乐师已经不知道如何使用这些古代乐器，因此合唱队大部分都要依靠那些吟唱赞美孔子之音的乐师。祭拜仪式结束后，站在总督左边的传令官大声念出祭文，祭文是一名书法家提前写在一张黄纸上的。祭文读完后就被扔进香炉里烧掉，使之能立即传达到灵界。

　　现在，让我们简单介绍一下孔子的生平。公元前551年，这位伟大的中国哲学家和道德教育家出生了。他的父亲是一位有名的武官，名叫叔梁纥。孔子是他与妾侍颜征在所生。叔梁纥是贵族后裔，祖上曾是显赫的王室。在纳第二个小妾征在时，他的年纪已经很大了。看起来，他和他的妻子至少有9个孩子。然而，这9个都是女儿，这位年老的武官望子心切，希望能有一子继承衣钵，于是在年老时纳了颜家最小的女儿为妾。他的心愿最终实现了。周灵王二十一年十一月二十一日，征在给叔梁纥产下一子，取名丘。孔子生于陬邑，后来成为一位非常有名的哲学家。他父亲当时治理的陬邑，现是山东省北部的曲阜县。据说孔子出生时发生了几起超自然事件。比如，有两三只麒麟在孔子出生前经常出现在征在居住的院子里。在她经受生产苦痛和危险时，五仙也出现了，竭力给她以安慰，并诚恳地告知她，她生的男孩最终会成为一位名士。中国史书也记载，孔子出生时，天上传来感动人心的乐声。

　　现在，我们来描述一下这位杰出的主人公。孔子是商朝王室的后裔，他和另一位著名的哲学家、道家学派创始人老子，以及希腊创立毕达哥拉斯主义学派的毕氏是同代人。孔子认为，他来到这个世界是为了给他那些蒙昧无知的同乡人带来对先祖的敬拜以及传统。为此，孔子勤勉地学习了古人的智慧。他研究了曾盛行于公元前2200年的中国圣贤，如尧、舜的思想。他创立学校，教授哲学和伦理道义。很快，他就声名鹊起，收了不少于3000名弟子。他从3000名弟子中选了72位贤人，这些人的理辩能力和成就比其他弟子更为突出。他把这72位弟子分成四科：第一科是对"德行"的研究；第二科是对"言语"艺术的培养；第三科是对"政事"的探讨，即设计最好政体形式的必要性；第四科是对"文学"和演讲教学的实践。在他完成他生命中最大抱负的过程中，他将古代的传统浓缩成一种完美形式，并形成一套系统，因此成为中华大地的立法者。孔子学说包含的教义非常适合于在国土内推行。就这种学说而论，它并不是在我们全能上帝的圣灵教导下形成的，圣灵的教导是让人相信灵魂可以得救的真理，从耶和华和他的圣子而来。孔子注重仁政理论，强调孝心是国家强大的根源。他以孝论为基础，建立了对祖先祭拜的上层建筑。他指出，子女不仅有义务报答父母，还要诚心祭拜逝去的先祖。在有关孔子语录的记载中，没有关于他对人类起源或人死后去往何处的内容。不过，孔子几次提及上天，他的言辞几乎使人相信，人世间存在一位超自然的神。读者们应该明白，孔子所拥有的对上帝的不完整认知，就像苏格拉底和柏拉图一样，他们都没有接受上帝的启示。孔子的学说向人们力陈敬神的必要性，请求人们在不同季节对神进行祭祀，以表达他们的敬意。

然而，这位先贤的目标是要通过订立法律来使人获得快乐。为了达到这一目标，他周游列国，利用每一个机会宣传自己的学说。他用和睦与秩序代替无政府主义和困惑的努力，多多少少是成功的。但就像其他人建立的体系那样，他努力建立的体系也无法做到永恒。74岁时，孔子去世，他意识到自己的祖国比以往更有可能沦为无秩序的牺牲品。他曾经努力反对无政府主义，却没取得多少成效。他临终前说，君王们不听从我的建议，我也不能再在世上服侍，现在是我放弃的时候了。孔子死后，其名字直至现在，一直被社会各阶层推崇。尽管他的学说无法得到乡邻们的追随认可，因为人性本恶；但我们也必须承认，当其他古代先哲的学说纷纷被后来学说取代时，只有孔子的至今仍被数百万的家庭阅读、推崇和拥护。

贞节烈女祠：殉夫的报道

米市街的一头，在紧对着南海学宫所在之处，有一座纪念贞节女子的小庙，叫贞节烈女祠。祠里的祭坛上方放着架子，上面放着几个木牌位，每个牌位都写着已死去的贞节烈女的名字。为了纪念这些女人，祠堂庭院里建有一座花岗石牌坊。这些女人年轻时订了婚，但未婚夫却在婚礼举行前死去了，她们不再嫁给其他男人，而是到死去的男人父母家做养女，度过余生。对这个时代的中国人来说，这些女人的行为是非常贞烈的，值得被推崇。她们死后，名字便被刻在这些牌位上，供奉在这座祠堂里。此外，这里还供有一些死去的寡妇的牌位，她们在丈夫死后仍然保守贞节，不嫁二夫。还有一些是丈夫死后选择自杀的寡妇的牌位。她们的殉夫行为被这个时代的中国人推崇。

在1861年1月20日的《孖剌报》（*Hongkong Daily Press*）上，我们读到下面由一位目击者陈述的福建某港口一位哀伤的寡妇自愿殉夫的故事。

"几天前，我遇到一队中国人，他们正护送着一位身穿猩红和金色衣服的年轻妇人穿过使馆区。那位妇人坐在一把装饰得很堂皇的椅子上。后来，我发现他们此行的目的是邀请人们一起观赏这名妇人殉夫的礼仪。丈夫去世后，这名妇人成了无子无女的寡妇，她下定决心要随夫而去。妇人和丈夫都是孤儿，因此在丈夫离世后，她对这个世界再无牵挂。她愿意结束生命，去阴间与丈夫团聚。我接受了这个邀请，于当天去到举行上吊仪式的地方。我们刚到那里，就看到同一队人马从寡妇所在村庄的一座寺庙里走过来，往一座临时搭建的台架走去。台架搭建在村庄旁边的一块地里，四周围了成百上千的当地男女。人群中的一边是女人，全部身穿欢快的节日衣裳。我和一个朋友坐到一个板凳上，离台架只有几尺的距离，能够清楚地看到即将举行的仪式。那队人马走到台架下，寡妇由其他男人搀扶着走上台架。在向来观礼的人群示意后，她和几个女性亲戚吃了最后一顿饭，这些饭菜都是事先准备好，放在台架的一张桌子上的。她看起来对这顿饭非常感激。有人把一个本被抱在怀里的小孩放到桌子上，她摸了摸孩子，从自己脖子上取下一条项链，戴在那孩子脖子上。然后，她拿起一个有装饰的篮子，篮子里装了米、草药和花瓣；她一边把这些东西洒向人群，一边简短地说了一些话，感谢他们来给她送别，并解释了自己要上吊自杀的理由。之后，空气里一声炮响，宣告最后时刻已经来临：她即将结束自己的生命。这时出现了一些情况，因为她的兄弟没在现场，后者对她自杀的事情很不赞同。在等她的兄弟到来之时，让我们来描述一下那个台架。在台架的两边各有一根直木，上面架着一根结实的竹子，竹子中间悬着一根打了套的红绳。

　　"那位缺席的兄弟被人劝来了，寡妇走到绳子下面放着的一把椅子上，她把头放在绳套里试了一下，确保绳套合适。然后，她把头从绳套里抽出来，向用崇拜的目光看着她的人群挥手告别，然后把自己交给那根吊着的绳子，同时往脸上扔了一块红手帕。当脚下的椅子将要被拿走时，人群中有好几个声音提醒她，她忘记了把绳套往下拉，只有拉了才能套紧脖子。妇人微笑着接受了这一提醒，调整了套子，然后踢开脚下的椅子，她现在被悬在了半空。接着，她用无比的自制力，把双手合起放在胸前，继续由绳子吊着，直至勒索的力量使她的双手分开，她终于死了。

　　"妇人的遗体就这样被吊了大概半个时辰，然后由帮忙的男人取下。其中一人拿了那绳子，正要把它切断以留下一节给自己用，一场争吵发生了。我利用这个机会坐到那名死去的妇人坐过的椅子上。她现在正在被移往寺庙，向众人确保她已死。到达寺庙后，妇人的身体被放到一张卧榻上，手帕从她脸上拿开了，她的确已经去世。这是几周内第三起寡妇殉夫的事例，当地官府根本没有办法制止。于是，为了纪念殉夫的妇人，又一个纪念碑立了起来。"

　　另外，1873年夏天，中国官方报纸《京报》的某一期中刊登了以下纪念文章。这篇文章是从《德臣西报》摘录而来的，被准确地译成了英文。

　　"臣王文韶①系湖南巡抚，恳请圣上关注湖南布政使儿子的遗孀表现出的非凡的虔诚和忠心。她随丈夫吴林于1872年8月去往湖南，吴死在任上。妇人绝食几天后，服毒自尽。身边的人发现后，用解药把她救活。她的祖母、父亲和婆婆都极力安慰她，让她重新进食。她像以往那样，又开始服侍那些

---

　　① 王文韶（1830—1908），清末大臣。字夔石，号耕娱、庚虞，又号退圃，祖籍浙江上虞梁湖，浙江仁和（今杭州）人。咸丰二年（1852）进士，权户部主事，同治年间任湖南巡抚。——译者注

老人，直到今年5月①，她的公公遣人将儿子的遗体移到他在湖南的出生地。她恳求跟随护送灵柩的队伍，说送丈夫安葬是一个无子的寡妇应尽的责任。她的公公因怜惜她，便准许她前去送行。于是，他们就出发了。很快，她公公收到一封书信，说他的儿媳妇徐氏在安葬礼结束后，又开始绝食了。她不听任何劝告，坚持要绝食。她说：'当我与老人家们在一起时，他们劝解我安慰我，我不忍心伤害他们。另外，我丈夫的遗体当时还没回到他的出生地，因此我决定要多活一段日子。现在，他已经回到他的出生地，我在此庄重地起誓，我要跟随他前去坟墓。死亡对我来说，是与他的团聚。不要再阻止我。'她绝食了11天，第12天时，她死了，时年26岁。

　　"这篇纪念文接着揭露了这位尊贵妇人的身世，颂扬了她在公众场合和私下的品德，特别是她以死表明对丈夫的忠心，因此值得请求圣上降旨以示表彰。最后，圣上'准奏'并要求'通知礼部'。"

光孝寺：六祖慧能出家之地

　　我们现在进入纸行街，准备一睹预言石。预言石在西应堂内，主要问询者都是妇人。它比人头略大，放在一个三角架上。据说，如果你盯着它看，它就会显现图像或异象，让人们看到即将发生的事情。各个阶层的妇人都会向它问询，上层贵妇支付的问询费要比下层妇人的多。这些妇人中有许多是没生孩子的，来此询问她们能否怀上孩子。靠近

---

①1873年。——原书注

预言石的一个神龛上放着一个叫Wai-Ling-Kom'-Ying-Shek-Nue'-Sin-Neung的偶像。所有信徒在问询预言石前，都要先敬拜他。

从西应堂出来，我们往西门直街的元妙观走去。元妙观建于唐玄宗统治时期，里面住着八九个道士。道观里有一个大庭院，里面建有3座殿堂。第一座殿中供着3尊神像：元始天尊、通天教主和太上老君。第二座殿里也供有3尊神像：玉皇上帝、天皇上帝和紫微大帝。第三座殿里有我们前面详述过的北帝的塑像。这位北帝代表着中国传统神话中的英雄，它的塑像不穿鞋袜，右脚踏蛇，左脚踩龟。北帝殿前有一棵小榕树，据说枝干里住着一条蛇，信徒们都会聚集在树前敬拜它。他们往树下的聚宝铁炉扔纸做的金锭银锭，作为给蛇的祭品。此殿旁有一个小花园，中央有一个小水塘。水塘中用低矮的砖墙围着一只大乌龟，据说是北帝的圣物，乌龟便在那水塘里嬉戏。为了寻找食物，它偶尔会浮出水面。

元妙观的第一座殿是观中的主殿，里面挂着一口钟，上面刻着铭文，大意如下："神宗万历二年二月初六，Chan-Hau、Chan-foo、Lau-Sing、Ts'ong-Chui献此钟。钟由Ts'ong-Chau所铸。"第三座殿里也有一口钟，上面刻着的铭文大意为："康熙二年二月，此观道人献此钟，供奉北帝。"

元妙观大约建于713年，宋真宗时期重修，后于元成宗时期由一位叫塔剌海的高官主持重修。明神宗万历二十一年，元妙观重修，费用由百姓提供。明神宗万历三十年（1602），道观再次被大力重修，由宦官李凤出资。康熙五年（1666），康熙帝自掏腰包再修，同时还慷慨地赐予道观许多房屋和土地。乾隆四十一年（1702），道观又一次重修。至此，它最后一次重修是在嘉庆十八年（1813）。

元妙观不远处有一座古老的寺庙，名叫光孝寺。因为由光孝街可通往寺庙，我们便决定前往探访。寺庙墙上的大理石碑文显示，此街道是为了表示对神的敬意，由百姓集资于嘉庆年间用花岗石板铺成的。到达寺庙后，我们进入一个大庭院，其三面都围以宽敞的回廊。回廊的屋顶由花岗石柱支撑，每根柱子都是一块巨大的独石。庭院右边立有一座钟楼，左边是一座鼓楼。供奉3尊佛像的大雄宝殿正对着寺庙大门。此殿极大，在它所在的石台上，殿前两角都立着小的花岗石宝塔。进入大殿，我们看到在三圣塑像的左右两边立有他们侍从的塑像。在我们参观过的许多中国寺庙中，大多也都有这些侍从像。大殿后矗立着一座古老的砖塔，塔下大概是高僧的遗骨。根据中国史书的记载，我们被告知，里面装有入寺修行的弟子剃下的头发。

离开这座大殿，我们见到庭院里立着的一根短石柱，和尚们说那石柱形似一把伞。石柱四面用汉字刻着佛教经文。根据石柱上的指示，每个路过的人都应默念那些经文。石柱是唐敬宗时期立起来的。我们还看到寺庙庭院里有两口古井，第一口井名为达摩，第二口井被有些人称为诃井，不过也有些人称为罗汉井或弟子井。达摩井在梁朝前期形成，据说在凿达摩井时还发现了大量黄金。此井水源四季不断，即使是在极其干旱的季节。诃井里的水常被用来煮诃子和甘草，做成一种像浓牛奶一样的药。光孝寺里还有睡佛楼，我们稍后再叙。

让我们先简单说一说光孝寺的历史。光孝寺建于东晋安帝时期。寺庙原是南越王赵建德的故宅，南越王死后，由虞翻购得。虞翻将房子夷为平地，在上面广种花草树木，使之成为一座大花园。因为里面种植的诃子树，此园也曾被称为"诃林"，但更多人叫它"虞苑"。虞翻死后，他的遗孀因为无子，便将园子赠送给一些僧人，自己返回家乡。僧人们得到这片地后，在上面建了一座寺院，司马德宗赐名为王园寺和祖园寺。当时有一位名叫三藏法师的僧人从天竺远道来到广州，很可能就是司马德宗颁旨让他担任新寺的住持。南朝刘宋高祖统治时期，一位叫求那跋陀罗法师的僧人制定了新的寺规，希望可以按寺规管理寺庙事务。求那罗跋陀法师还告知寺内其他僧人，寺院四周当年由虞翻种下的树都是优质树木，这些树在印度大量生长，因此不管怎样都不要再砍伐它们了。他还预言，有一天将有佛陀造访中国。梁武帝时期，一位叫智药三藏的僧人从天竺到达广州。他从印度带来一株菩提树，把它种在寺院里。种完树后，他预言道，170年内必有佛陀到达中国，求那罗跋陀也曾说过同样的预言。他还说佛祖将会在这棵菩提树下做法事。梁武帝元年，另一名叫达摩的高僧从天竺到达广州，也住在光孝寺。达摩也就佛陀的到来讲了类似的预言。因为他以智慧闻名，这个预言很快传播开来。

唐高宗永徽元年（650）的某一天，当时住在寺里的一个名叫六祖惠能的僧人，召集院里所有待剃度的弟子来到这棵菩提树下，为他们举行剃度仪式。许多人跟从了这个召唤，希望出家后可以远离世俗纷争，潜心向佛。简而言之，主持仪式的六祖惠能就是佛陀化身，他正好是170年前智药三藏预言出现的佛陀。

中国年历上有关于六祖惠能的精彩记载。惠能的父亲名叫卢行瑫①，曾是新州的一名官员，他的母亲是李氏。据说李氏曾梦到她被一个神灵遮蔽，因此怀孕。她还梦到自己将在怀孕6年后产下儿子。这个梦后来成真了。6年后，她产下一子。孩子刚刚出生就有两个僧侣样子的人进入房子，给他赐名"惠能"。惠能3岁时父亲过世，他成年后就负担起照顾年迈母亲的责任。24岁时，他仍不识字，不能阅读。但因他的勤奋和聪明，他很快就熟习佛经经典。之后，他来到光孝寺出家为僧。惠能76岁时，有一天晚上，他坐在院里大声诵读佛经，然后溘然而逝。据说他圆寂之时伴随着超自然现象，例如，周围的空气变得芳香无比，令人愉悦。据说，这一天是唐玄宗元年八月初三。②当然，这座寺院里供奉了一尊惠能的真身塑像。这座塑像于明神宗万历三十一年（1603）曾被修复过。

唐中宗嗣圣元年（684），光孝寺新建了一座大殿，里面供有一尊睡佛。这座楼以前被称为"睡佛楼"，后来在正统年间由明英宗赐改名为致敬楼，又名祷告塔。英宗向寺里求福好几次，塔里的僧人经常要向睡佛问询。睡佛是镀金的，与真身等大。他躺在床上，身上盖着各色床单。许多信徒（主要是妇人）经常来此楼祈求。这些妇人多不育，她们认为赞美睡佛并向之祈求，就会得到后代。女信徒们往往给睡佛盖上另外的类似床单，就可以拿走睡佛身上现有的床单，

---

①卢行瑫（603—640），唐朝官吏。原籍河北范阳，唐高祖武德三年（620）被流放至岭南新州（今广东新兴）索卢县郊为民。唐太宗贞观六年（632），卢行瑫与旧郎村一李氏女子结婚，婚后回老家，并带回先人骨骸葬于村旁一山岗处以作纪念。唐贞观十二年（638）二月初八子时，诞下六祖惠能。——译者注

②原文如此。疑有误，惠能应逝于唐玄宗先天二年，而非元年。——译者注

然后将这床单放到自己床上，以帮她们怀孕生子。这当然是徒劳而愚蠢的。睡佛楼所在的小庭院长着一株棕榈树，与我们前面提过的一模一样。站在塔楼的窗前，可以看到树顶。信徒们常常站在窗边，凝望着这棵棕榈树，向它敬拜赞美。万历十八年（1590），明神宗曾下旨修复睡佛塔。

951年后周建立时，南汉王刘鋹统治两广地区。他赐给光孝寺两座铁塔，每座高22尺。这两座铁塔一座在寺院东面，一座在寺院西面，每座塔上都铸有1000个小佛像。据说，南汉王家族成员及其官员的名字都曾刻在塔上，其中一座塔的旁边还立有一尊刘鋹的半身像。

元英宗曾赐给寺院一口大铁锅，用来煮饭。

明太祖派了两位官员住在寺院里，管理寺院事务。明英宗于正统十年（1445）赐寺院十二卷《大藏经》的抄本。明孝宗弘治七年（1494），住持僧人定俊给寺院新修了四座大殿。明熹宗天启六年（1626），光孝寺再次扩建。崇祯九年，光孝寺再次被修复。崇祯十四年（1641），李象蒙在光孝寺的庭院里建了一座花园凉亭，但如今已经不复存在。

后来，光孝寺又在陈子壮①的促请下再次翻修。陈子壮是万历年间的进士，在一位至友死后，他无比悲痛，决定余生隐于寺院。怀着这个心愿，他来到了光孝寺。当时的光孝寺非常破败，他到那里修行的第一年，也就是1650年，为了修复寺院，成立了一个捐助款项。在他的号召下，广州市民纷

---

① 陈子壮（1596—1647），字集生，号秋涛、云淙。广东南海沙贝村人。明神宗万历四十七年（1619）己未科进士第三人。崇祯十五年（1642），陈子壮等延请天然和尚住持光孝寺，重修殿宇。其徒今释作碑记其事云："营费逾万金，时越六载，殿乃落成。"——译者注

纷捐钱。后来这笔捐款被用于修复寺院，出家的陈子壮看到光孝寺重获新生非常高兴。清兵攻陷广州城后，光孝寺遭到大肆破坏。广州的两个本地人上书顺治帝，请求拨资重修寺院。顺治帝欣然应允，不仅拨款重修了光孝寺，还赐予许多房子和土地。

各朝君主都曾为光孝寺改名。比如，东晋司马德宗赐它"王园寺"和"祖园寺"，唐太宗赐名"乾明法性寺"，唐武宗于会昌五年改"乾明法性"为"西云道宫"，宋太祖于建隆三年改寺名为"乾明禅院"，宋徽宗改寺名为"崇宁万寿禅寺"，南宋高宗改寺名为"报恩广孝禅寺"，明宪宗于成化十八年又改寺名为"光孝禅寺"。

顺治年间，光孝寺还曾举行过10次科举考试。之所以把寺院当作贡院，是因为当时清兵攻陷广州，原来设在观音山附近的贡院全部毁于战火。

花塔：西方极乐世界的想象

离开光孝寺，我们经净慧街、仓前街和花塔街往花塔去。花塔街及附近街道都居住着旗人。八旗军在广州有不少于1000人，他们的祖辈来自中国北部的省份。他们被称为"造反者的后代"不无道理，因为他们的先祖曾在顺治帝旗下作战，后来成功入主中原，顺治帝是清朝入关后的第一位皇帝。这些八旗军战功赫赫，享有豁免和特权，他们的报酬用8万两银子的利息来付，12两银子每年生息1分。这些银子都存在盐商手里。

花塔有9层，因此西人常称为九层塔。它呈八边形，高度超过270尺。花塔的基石是在梁武帝的大同三年（537）所

六榕寺花塔

铺，计划建造一座存放圣骨及佛祖遗物的佛塔。

花塔代表了西方极乐世界的许多王国，据说佛陀可以在这里度过上千年、百万年、十亿年甚至万亿年的极乐时光。不管宝塔最初建立是为了呈现西方极乐世界中的诸多王国，还是为了纪念佛祖的遗骨、遗物，如今它们大都被认为是计算精确的建筑，对当地的几何学发展有积极影响。花塔的每一层都有好几个很小的木制佛像，英法联军占领广州时，许多小佛像都被这些外国军队当成稀奇珍品掠走了。

花塔的修建最初是由官员萧誉和法师昙裕发起的。宋哲宗时期，它由官员林修出资重修。据说重修时，工匠们在花塔底部挖掘出三把剑、一面镜子和一颗佛祖的牙齿。当时花塔没有风向标，宋徽宗时期，人们决定在它的顶部加一个。这项工作开始于徽宗宣和五年（1123），完成于高宗绍兴十八年（1148）。看起来，做这个风向标花了25年的时间。当时的风向标包含一个镀金的铜球。元顺帝登基的第26年（1358），人们在宝塔顶部矗立起一根大铜杆，杆上连着铜球，使得风向标变得更牢固。明万历四年（1576），人们又在铜杆四周加了木梁，使之更为稳固，也更为庞大。为了进一步加固铜杆，人们后来又在其顶部加了8条铁链，并与塔顶的8个角相连。铜杆还被9个铜环环绕，自此之后，风向标一直挺立。清咸丰六年（1856）七月十三日早晨，风向标突然倒下，砸坏了立于塔底的大雄宝殿屋顶，砸死了一名正在晨祷的僧人。当时，广州的老百姓中流传着一个传说：如果花塔的风向标倒塌，鬼怪就会降临城中。奇怪的是，这个传说以一种非常奇怪的方式应验了。咸丰六年，风向标倒下。9月，英国驻广州的领事和两广总督叶名琛起了争端。叶拒绝满足英国政府提出的要求，直接引致海军上将迈克尔·西摩于同年10月炮轰广州城。

风向标倒下的事情被寺庙中的僧人记载下来。我们已经好几次见到庙里刻着的铭文，大意为：Su-Pui，广州知府，捐银10两以建风向标，望佛祖福星照命，保佑其官运亨通、子孙贤良，并赐福子孙后代。番禺秀才Lau-Tai-Yung捐银2两5钱，望祖仁慈，引领其祖母尽快通过地府，去往西天极乐世界。他还恳求佛祖保佑他的子孙。他的儿子Uen-Yu也捐了钱，希望佛祖保佑他及后代洪福无量。

据说，有时候，人们受了一些皮肉伤，就会从花塔四周刮取一些砌砖的灰泥做成一种糊，涂在伤口上，当作疗伤的药膏。迷信的人认为，这些长期附在宝塔墙上的石灰粉粒有疗伤功能，可以帮助愈合伤口。

花塔建立之时，不远处六榕寺的基石也打下了[①]。六榕寺建成时，其中一个捐资人南汉王刘鋹曾为其赐名"长寿寺"。宋太宗也为其赐名"净慧寺"。哲宗统治时期，文学

---

① 建于 505 年。——原书注

大家苏轼游览此地，将其命名为"六榕寺"，即六棵榕树所在的寺院，后来一直沿用此名。前文提及的印度高僧达摩也曾在此寺留宿过，就像圣帕特里克为爱尔兰驱除了所有的蛇一样，达摩也为他敬仰的神殿驱除了老鼠之类的东西。

　　明洪武六年（1373），六榕寺的主殿被广州高官改成官府谷仓，这让寺中僧人极不乐意。洪武八年（1375），六榕寺中的僧人和所有偶像都被移到西禅寺。明成祖统治的第九年，僧人们从西禅寺返回六榕寺，其中只有几间房仍能正常使用。僧人们回来后重修寺院大门，并且沿用至今。六榕寺中的大雄宝殿悬挂着一口大钟，上面刻着的铭文大意如下：此钟由僧人Tsze-Lung修建于康熙三十一年（1692），他当时83岁。铭文还表示这口钟是由铜铸成的，重量超过300斤。大殿后面有木匠祖师爷鲁班的塑像，塑像的脸赤红，右手食指和中指指向旁边花塔的塔顶。

　　从花塔和六榕寺出来，我们走进大英国领事府。这座府邸的前身是清廷将军的官邸，于康熙年间修建，起初是康熙帝的驸马所有——康熙帝曾派这位驸马来到帝国的最南边，试图完全征服广东地区。领事府连着一座小花园，园中种满高高的榕树，绿树成荫。园中还有几只鹿。在中国，鹿被视为吉祥的动物，被少量豢养于衙门旁边的院子里。出于同样的原因，有些人也会在自家后花园豢养一两只鹿。广州被英法联军占领期间，清廷将军的官邸沦为联军军官[①]居住的地方。官邸的一部分也被改成联军部队驻扎的兵营。1859年12月25日，兵营毁于战火，烧毁前曾被用作医院。在这所房子被

---

　　①指哈里·斯密·巴夏礼爵士，曾任英国驻大清国公使。——原书注

英军占领并改成医院前，正如英国诗人所写，"在它的四面墙壁和房梁内，只有蝙蝠栖息，它们成群攀附着，沉静地昏睡"。总之，蝙蝠总是成群出没。不过，蝙蝠在中国人心中是代表着吉祥好运的动物，因此从来都未被人伤害过。如此必然导致蝙蝠蔓延侵占整栋建筑，最后再也不能住人。联军军官下令清除这些蝙蝠，并改造成一所由英军派遣队使用的医院。广州官员和市民听说侵略军将蝙蝠完全清掉了，为这样亵渎圣物的举动感到无比惊恐。后来这座建筑被烧毁，他们都认为这是英军清理蝙蝠的报应。在那所医院里，还有好几个英军死亡。因为当时踏出广州城非常危险，因此至少有30名英军士兵和20名法国士兵被埋于旁边的小花园。

现在，我们已经走过大北门直街和清泉街。在清泉街时，我们参观了檀度庵。这座尼姑庵的主殿供奉着一座佛像，每日清晨和夜晚都会有50个尼姑在此念经祷告。殿里也挂着一口钟，钟上的铭文显示，它建于道光三年（1823）七月，捐资人是几名士兵。尼姑告诉我们，这口钟以前是放在关帝庙的，后来那座庙的守门人将之交给尼姑庵。英法联军占领广州时，这口钟还曾被他们当成古董占为己有。

接着，我们走进关帝庙。关于关帝庙，我们此前已有详细论述，因此不再赘述。这座庙宇不大，但结构精巧，经由一段长长的花岗石台阶而入。放有关帝像的大殿里，也悬挂着一口钟，就如同其他寺庙一样。然而，这口钟的样子却很现代，据说此前的老钟在英法联军占领广州时被侵略军掠走了。新钟的铭文显示，它铸于同治六年，由Chaong-Lin、Lau-Chun、Kong-Chau-Hoi、Kwok-Wui、Chaeng Wing-Hong、Chaeng-Sing-Kwong和另外22人出资铸造。

　　在比关公殿小一些的一座殿里供奉着观音的塑像，她膝上抱着一个小孩。观音殿曾几次翻修过。比如，它于1611年、1655年、1673年、1731年和1866年先后5次被修缮。在英法联军占领广州的4年里，它成为一个皇家工程师兵团的营地。离大门不远处有一口古井，中国人称之为"九眼井"。井里的水据说很干净，既能解渴，又能填饱肚子，常饮此水还能使人精力旺盛。九眼井造于东汉年间，据说由一个名叫尉陀的藩王出资凿的，后者曾多年控制两广地区。九眼井据说宽10尺，由坚固的岩石构成，井口的花岗石板由宋朝高官丁伯桂出资建造。如果我们没有弄错的话，井中之水多为广州的官员所用。

三元宫：广州最美的寺院庙宇

　　我们现在进入道观三元宫。它由南海太守Sau-Tsing[①]所建，这位太守是东晋时人。三元宫起先被称为越岗院，后来衰落。万历年间曾被修复，明神宗为其赐名"三元宫"。崇祯年间，它再次被修复。康熙四十五年（1706），一位武官出资对其进行再次翻修，这次改名为"斗姆宫"。不过如今，这座道观一般被人称为"三元宫"。三元宫建于观音山的斜坡上，经一段长长的花岗石台阶，我们拾级而上，进入道观。它是至今广州里最美的寺院庙宇，而且也被保持得很干净。主殿是三清殿，殿中供有3尊塑像，代表着道教的3位神仙。

　　三元宫中的第二座大殿供奉的大概是女神仙斗姆，或曰

---

① 此处疑有误，据史料记载，三元宫由南海太守鲍靓所建。——译者注

星辰之母。神像有6只手：第一只手举着太阳，第二只手擎着月亮，第三只手拿着一把宝剑，第四只手里拿着一种与剑类似的武器，第五和第六只手合掌祷告。女神仙的每一面都有一位女侍塑像。女侍中，有一个手里端着一只盘子，盘中放着一个羊头；另有一个手里端着一个类似的器皿，里面放着一个兔头。

三元宫中也有一个供奉吕纯阳的殿堂。此殿中央是一个大瓷碗，里面装了被吕真人祝福过的水。遭受病痛折磨的信徒会来这里购买神水，用来煎医生开的药或泡茶，据说非常灵验。殿中的墙壁挂着众多还愿匾，显示了吕真人有多受信徒拥戴，我们不得不承认，他的确是最受信徒推崇的神灵之一。殿前有一大片空地，上面长着一棵棕榈树，常有信徒们在树前跪拜。此殿很大，里面摆放着传统的家具器物。道士的斋堂可供30人同时使用，其中的布置和寺庙中的斋堂一模一样。道士吃饭的仪式与和尚吃饭的仪式类似，食物也差不多。这一点我们在描述海幢寺时讲过，因此不再赘述。

在三元宫的第一个庭院里，右边立着一座钟楼，左边是一座鼓楼。钟上的铭文显示，钟铸造于顺治十四年（1657），由藩王尚可喜出资。

三元宫的大门旁有一口古井，井水可用来稀释染液，因此受到染匠们的重视。他们用这井里的水把布料染成红色。道观中的道士说，每年靠卖这井水，就能赚300银元。英法联军占领广州时，印度军曾驻扎在这座道观里。

接下来，我们沿着一条长长的花岗石台阶拾级而上，走进观音寺。该寺系明朝永乐元年由一位姓花的将军创建。寺中有多栋建筑，比游览者所想的要多得多。主殿中有一尊巨

大的镀金观音像，有人说它是檀香木做成的，也有人说是樟木的，它是广州城中为数不多的身穿衣物的偶像。殿中挂着一口铜钟，上面的铭文大意为：同治六年（1867），由王某献给观音。寺院入口有一口铁钟，上面的铭文显示它有500多斤重，铸于同治二年（1863）八月，于吉日由一位名叫Tang Wai-Ching的文人献给寺院。铭文还说，捐资者还包括他的三位夫人和两个儿子。

为了敬拜观音，许多信徒（特别是女信徒）都来到这座寺院。广州市民把正月二十六日当作来观音寺上香的特别日子。这一天，在来来往往的信徒中间，我们可以看到很多小商贩、理发匠人等，纷纷拥到寺庙前，想从观音菩萨那借点钱来做生意。如果寺中的僧人以观音之名借给任何人500钱，借钱者要打600钱的借条。第二年的这一天，他们要来寺院归还欠款，还要支付额外的几个铜板。广州的贫苦百姓认为，如果能从观音菩萨那里借一小笔钱来做生意，往后一定会顺顺利利的。

观音寺坐落在一段短短的石台阶脚下，台阶通往最庄严最神圣的主殿。寺院角落里有一尊小小的形似狗的像，中国人称这种野兽为Hau-Pan-Ye。墙上的铭文记载着如下故事：一位高官父亲带着女儿来到中部地区时，女儿患上很严重的咽喉病。高官携女儿拜了这一神兽，病就好了。高官后来到广州海关担任要职，根据中国的传统，新官需携家眷赴任。在广州停留期间，他女儿的咽喉病又犯了。为了治好她的病，他让人按照上次"治好"女儿疾病的神兽的样子，雕塑了一尊像。很快，那尊兽像就做好了，并被带到病人家中。病人每天向它虔诚祷告，希望它保佑自己安康。她的祷告得到了回应，几天后，她的病好了。1867年，这个女孩离开广州，她将这尊兽像放在如今的位置，以造福广州的百姓，让其他病患者也可以向它祷告。

通往观音寺的长台阶尽头也矗立着一尊大象石像，旁边墙上的石碑文告诉我们，大象石像是某次挖掘时在地里挖到的，是对所有恶人的一种警告。它警告恶人们，如果你行为不端，不听佛祖教诲，来生就会变成一只象或其他野兽。

观音寺的大堂很宽敞，从这里可以很好地看到广州及四周的景色。英法联军攻占广州时，寺院里各个房间都被联军的军官霸占了。

火药局：中国人发明火药说

出了观音寺，我们往五层楼走去。五层楼其实是一座宏伟的红色五层宝塔，坐落在广州的北墙。明太祖洪武十三年（1380），广东都督朱亮祖修建了这座塔。明宣宗宣德年间，宝塔毁于一场大火。康熙二十五年（1686），广东巡抚

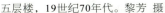
五层楼，19世纪70年代。黎芳 摄

李士祯主持重修宝塔。1854—1855年广州动乱期间，叶名琛经常在临时搭建在一座五层楼楼顶的架子上，观看麾下部队在附近平原与敌军交战的情景。英法联军占领广州后，五层塔的第一、二层分给法军作为住宿营地，第三、四、五层分给英军，这对他们来说可都是极其舒服的享受。

五层楼不远处是一座很大的火药局，里面放着清军作战时使用的军火。许多人认为中国人是火药的发明者。关于这个话题，《钱伯百科全书》（*Chamber's Encycolpaedia*）第四卷有一篇写得很好的文章，其中说道：

"人们普遍认为药是培根修士发明的，加仑炮首先为英国的爱德华三世所用。这种说法应该立即抛弃。可以确定的是，火药与拜占庭王国的希腊火，以及中国和印度的地雷并无太大差别。在欧洲的骑士制度流行前，火药已经在中国和印度使用了好几百年。

"乔治·斯当东爵士说，硝石是中国和印度常见的自然产物。因此，关于火药的知识看起来与那些最遥远的历史事件是同时代的。"

早期的阿拉伯历史学家将硝石称为"中国雪"或"中国盐"。古老的中国文献记载，爆竹在公元前几百年就为中国人所熟知了。从这些记载和其他证据来看，火药很早以前就已经被中国人用来制作爆炸物了，但它们最早是何时被用于制作枪炮，则不那么容易确定。古老的史料记载，竹管曾被用来制作一个能飞100尺的"飞行物"，但时间并不确定。东周时期的公元前618年，中国人已经开始使用大炮，它上面还刻有铭文，大意为：炮击叛徒，消灭反抗者。这铭文应该是刻在金属上的。我们也有关于长城上武器装备的有趣证据，舰长帕里什曾参与马戛尔尼伯爵的中国之行。他报告说，枪眼的底座刺有小洞，与欧洲人为了在墙上挂旋转形装饰物而打的孔很类似。长城上很多这种小孔，除了用来承受武器的后坐力，很难想象它们还有别的作用。如果这个猜想准确，那么至少在公元前300年中国人就已经开始使用抬枪。一些记载757年唐军作战的文献中特别提到了一种石炮，它可以将12磅重的炮弹扔300步远。1232年，中国人在开封府用炮弹袭击了蒙古军。因此，的确如中国人所说，他们很早就懂得了火药及其威力的相关知识。

龙王庙：祭拜龙王的传统

接着，我们造访了龙王庙，即祭拜雨神龙王的地方。这是一座官府修建的寺庙，建于乾隆元年（1736）。庙里的龙王像造于雍正三年（1725），为雍正所赐。为了能把它平安带到广州，也为了能让它在到达广州时受到最隆重的接待，两广总督令特使前往北京执行迎接龙王像的重要使命。龙王像到达广州后，最初放置在广东巡抚李福泰官邸附近的一座庙里。后来到了1736年，它才被移到如今的龙王庙。然而，广州并不是雍正帝唯一赐龙王像的省城，他给清廷治下的每一省省城都赐了龙王像。雍正帝之所以这样做，多半是因为在他统治的第五年，大地普降甘霖，他和众大臣都认为这是龙王的恩赐。因此，皇帝认为应该让每个地方的臣民都祭拜龙王，他还颁旨称龙王"福国佑民"。

每月的初一和十五，知府或地方官都要在龙王庙举行官祭。每年的春分和冬至，总督和广州的官员也要举行祭拜。祭品有羊、猪和其他家禽。干旱季节，官员也会祭拜这位神灵，尽管它其实既不会思考，也不会聆听和观看世人。这种时候，全城百姓都会斋戒。为让百姓严格执行斋戒，官方勒令屠夫、鱼贩和家禽贩子关门歇市。官员不仅要身着素服，还要禁食、祷告和忏悔，以平息龙王之怒。比如，清同治十年（1871）五月初七，我们看到两广总督瑞大人①、广东巡抚和其他文武官员身着素服，手里拿着点燃的棒香，肃穆地穿过广州的街道，往龙王庙而去，试图通过祷告和禁食，让龙王降下甘霖。进入龙王庙时，每个官员都会把手中燃着的棒香插到祭坛里，然后在龙王像前叩头。总督和官员行完叩头仪式后，几个僧人和道士被安排在祭坛两边，道士站右边，僧人站左边，开始虔诚地向这位掌管雨水的龙王祷告求雨。

在中国某些地区有一种传统，当多次求雨祷告不灵验后，会有人（一般是穷苦人家）把自己交给当地官员，表示愿意以身献祭，以防更大的干旱和灾难降临。1873年夏天，中国中部地区干旱得很厉害。好几个人都把自己交给上海的地方官，表示如果再向龙王祷告3天后仍不降雨，他们愿意以身献祭。1873年7月《上海晚报》的一则告示显示，上海的官员小心地回绝了那些痴迷献祭的信徒。

龙王庙的主殿挂有一口钟，上面铭文显示，此钟铸于同治二年（1863）十二月，重400斤，由佛山Luung-Sing钟厂铸造。英法联军占领广州时，英军曾驻扎龙王庙。沿着一道石阶，我们从前门走入龙王庙。石阶旁边是长长的门廊，铺着瓷砖，很是华丽，联军曾将其当作随军教堂。英国教会、美国长老会和罗马教会的牧师都在不同时间在此向各国的士兵讲过道。

---

① 据查，1871 年的两广总督为瑞麟。——译者注

郑仙翁祠：被丑化的两广总督叶名琛

离开龙王庙，我们拜访了道路另一端的郑仙翁祠。郑仙翁即郑安期，后面这个名字可能更为人所知。他是秦始皇时的一位高官，曾奉命到广州的白云山为皇帝采药。据说白云山上的草药可使人长生不老，大量生长于山的两旁。郑安期到达白云山后，发现到处都长着长生不老草。他想先试试这种仙草，然而当他尝后，白云山上的所有仙草都消失了。采不到仙草的郑安期无比绝望，怕皇帝龙颜大怒，决定从此隐居山野，以度余生。后来他厌倦了隐居生活，决定结束自己的生命，从一块岩石顶上纵身跳下。当他在半空中时，突然飞过一只大鹳，将他接住并驮往西方极乐世界。为纪念郑安期，老百姓在他跳崖的岩石顶上建了一座庙。几百年过去了，如今人们已把郑安期当成保佑人长生不老的神灵。郑仙翁祠离广州6英里远，每年的七月二十七日，都会有成千上万的人前来祭祀，以求长寿。为纪念郑仙翁，广州官员每年此时都会到此庙祭拜。

郑仙翁祠里有一座偏殿，祭坛上放着叶名琛总督的牌位。我们前面提到，两广总督叶名琛在英法联军攻陷广州时被抓了。祠里有一口钟，铸于道光十二年（1832），重400多斤，由绅士Li-Laong-Chuung捐献，献钟者还有他的夫人、儿子和孙子。在郑仙翁祠的大堂，官员们经常设宴款待朋友。此祠还是查理·范·斯特劳本茨将军在英法联军占领广州时的住所。

郑仙翁祠里有叶名琛的牌位，因此我们再介绍一下他的生平。

"叶名琛生于嘉庆十一年，是湖北汉口一名郎中的儿子。他早年就表现出习仕途之学的资质。在中国，科举考试是普通人踏入仕途的唯一途径。26岁时，叶获翰林头衔，卫三畏博士①说，翰林更像是一种职位而不是一个学位，得到它的人可进入翰林院，还能领俸禄。叶是一个寒门出身、凭自身才学获得高位的显著例子。然而，在前往加尔各答的途中，叶有一次与温格罗夫·柯克谈话时，提及其父曾任军机大臣。这一说辞并非假话，因为清廷高官可向皇帝请求，将这一官衔赐予他们的父亲。1865年，我们拜访了汉口，那个药店还在，店主正是叶总督的父亲。

　　"在任两广总督之前的15年，叶名琛在中国各地都担任过官职。在任地方官期满后，叶颇受咸丰皇帝赏识，因此被选任太子少保，担任当时还是婴儿的太子的监护人。随后，他又被任命为广西和广东两省的总督。

　　"在那之前，叶打交道的人全是中原人。但如今，他不得不开始与从大西洋彼岸来的陌生人经常进行官方书信来往。他从小就被教导要厌恶和鄙视洋人，洋人是无知和不择手段的野蛮族类，他们坚持要把自己的经商之道强加给泱泱大国，不管他这个'孤独王子'的抗议和恳求。

　　"'陌生人'的入侵，加上南方省份叛乱势力的蠢蠢欲动，导致局势变得更加紧张，希望有不凡之士出现以作调解。自此以后，我们与中国的交流，就离不开叶名琛这个名字了。

---

　　① 卫三畏，美国人，1833年6月15日受美国公理会差会派遣，前往中国广州传教。1848—1851年编辑《中国丛报》。1855年任美国驻华专员署（广州）秘书，次年完成英粤字典《英华分韵撮要》。第二次鸦片战争时期任中美谈判签订《天津条约》的美方副代表。1860年任美国驻华公使馆（北京）临时代办。1877年返回美国，任耶鲁大学汉学教授，成为美国第一个教授汉学的教授。1881年2月3日担任美国圣经公会主席。著有《中国总论》一书。——译者注

“一些颇具能力和经验的人通过书信，将中国的状况传到英国。这些书信生动地描绘了广州刑场上的愁云惨雾，以及当地的紧张气氛，每日都有造反者人头落地，大量无辜百姓死在刽子手刀下，肥沃的土地被荒废。在这种恐怖气氛的笼罩下，叶总督出现了，他就是凶恶残暴和作威作福的代名词。

“恶贯满盈，人面兽心。

“我们不赞成对叛乱者处以死刑的法律，西方国家也支持中国的立法者废除这种严酷的法律。我们希望叶总督能够记得，基督教文明国家憎恨残暴的刑律，会认为叶是这种残忍刑法的拥护者。我们虽然与中国人是不同的种族，有着不同的信仰，但我们仍然抗议这种对中国人不公平的审讯，正如我们反对埃尔①总督对牙买加叛乱的血腥镇压，还有最近福赛斯专员对印度卢迪亚纳市暴动的强烈打压，这是同样的道理。

“这似乎不言而喻，政府制定法律和政策必须全面衡量，要考虑到解决问题的目的及后果，还要考虑到统治阶层的性质，以及适用者的特征。例如，如果英国采取残酷行动压制某次骚乱，会被认为过于严苛。但在发生同样骚乱的爱尔兰，这种行动却会被认为是过于仁慈。而在爱尔兰被认为是苛刻的惩罚，如果在乌德或阿拉哈巴德则会被认为是过于仁慈。如今，印度的英国官员如果对印度本地反抗行动进行镇压，就会被认为是残酷和不公正；但如果中国满大人用同样的举措镇压民众的大规模造反以维护政府，则被认为力度完全不够。对一位中国官员来说，当他面临着民众的大规模造反，造反者的声势和体量都比

①埃尔，曾任英国驻牙买加的总督，因严厉镇压 1865 年黑人暴动而被解职。——译者注

印度人大——正如英国人和挪威人比中国人厉害一样——的时候，我们怎能指责中国官员呢？

　　"在印度的暴动中，英国士兵在暴动者营地抓到了一名印度村民。审讯时，由于英国士兵语速过快，而且含糊不清，印度语与英文夹杂在一起，村民根本不知道他们在问什么。而且，他们在审讯时还伴随着各种激烈的手势和动作，因此，村民被吓得半死。结果，村民被标记为'无法表达自己'，然后被带到最近的一棵树下，让他做一次简短的祷告，再给一条结实的绳子勒令自杀。但英国民众认为坎宁镇压反抗的举动太过仁慈，将他贬称'仁慈的坎宁'，这与他们对叶总督的态度很不一致。他们诅咒那位忠心且能干的中国官员，但其实他只是在忠实地执行王朝的法令而已；中国的法律规定造反者当死，造反行为给广州带来了混乱和动荡。对叶来说，处死造反者是他所能做的镇压当时风起云涌的造反运动的唯一途径。

　　"这些造反者因头缠红巾，又被称为'红头贼'。可以确定的是，他们与声势浩大的太平军无关。当时太平军正在中国北方和中原地区肆虐，他们没有什么明确的政治或宗教目的，只是集结在一起四处抢劫掠夺。

　　"除了省府，还有许多人口众多的富裕城市，例如杭州、南京、苏州和武昌，都蒙受了劫难；在广东省，佛山就被掠夺焚烧，仅有广州还能勉强保障人民的生命和财产安全。暴动造成的局势紧绷到极点。每当暴动者建立一个据点，当地稍有头面的人家就会遭到洗劫。这群武装起来的乌合之众贪得无厌，毫无纪律，也无怜悯之心。他们在贪婪的驱使下，因酒精刺激而变得更加疯狂，一心只想杀戮，沉迷于各种不可言状的罪恶，导致当地商业停顿，农业荒废。广州周围的田地荒废了两年，没有人敢外出耕作。听闻造反者的到来，官员、富人和老百姓仿佛看到恶魔般四处逃亡。广州城中到处都挤满了难民，每天都有难民从四周的乡村蜂拥而至，到处都是一片凄凉景象。地主和富足的农民逃离他们的住所和田地，任由它们被造反者掠夺。许多家境殷实的人家如今也沦为贫困户，甚至不得不将女儿卖进妓院换取钱财以养活其他人。到处弥漫着恐慌。与欧洲历史上的恐怖时期相比，更证实了某著名历史学家的判断：失去政府的国家要比残暴政府当权的国家惨得多。

"我们听说，形形色色的造反者，就像李维描述的一样，逃到了战神之子和维斯塔贞女的新城。其中有输光一切的赌徒，掠夺雇主的恶仆，沉迷鸦片的堕落者，越狱的罪犯，这些人发现自己在造反者中找到了避难所和归宿。

"叶在广州城建立了我们可以称为大陪审团的组织，成员之一便是颇有声望的伍家。陪审团有权审讯违法者，决定他们是否有罪。如果有罪，则向总督申请将其处以死刑。在村庄里，叶授权给地主乡绅，让他们抓捕所有与造反者有联系的嫌疑者并送往省城审讯。他用他的才智和经验布下天罗地网，当地造反者几乎难逃他的眼线。在一些村庄里，地主和乡绅们甚至搭起芦席棚并提供绳子，说'想留着脑袋进坟墓的人，可以来我这免费上吊'，在叶密切关注下组成的陪审团震慑了所有造反者。在这个重要时期，由于他强有力的管理措施，广州城的安全得到保障，城市也得以正常运转。

"1857年中国和英法的战争使得时局变得更复杂。叶总督被捕后送往加尔各答囚禁。后来温格罗夫·柯克先生写给

《时代》杂志的信将叶总督的形象清晰地呈现在英国公众眼前。我们并不想抨击他在《时代》杂志中的观点和论断，但也必须说，他的许多关于中国人物和政策的观点——特别是针对叶的处置，基于我长期的观察和研究来看——有着明显的敌意，很多说法都夸大其词，充斥着误解和无根据的蔑视，他的这些轻率描述，无疑令文章的真实性和价值大大地降低。

"这些人的观点自然比下面这些情况下听到的信息更可靠：英军不过在中国水域停留几周，在攻陷的城市才露宿几晚，或在一次向北方仓促行军中，或在英国殖民地香港的一次短暂停留中。我们可能不一定对，但我们不由得不想，柯克先生的信息肯定是来自与因生意中断而愤怒的商人的餐后闲聊以及海陆军军官们的'有色'意见。

"18个欧洲人因叶总督而死在广州的监狱中。想起叶和柯克就这个话题的谈话，后者很可能将叶的大笑当作对不幸之人的幸灾乐祸——叶被问起被绑架的库柏时曾大笑——但若是故意的，那就与他的信中所述基调一致了。如果柯克不带偏见的话，他的观察就会有很强的说服力，他的信中所述也证据确凿。然而，他应该知道，中国人在尴尬时会通过大笑来掩饰，就像英国人在相似情况下会支支吾吾一样。最近，一位受人尊敬、很有修养的中国富商告诉我们，他的夫人和两个女儿去世了。这些是他挚爱的家人，但谈到这个话题时，他也是在笑。幸运的是，我们知道这位富商的性情并不古怪，而且我们似乎也比柯克更了解中国人的习惯。他们的传统与西方社会截然不同，叶的笑可能不是幸灾乐祸。他对自己的处境心知肚明，肯定知道不能激怒那些抓他的人。在叶的眼中，那些死在监狱中的欧洲人就是战犯，理应按照中国法律处以死刑。

　　"英方决定将叶送往加尔各答，因此他被转移到英国的'无畏号'上。柯克先生同行，他将自己比作鲍斯威尔，把叶当成是'鲍斯威尔可怕的约翰逊'①。如果他有鲍斯威尔一半的精神，那他对叶的描述就不会遭人诟病了。他恶意地将叶妖魔化了，根本没有如实记载。

　　"关于这位被抓总督的记载，文章中丝毫不掩饰其悲惨细节，而且还用一种冒犯和讥讽的笔调。柯克总是用这种轻率的笔调去描述中国的历史和一些琐事，例如叶的食物、叶的生涯、叶的睡衣颜色和对中国哲学的理解，甚至是房间和梳洗这些私事。在柯克这位'鲍斯威尔的受害者'笔下，我们看到了他的种种丑态：比如肮脏的指甲，连手帕都不知道如何使用的无知，不常淋浴的坏习惯，晕船丑态和行为笨拙等。通过一个翻译，柯克问了叶一些关于中国道德的刁钻问题，让哲学大师的回答听起来非常不适宜。我们在这里不谈论他那些其实很值得质疑的问题，例如叶总督对柯克先生问题理解的准确性，柯克对叶总督的回答是否准确理解了，以及叶总督把情报放在一个他认为是'讨厌的侵犯者'手中的可能性，最后还有柯克先生报道的准确性。

　　"'无畏号'到达托里贡后，叶看起来倦怠而冷漠。柯克先生很气愤地说，'如果他不是一个平庸的大块头，怎么

---

　　①詹姆斯·鲍斯威尔是苏格兰地区的地主，当过律师。与约翰逊来往密切，友谊很深，还写过一本著作《约翰逊传》，详细记述了约翰逊的日常言行和他周围的文艺界人士，对后世的传记文学有一定影响。塞缪尔·约翰逊是英国作家、文学批评家，曾创办《漫游者》杂志，编纂了全世界第一本综合性的《英语词典》。——译者注

会不知道到甲板上欣赏这个城市的魅力？'但我们完全可以理解，这位囚徒总督的心思在遥远的故乡，眼前这神圣的恒河、巍峨皇宫所在的城市、林立的商船桅杆、威廉堡的庄严炮台，以及所有英国财富和权力的象征，都不能使他从对自己在权力和骄傲的巅峰时突然遭遇了可怕灾难的沉思中拉出来。

"柯克先生对印度这个城市充满了幻想，其他英国人也都将这些与印度联系起来。这里有上演过最精彩戏剧的剧场，其中包括伯克的演讲中和麦考利笔下曾经出现过的种种经典场景，无需额外元素就能吸引人眼球。作为一份权威杂志的特派通讯员，他就像临时扮演了历史学家一样，被赋予了采访报道的权利，得到了同外交官和士兵一样的敬重。他将记录中国的历史，而现在很有可能，他还要记录印度暴动的历史。他要用文字记录这个世界，那是一个他从前从未想过的角色。对柯克先生来说，印度很有趣，在那里度过的日子也一定会十分愉快。他自我感觉良好，身上散发出一种洋洋自得，心里还有一份期待，本来他就对处于绝望中的叶总督缺乏同情心，这下就更加消于无形了。对他来说，脑中想象的画面是如此令人愉悦。因此，真是难以想象，对这位《时代》杂志的特派记者来说，叶总督不过是个平庸的大块头，费尽心机想要蒙骗英国人，让他们觉得他对他们和他们的世界毫无感觉。

"然而，对于被抓的叶总督来说，到达加尔各答就意味着被驱逐到了远方，到了他即将被毁灭的监狱之门。他曾是统治这个世界一半人口的君王的心腹，太子的保护人，是两广地区的总督，无疑将极大地影响着东方的专制主义和3000万人民的命运。

"苦痛的极致是想起一些快乐的事情。①

"我们都能理解，加登·里奇的景色，加尔各答的辉煌建筑，还有柯克先生关于中国哲学的巧妙问题，这一切对叶来说都无关紧要。恐怖的黑夜已经笼罩他曾经辉煌显赫的仕途，而以上这些既不能为他带来光芒，也无法为他抵挡黑暗。他是一个囚徒，一个流放者，余生不再有机会看到'内地'，此时此刻的他没有心情欣赏周边事物，只有凭着那从一个坚忍民族遗传下来的隐忍精神承受着巨大的痛苦。

"英方在加尔各答郊区为叶提供了一所房子，但叶始终都被一位英国军官监视着。不久后，约翰·宝宁爵士送来一份复印件，是解除叶两广总督职务的布告。叶不为所动，'我既不感到高兴也不觉得痛苦，'他说，'我奉皇上之命接受此职务，也奉皇上之命放下它。'他死于1859年。据《常胜军：戈登对太平天国运动的镇压史》（*Ever Victorious Army*）一书的作者②说，叶的遗体被带回广州时，受到了广州官员和黎民百姓满怀崇敬之情的迎接。

"毫无疑问的是，他对百姓的性命并不关心，尤其是那些违反法制和秩序之人的性命；他是一个使用严酷法典统治的官员，在某些情况下，管理时是需要苛刻严厉，他的确是严苛之人。在很多人眼中，他是一个令人憎恶的酷吏，最高享受是杀害同胞。看着那些被砍掉头颅后的躯体仍跳动着的动脉，以及受酷刑的妇人颤抖的肢体，他那对屠杀的变态渴求终于得到满足。他变得臭名昭著，比人类公敌尼禄、卡拉

---

①出自英国著名诗人丁尼生的《洛克斯利大厅》（*Locksley Hall*）。——译者注

②作者是安德鲁·威尔逊，英国记者和旅行家。——译者注

古拉、罗伯斯庇尔和那那·萨希伯有过之而无不及。他是欧洲的敌人，是所有变革和进步运动的敌人，他拒绝向'入侵的野蛮人'让步，后者的存在与'关于适宜事务'的理想相悖。从这一点来说，他并不比那些忠实追随其领袖进入下议院大厅，投票反对释放天主教徒及'反谷物法'的保守派人士更值得责备。他有着中国人的保守，代表着一种'今日很好，昨日更好'的哲学，他精通外交艺术，并具有在与洋人打交道时能明确表达和执行任务的能力，他被任命为两广总督。从他治理的表现来看，大多数情况下，他都是个能力杰出之人。在黑夜降临后的广州街道和河畔，英国人可以不带武器独自行走，不必担心会受到打劫；与之相比，天黑后的伦敦郊区则危险多了。这让我们想起一句苏格兰谚语：'不要过河拆桥'，正因叶名琛不同寻常的治理，他管辖下的地区能够恢复和保持一定的和平和秩序。当中国多省份爆发叛乱时，叶以非常手段治理广州，使它得以保持安宁，如同中国谚语描述的那样，夜不闭户。

"他的私人生活以洁净和简单而闻名。他还非常孝顺，毕竟中国人强调百善孝为先。他不喝酒，不抽鸦片，有一妻一妾，一个女儿，但没有儿子。"

关于叶总督，我们暂时说到这里。

现在，让我们继续行程。我们的下一站是菊坡精舍。这个地方虽然面积有限，但布局很有味道，曾经是个小道观。在过去，叶总督年迈的父亲经常来这里打坐、冥想。如今，它成了一所书院。菊坡精舍外面有围墙围着，秀才们在农历每月的八日、十八日和二十八日会集中在这里进行模拟考试，为3年一次的乡试作准备。学子们会拿到纸张，然后在上面答题。满腹经纶的夫子在此讲授四书五经。如果我们没有弄错的话，是广东巡抚蒋益澧把它从道观改成书院的。蒋益澧是一位能力杰出且忠心耿耿的官员，他于1867—1869年任广东巡抚，并成为最高尚且极受皇帝赏识的好官员。

这所书院不远处有一个类似的学校，名为应元书院。现在，我们先来参观一下应元宫。这座道观占地不大，但很整洁，在我们这些疲惫的旅行者的眼中显得特别有吸引力，因此我们想，它的大堂应该也非常舒适吧。道观建在一个很有特点的平台之上，站在窗户前可以看到广州城东北边广阔的景色。应元宫最早于顺治十七年（1660）由平南王尚可喜主持修建。1858年英法联军攻陷广州时，应元宫遭到彻底的破坏。现在，它却浴火重生了，犹如传说中的凤凰。

离开应元宫，我们经卫边街、华宁里、黄黎巷和惠爱街前往大法国领府。惠爱街上有4座纪念古代名人的花岗石牌楼。第一座牌楼上镌刻着生活在公元313—1368年间的几位名人的名字，他们都曾为广州市民作出过极大贡献。第二座牌楼上刻有50个人的名字，他们都是清廷官员，在广州任职期间都兢兢业业、治理有方。第三座牌楼上刻有56个人的名字，他们都是孝敬父母、真诚待友的道德楷模。后两座牌楼上铭记的人物都生活在公元前202—公元1368年。第四座牌楼——如果我们没弄错的话——是为了纪念著名战士Pong-Shaong-Pang而立的。

我们前往大法国领府，不仅是为了拜访住在那里的领事，还想看看他府中的一块陨石。据中国史料记载，这块陨石放在这里已经有几百年了。在此之前，据说它从遥远的天外而来，落到太湖边上，在那里待了好些年都没人关注。最

后，在一位高官的建议下，它被移到广州，放在如今所在的花园。陨石处于一个由花岗石柱支撑的圆顶之下，不远处还立着两块大理石碑，上面刻着陨石的相关资料。

城隍庙：地府十殿文化观

我们的下一个景点是离大法国领府不远的城隍庙，该庙宇是为了纪念广州的保护神而建。这是一个占地广阔的官庙，里面的重重院落挤满了各种小摊贩，有算命先生、大夫、牙医、手足病医师、烟草商和糕饼师傅。光顾他们的人贫富不一，从早到晚都熙熙攘攘的。城隍庙最大的庭院有5个厅堂，里面有佛教中地府十殿的微型景观。

每个殿中都有一尊阎王像，旁边则站着判官及其随从，样子看起来都像已经准备好要快速地执行阎王的命令。每个厅堂里都有男男女女的泥像，被雕塑成正在承受着种种酷刑的样子。据说，作恶之人死后会下地狱承受这些折磨。

地府十殿中的第一殿由秦广王掌管。据说那些由他负责审判的都是一些杀人犯和自杀者。此外，收受了报酬却没有给苦主念经超度的僧尼也要到殿前候判，犯下无数恶行的人定罪后也会被带到这里接受应得的惩罚。第一殿中的恶人所受的惩罚包括：被带到一座高塔上，从一面大镜子里观看自己在来世转生成野兽、爬虫、昆虫、鸟或鱼，这也是来自佛教的转生轮回教义；杀人犯会像坦塔罗斯①一样承受折磨，就像经

---

① 坦塔罗斯是希腊神话中主神宙斯之子，起初甚得众神的宠爱，获得别人不易得到的荣誉：能参加奥林匹亚山众神的集会和宴会。坦塔罗斯因此变得骄傲自大，甚至侮辱众神，最后被打入地狱，永远承受痛苦的折磨。后遂以其名喻指受折磨的人。——译者注

典里记载的那样，他会被置于水中，口中干渴至极，却无法喝到一滴水。

除了不能喝水解渴之外，他们还要忍受永远无法满足的饥饿之苦。更有甚者，他们还要每月两次，体验被他们所杀之人死前承受过的痛苦，包括身体的疼痛和灵魂的折磨。自杀者会被剥夺敬拜祖先的权利；在地狱中待了两年后，为了让他们忏悔自己的罪行，他们会被送到自己曾轻率结束生命的家里。如果他们返回家中后仍不思悔改，继续像恶灵一样骚扰其他人，就会被抓回地狱接受更漫长而恐怖的囚禁。如果他们在被囚期间表示出深刻忏悔，期满后会被允许重返人间。

在这里，我们或许还要说些题外话：在某些情况下，自杀会被中国人认为是件光荣的事。比如，如果某位大臣不堪其他人羞辱其君主而自杀，某巡抚或县令不堪辖下城市被叛军或外敌占领而自杀，或将军不愿蒙受战败之辱而自尽，这些行为都会被视为是非常高贵的壮举。如果孩子不堪父亲受辱而自尽，也会被认为是值得尊敬的。如果鳏夫决定殉妻，他的行为也会被其亲戚朋友及后世子孙所推崇。此外，死了丈夫的妇人如果不愿独活，或未出阁的姑娘为突然暴毙的未婚夫殉情，或女子不堪失贞之辱而自杀，这些行为都会被认为是值得尊敬的。

闲话到此为止，现在回到我们原来的话题。在城隍庙里，我们看到有僧尼为死去的灵魂念经超度，以获取报酬。如果因为某种原因他们没有履行诺言，就会被关到一间叫补经司的黑屋里。这间黑屋的屋顶上挂着一盏小灯，在昏暗的灯光下，这些违背诺言的僧尼会被强迫大声诵读出那些字体极其细小的经文。

在地狱中能获得奖赏的都是些生前积下功德之人，他们有的曾出资销毁淫秽读物，有的曾自己或雇人穿街过巷，收集贴在商店和住宅墙上的那些印有亵渎神圣的文字的纸张以销毁。每年的二月初一是秦广王的生辰，中国人会在这一天大肆庆贺。他们认为，在这一天敬拜，可以让秦广王赦免自己的罪行，因而也就不难看到许多信徒会在那天跪在他的神像前了。

地府的第二殿据说位于南海底下，由楚江王掌管。死后被带到这座地狱受苦的人包括：绑架或诱拐幼童出家的和尚；为了虚荣或其他轻佻理由而抛弃妻子的丈夫；恶意侵占他人财产的人；压迫老百姓的官吏；因疏忽大意致枪支走火伤及同伴者；不懂医术、欺瞒病人的招摇撞骗者；拒绝家奴出钱赎买自身自由者。

第二殿中的罪犯需要接受的惩罚包括：那些诱拐或绑架儿童并迫使他们出家的和尚，会被投进冰湖；恶意侵占他人家产者会被卷进云沙中并使之窒息而亡；压迫百姓的官吏会被关在普罗克拉斯提斯式①的笼子里，在这个笼子他们既不能站起身来，又不足以躺下。在这个地狱中接受惩罚的人，经历很长一段时间的折磨后会被转到第十殿，在那里投胎为野兽、鸟、鱼、爬行动物或昆虫，重新回到阳间。

有德行的人会来这座地狱接受奖赏或荣誉。这些人包括：用自己的财富购买药物赠予穷人者，将大米慷慨地赠予

---

① 据说，在古希腊有一个小庄园的主人，名为普罗克拉斯提斯。他招待客人的方式非常独特：他会让旅人在一张非常特别的床上过夜，这张床必须一丝不差地符合客人的身材。如果客人个子太高，他就用锋利的斧子把他们的腿砍断一截；如果客人个子太矮，他就把他们的身体拉长。——译者注

穷人者，教导无知少年者，不把公告贴到他人墙上以免它们掉落地上遭人践踏者。这些有德之人得到奖赏后，会被楚江王转送到地狱第十殿，在那里转世为人，重返阳间享受喜乐和荣华富贵。

地府的第三殿据说位于东南边的大海之下，由宋帝王掌管。在他的殿中接受审判的人包括：不思君德的官员，对丈夫不忠的妻子，对父母不孝的儿子，欺压主人的家奴，叛乱的士兵，犯罪越狱的犯人，欺诈同行的商人，连累担保人的人；胡乱占卜的算命先生，他们误导买地建房或修墓的顾客；建造坟墓时挖到他人棺椁或骨骸却不罢垦换穴者；欠债不还者，不敬祖先者，写文讽刺挖苦邻居者，不按照雇主的意思而撰写信件、文书者，发假誓者等。

在第三殿地狱受罪的人因罪孽不同，接受惩罚的程度和级别也有所不同。有的人被投喂老虎，他们的身体就像普罗米修斯的肝脏一样[①]，虽然经常被咬噬，却不会变小。有的人被永远钉在尖箭上，有的人被不断地挖除肠子，还有的人被牢牢绑在烧得火红滚烫的烟囱形铜柱上。这些罪人最后会被送到第十殿，在那里转世为野兽、鸟、鱼、爬行动物或昆虫，重返阳世。

来到这座地狱的有德之人会获得宋帝王的奖赏。这些人包括：用自己的钱为百姓建桥者，捐款修建花岗石道路者。他们最后也会被送到第十殿转世为人，重返阳世享受高官厚禄。

---

　　①普罗米修斯是希腊神话中的一位神祇，因私自授予人类火种而遭到宙斯的惩罚。宙斯派出一只可恶的鸷鹰，每天都会啄食普罗米修斯的肝脏。他的肝脏白天被吃完，但在夜晚又重新长出来，因而普罗米修斯承受的痛苦便永无止境了。——译者注

广州七天

地府的第四殿据说位于东海之下，由五官王掌管。在这里接受惩罚的不幸之人包括：漏税不缴者，拒绝上交租金者，胡乱给病人开药者，将质量差的丝绸当成优质丝绸出售他人者，在集会或街上不给老人和盲人让位者，恶意毁坏农作物者，故意移走邻居土地界标者，违反寺规的和尚，以及淫荡之人、嫖客、通奸者、酗酒汉、好事者、赌徒和无故斗殴者，都会被送到这座地狱接受惩罚。

第四殿的罪人接受的惩罚依情节轻重各不相同。比如，有的人会被头朝下投入大血湖中；有的人会被钩子贯穿身体，吊在屋顶的橡木上。这些罪人最后也会被送到第十殿，转世为野兽、鸟、鱼、爬行动物或昆虫，然后重返阳世。

有德行的人来到这座地狱会得到奖赏，例如那些用自己的钱为穷人购买棺材使之能体面下葬的人。他们最后也会被送到第十殿转世为人，重返阳世享受喜乐和荣华富贵。

地府的第五殿由阎罗王掌管。据说他十分严酷，从不赦免被带到他面前接受惩罚的罪人。这些罪人包括：不信佛者、背后诽谤和中伤他人者、纵火犯、辱骂有德之人者。

第五殿的刑罚也有多种花样：有的被强迫爬上高塔，在那里他们可以看到自己的故乡，想起至亲好友的关心和安慰。对这些不幸之人来说，这些美好的回忆只会增加他们的痛苦，毕竟他们自此以后再也回不到过去。还有的人会被锯成好几块。

有德行的人来到这座地狱会得到阎罗王的奖赏，这些人中有曾在人间施舍穷人的善人。他们最后也会被送到第十殿转世为人，重返阳世享受尊荣。每年的正月初八是阎罗王的生辰，中国人会在这天加以庆祝，因而我们不难看到，在这一天，大批信众会来到阎罗王的神像前忏悔，希望他能赦免他们以前犯下的罪孽。

地府的第六殿位于北海之下，由卞城王掌管。违反法律和秩序的人被带到他面前进行审判，并接受相应的惩罚。这些人包括：在阳间反复抱怨四季更替者，不听孔夫子教导者，把灰土或污秽物堆到寺庙附近者，不以整洁干净仪表拜神者，阅读淫秽书籍者，在瓷器、丝绸以及其他布料上描绘或绣上神仙、太阳、月亮、星星形象者，毁坏劝人向善的书籍者，刮取神像上的金银器物者，以及浪费粮食者。

与其他殿一样，对第六殿中罪人的惩罚也依罪孽程度各不相同。比如，刮取神像上的金粉会被挂在梁木上摘除肝肠；毁坏劝人向善的书籍会被倒吊着剥皮拆骨；怨天尤地者会被锯成好几块；其他罪人则被罚长跪于尖锐的铁器之上。

有德行的人来到这座地狱能从卞城王手中得到奖赏，他们包括那些为寺庙的修建而慷慨出资的善人。

地府的第七殿位于西北边的海域之下，由泰山王掌管。被流放到这座地狱的人包括：吸食妇人乳头以求延年益寿者（这一习俗在中国一些年老体衰的人群中颇为流行），用人骨炼药者，喝药堕胎的妇人，盗墓者，误人子弟的教书先生，虐待家仆者，凭借财势欺压乡邻者。

第七殿中的罪人接受的惩罚依其所犯罪行的性质而有所不同。比如，盗墓者会被投入焚烧的火海中，从墓中盗取人骨炼药者会被投进油锅中烹煮，其他罪人则会被迫戴上木枷锁。

来到这座地狱的有德行者可以从泰山王手中领取奖赏，这些人包括：听从医师吩咐，从自己身上抽血或割肉，然后将之与其他药物混在一起制药，以为重病父母治病的人；从市场上购买猪、羊、鸟、鱼放生者；为那些死在路边上的无居所、无亲友的贫民购买棺材使之能体面下葬的好人。

地府的第八殿由平等王掌管。来到这座殿界接受审判的罪人包括：不赡养年老的父母者，不照顾生病的父母者，父母葬礼上庆祝者，不知感恩者，满口污言秽语者，在屋顶晾晒衣物者。最后这一行为看似有点不可思议，但中国人却认为那是一种对鬼神大不敬的行为，会打乱或影响在空中行走之鬼神的方向。

第八殿中的罪人接受的惩罚包括：不孝敬父母的子女会变成动物，或被踩于马脚之下；不知感恩者会被切成几块；满口粗言秽语者会被拔掉舌头，绑在柱子上；压迫穷人者会被挖去肠子；在房顶晾晒衣物者会被投进血湖。

来到这座地狱的有德之人包括那些向化缘僧人施舍的善人，他们可以从平等王手中得到奖赏。

地府的第九殿由都市王掌管。来到这座地狱接受审判的人包括：绘制淫秽图画的人，写作或发表淫秽作品之人，挪用施主捐赠给寺院的钱以作己用的僧人，向香客售卖佛经而非免费发送的僧人，杀生者，挑拨离间夫妻感情或父母子女感情的人，用春药诱奸妇人者。

第九殿中的罪人接受的惩罚因所犯罪行的性质与程度而各有不同。比如，不义的僧人会被钉在尖锐的铁钉之上，杀生者会被他们所杀的虫鱼鸟兽吞噬，挑拨他人感情者会被野兽吃掉，用春药诱奸妇人者会被母猪活活撞死。

来到这座地狱的有德之人可以从都市王手中得到奖赏，这些人包括：施舍穷苦人家或者有需要之人的善人，寒暑期间向他人施舍茶水的善人，在瘟疫、灾病流行期间施舍药品者。

地府的第十殿由转轮王掌管。前面9座地狱的罪人，无论是罪人还是有德之人，最终都会经这里重返人世，或变作虫鱼鸟兽，或享受尊荣。

城隍庙的主殿当然供奉着城隍爷（即城池的守护神）的神像。神龛两边则安置着一众随从的巨大塑像。在以往，城隍爷并非一位重要的神灵。洪武三年（1370），明太祖颁布一道圣旨，公告天下，在万神之中将城隍爷提升到一个尊贵的位置，还赐予他封号。在明太祖登基之前，人们只是按例在庙中放一块城隍爷的牌位，上面用金字刻着他的名号。后来明太祖下旨，人们要供奉城隍爷的塑像，而不仅仅是牌位。他还要求官员不论职位高低，在去往某一个城市执行公务之时，头天晚上一定要落脚城隍庙，次日清晨再到城隍爷塑像面前祭拜。

城隍庙也挂着一口钟，钟上铭文显示，此钟铸于道光九年（1829），主要的捐资人是一位叫Kum-Tung-Shi的妇人，她来自浙江。铭文还表示，捐资铸钟者还包括她的儿子Kum-Ngau，及孙子Kum Yuuk和Kum-Sam。

城隍庙后有一间上房，专供城隍爷及其家人休息。房中有3张床，中间那张专供城隍爷及其夫人。左边的属于城隍爷的父母，右边的则属于他的儿子及其夫人。每张床不远处都设有马桶，而且放置马桶的地方都被特意隔开来。房中最里面的衣架则挂着城隍爷及其夫人的华袍。城隍爷的床前放着几双靴子，还有绣得十分精致的鞋。靴子是城隍爷的，绣鞋则供其夫人使用。这些绣鞋都做得很小，我们猜想，在中国人眼里，城隍爷夫人的脚一定就是那么小的。离床不远处有一张梳妆台，上面摆放着梳妆盒。梳妆台的抽屉里放满了胭脂水粉。卧室外有横木围栏围着，应该是为了防止参观者擅闯这个圣地。"不净之人"每年只有两次机会被允许进入城隍爷的卧室参拜，即新年和每年七月二十七日城隍爷寿辰之时。但即使是那个时候，人们仍然被一根横木挡在房间的一边。他们就从外面向房中的3张床榻扔钱，试图讨好城隍爷，希望他能保佑自己升官发财。床榻和横木的外边都围有一个祭坛，许多信徒（主要是妇人）经常在这里跪着祷告。房中也挂着一口小铁钟，铸于乾隆四十年（1775），主要捐资人是Wong-Sze-In及其夫人Wong-Ow-Shi。此外，他们的5个儿子Wong-Tuun、Wong-Tchan、Wong-Wing、Wong-Yuuk和Wong Laong及4个孙子Wong-Koon、Wong-Luun、Wong-Ki和Wong Wai也参与了捐资。

城隍庙中供奉的神仙还包括：春神太岁，分别掌管甲子的60位神仙，妇女与儿童的守护神金花娘娘以及北帝，每位神都有其专门的宫殿。庙中还设有两个大堂，每月都有受雇于当地乡绅的文人学士在此，向一众信徒讲解中国的历史及古典文学。

每个大殿以及每条走廊的墙上都挂有还愿匾，其中有一块特别引人注意。它形似算盘，有算珠可以在栏上滑动，是一位信徒贡献的。据记载，有两位生意搭档因某些事起了争端，一方指责另一方欺骗自己。受指责的一方想掩盖自己的罪过，便赶到城隍庙中，向城隍爷及一些证人称自己没有过错，对方的指责纯属捏造。然而，在宣誓后没多久，他突然暴毙。他的死被归咎于因撒谎而触犯了神灵。他的生意搭档听说此事后，立刻赶至城隍庙，在走廊里挂了一块形似算盘的牌匾，上面刻着一句话，其大意为：人可以计算他人许多次，但只能计算神灵一次，因为神灵无所不知。

城隍庙后有一口古井，因其奇特形状而被称为八角井。据说，这口井此前一直无人知晓，直到康熙十年（1671）才被发现。这一年，南方地区闹干旱闹得特别厉害，广州所有井都干涸了。在这万分危急的时刻，某夜一位神仙突然现身，告知睡在城隍庙中的一个道士，说这里藏有一口井。第二天，道士把这一消息告知同伴，随后人们便在庙中寻找这口井。最后，他们经过挖掘发现，城隍庙坚固的地基中有水流奔涌。然而，一段时间后，广州城发生了一系列不幸事件，占卜师和风水先生便将原因归咎于挖掘了这口井。这些看法在得到城隍爷的证实后，知县下令立即填堵这口井。如今，在这口完全被封闭的井上，我们可以看到一个木盆，盆中养着几只神圣的乌龟。

城隍庙前方有一个小石台，上方搭有顶棚。每年某个时刻，都会有人在石台上表演有关城隍爷的戏剧。

每天前来城隍庙祭祀的信徒络绎不绝，特别是每月的初一、初二、十五和十六。每年到了农历正月初二、七月二十七以及春分、冬至这几天，城市的大小官员都会在庙中举行官祭。

离开城隍庙，我们继续前往不远处的药王庙。顾名思义，药王庙里供奉着药王，由武官伍忠公于顺治十一年（1654）修建①。主祭坛上立着一尊药王塑像，两旁还各立着5尊塑像，这些人在世时都以医术高超、精通药理而闻名。

---

①据《广州城坊志》记载，康熙二十五年（1686），驻守广州的将领佟养甲、陈万国等人在城隍庙旁修了一座药王庙，供奉的是药王菩萨。——译者注

药王庙右边有一口钟，左边有一面鼓。钟有500多斤重，康熙三十四年（1695）铸于佛山万明钟厂，是一名叫佟养甲的官员及其夫人彭氏献给庙里的，参与献钟善举的还包括他们的儿子**Tuung-Ts'eung Shang**及其夫人**Tuung-Chan-Shi**，孙子**Tuung-Tsze-Luung**，佟养甲的兄弟 **Tuung-Kow-Tai**和 **Tuung-Luen-Tai**及其夫人 **Tuung-Li Shi**、**Tuung-Chan-Shi**，还有他们的3个朋友： **Tsang-Tak**、**Tsang Yau**和 **Tsang-Pau**。药王庙常有病患前来上香，希望能得到药王的保佑以恢复健康。四月二十八日是药王诞辰，在那天，药王庙里挤满了来上香的信徒，其中大部分是女人。药王诞辰的当天早上，据说他正从山里采药回来，劳作了好几个时辰，因而疲惫不堪。为了让他感到凉快舒爽，信徒们都大力地给药王塑像扇风[①]。之后，她们会把扇过风的扇子带回家中使用，因为家人也可能在某一时候生病。在我们参观这座庙之前，已有信徒在药王塑像的膝盖上放了一把扇子，以作为供品。

钱局衙门：铜钱铸造与货币演变

我们的下一个参观景点是钱局衙门。这座衙门位于离药王庙不远的仓边街，从药王庙过去很方便。因此，我们便离开药王庙，前往钱局衙门。到达之后，我们发现那里破旧不堪，当然，也失去了它初建之时的功用，唯一保存完好的是造币专家住过的地方。我们听说衙门中仍保存着一些塑像，其中包括钱币始祖的。如此残破的景象，我们见到之后当然

[①] 据说 1874 年药王诞辰那天，至少有 5000 人参与为药王像扇风。——原书注

感到失望。幸好，在之前访问芳村的时候，我们在那里看到
过中国工匠铸造铜钱的过程。关于广州造钱的方法，《广东
方言读本》（*Chinese Chrestomathy*）①曾有过记载："从京
城的户部取得模子，每个省会都建有一座造币所，并派有一
位专员。造币所开工时，专员会秤取一定数量的铜，交给工
匠们，铜钱制成后要全部交回。但工匠们常常将沙子放进模
子里，与金属混在一起，以盗取铜。铸钱时，他们把金属放
到一个火炉里熔化，然后把熔化物倒进一个土模具里。当模
具里的金属变得又冷又硬时，工匠们把生成的铜币拿出来。
每个铜币的重量是一钱，因而也叫作铜钱，官府给它定的价
值是1两银子的1‰。

　　"每月的初二、初五和初八是铸钱的时间，初三、初
六、初九是给钱称重并把它们上交给户部尚书的时间。造币
所的工作人员必须一直待在厂里，不能随意出入。他们实行轮班
制。除了初三、初六和初九外，在把铜钱上交户部尚书后，他们
可离开造币所，但必须当天晚上返回。"

　　在继续下一站之前，我们必须指出，以上广州铸铜钱的
方法是《广东方言读本》的编者从《大清律》转载而来的，
所述制作流程与我们在芳村一家临时铸钱厂见到的完全不一
样。芳村是紧临广州城的一个村庄。在那里，工匠们先把一
定量的极细黑粉放进两片部分镂空、紧套在一起的木模中，
然后将一个精细的铜钱模具紧紧地压在黑粉之上，如此就可
以制造出一种压痕。待压痕生成后，他们马上打开木模，将

----

　　①《广东方言读本》全名为 *A Chinese Chrestomathy in the Canton Dialect*，
是美国人出版的第一部汉语教材，于 1841 年在澳门出版。主编裨治文是美国第
一位来华传教士，于 1830 年初抵达广州。——译者注

中间的钱模取出。两片木模再次被紧套在一起，他们把一定量的融化金属，通过一个小孔倒进刚生成的压痕上。待金属冷却，工匠们打开木模，就会看到里面有几枚已经铸好的铜钱。他们使用的细小黑粉基本都是稻壳焚烧过的灰，此外，还会往其中加入一定量的经过烹煮的盐水。

现在让我们来讲一讲中国的货币演变。①

黄帝时代，中国先民们使用的货币是铁或铜片。这些铁或铜片有的相当于1000铜钱，有的相当于5000。它们在外形上与如今的刀片非常相似，因而命名为"刀布币"。之后的夏、商、周三朝则流行中间有一四方孔的铜钱。这些铜钱有的是平行四边形，有的是四方形，有的是圆形。每个平行四边形的铜钱上都印着一个汉字"王"，即国王的意思。"王"字还有好几种图案。每个四方形的铜钱上都印着一匹全力奔跑的骏马。而每个圆形的铜钱上则印着一条龙，或是几个汉字。圆形铜钱有的比英国旧制的5先令硬币略大，大部分和1先令硬币一般大，或稍大一点。这个时期的钱币一般被称为金钱币。之后，显然有邻国的钱币传入中国，并开始流通起来。这些钱币上有的印有满月，有的印有人脸，有的印有马、牛、树以及骑马的人，这些钱币被称为外国币。之后，中国开始流行各种大小的圆形钱币，每个上面都印有汉字，表明铜钱的名称或钱值，这种铜钱统称铢币。汉朝流行的铜钱印有"五铢钱"几个字，中间有一方孔。汉朝"孺子婴"时期，王莽篡汉，重新使用刀币，也就是我们前面提过

---

① 下文所叙与中国货币的历史不尽相符，有的可能是作者听来的坊间传说。——译者注

的刀布币。刀币中，上面用黄金刻有字样的价值5000钱，没用黄金刻字的则价值500钱。唐高祖时期使用的铜钱上面印有高祖名号的，有多种规格和面值。这个时期的铜钱与如今使用的非常相似。如今使用的铜钱有的①比英国5分硬币大多了，价值100钱；有的与英国5分硬币一般大，价值50钱；有的和半个5分硬币一般大，价值10钱。这些流通的铜钱主要是圆形的，大小相当于1个先令。每个铜钱中央都有一个小方孔，一面用汉字刻着省份，一面刻着铸钱时皇帝的年号。

卫三畏在《对华商务指南》（*A Chinese Commercial Guide*）里说："省会监管印制铜钱的官员不时贬低铜钱的质量。到道光年间，铜钱的质量变得如此低劣，以至于造假币的人都无法从中获利。顺治年间，满洲统治者开始制造铜钱，顺治下了一道诏谕，规定铜钱的合金比例为七分铜三分锌。乾隆五年，这个比例变为50%的铜、41.5%的锌、6.5%的铅和2%的锡。铜钱中的各种金属比例非常不一样。在最好的样本中，铜占79%，锌10%，铅7%，锡4%。其他的样本，有的铜占10%，锡占20%、30%或40%的。有时候，某些铜钱中只含有铜和锌，有时候还含有铁。这些铜钱的重量减得如此厉害，以至于道光年间一大堆铜钱只值三四分银子，但它们仍被当成法定货币。有些地方的政府银号会通过向百姓加征40%的税，以补偿自己在将这些货币兑换成银锭时蒙受的损失。

"咸丰年间，政府的财政变得如此窘迫，以至于必须依靠许多权宜手段来挽救其财政危机。铁钱和纸币取代了铜钱。这些铁钱有值1钱的，有值10个、20个、50个或100个铜

---

① 主要指当时在北平流行的铜钱。——原书注

板的，都是1853年和1854年铸于北京。这种粗劣的钱币多达几吨，被强制发行，但这一尝试以惨败告终，铁钱全部留在了京城那些浪费了100万两银子来做这项愚蠢经营的官员手中。之后，随着中日通商的开放，许多小铜钱输入中国，与中国的钱币进行交换。"

在清朝之前，中国曾流行过860种不同的钱币。我们还要指出，离钱局衙门不远处的惠爱街上有一座教堂，里面的传教士是美国南部浸信会的成员，正在向中国人宣扬靠信耶稣基督获得救赎的教义。

铜壶滴漏：古人如何计时

离开如今破败得不值一看的钱局衙门，我们前往铜壶滴漏。铜壶滴漏是水钟的名称，立于双门底街的一座双门楼的顶部。从双门底街往水钟方向走，沿途经过三四座花岗石牌坊。这些牌坊中，有一座是弘治年间明孝宗为了纪念当时极负盛名的文人陈献章①而下令修建的。陈献章曾居住在海南的白沙村。他每日都会为几名弟子讲解孔学。明孝宗许以重金，邀他上京。然而，他婉拒了皇帝的邀请，但并未道明缘故。据说他长得很高，相貌奇特，眼睛闪亮如天上的繁星，左脸颊长着7个疙瘩，位置的排列如同天上的七星。作为一位非常有名的哲学家，他的名字被用金字刻在一块牌位上，供奉在孔庙中。

我们到了立着铜壶滴漏的双门楼。如果没有弄错的话，

---

①陈献章（1428—1500），字公甫，号石斋，因曾在白沙村居住，故人称白沙先生，世称陈白沙。他在正统十三年（1448）四月考中副榜进士，著有《白沙子全集》，是广东唯一一位从祀孔庙的明代硕儒。——译者注

铜壶滴漏

这座楼建于唐朝，当时叫作清海楼，后南汉王刘龑主持修复扩建，元顺帝时毁于火灾，明太祖洪武七年（1374）被重建。清康熙年间重修该楼，广东巡抚李士桢为其赐名拱北楼。1857年12月，英法联军舰队炮轰广州，该楼部分被毁。联军撤出广州后，它再次被修复。关于水钟，在《中国丛报》（*Chinese Repository*）第二十卷第430页上有如下描述："水钟又称铜壶滴漏，置于一独立房间中，由专人看管。此人除俸禄和津贴外，还靠卖时辰香谋利。只见一座砖石台阶上放着4只带盖子的铜罐，下方的每只铜罐顶刚好与其上的铜罐底执平；最大的一个高宽均为23寸，里面有70或97斤半水；第二个高22寸，宽21寸；第三个高21寸，宽20寸；最矮的一个高23寸①，宽19寸。每只铜罐与另一只通过小孔相连，水经小孔从一个罐徐徐流入另一个罐。最低处的罐中设有一根木指针，上面有时间刻度，经罐子盖随水上下浮动。每日上午和下午5时，均有人把木指针上对应的时间刻度与盖子压平以调好时辰。当指针显示半天过后，水被舀出，灌入最上方的罐子。这些水每季更换一次。"

　　水钟旁的墙上贴有布告，上面的文字显示：铜壶滴漏是在元英宗通治三年十二月十六日，由以下广州的文武官员出资制造：Chan-Yuung-Woh、Kaan-Tak-Chuen、Chau-Shing-Luen、Sheung t'uung、'in-Sik、Cheung-Kue-King、Wong-Hang、Wong-Sze-Ts、Sheung-Mun-Too、Wong-Kue-Wai、Yeung-Fuuk、Muk-Ts'ai Ying、Nip-Koo-Chun、Wong-Chung-Saam、Chaat-Fat、Paai-Kong、O-lah-Pat-Fa、Tip-Li-Ma-Lin、

---

　　①原文如此。疑有误，据上下文高度应为20寸。——译者注

Sin-Wan-Hang和 Tau-Tchu-Wai。1860年，两广总督劳崇光捐资重铸铜壶滴漏的铜具。当年每口钟开始运行之前，都会有人在白板上用黑色的大字写上钟的名字及时刻，置于牌楼顶部，以向公众报时。放置水钟的房间里还有一面鼓和一面铁锣，守钟人会敲击锣鼓来报时。铁锣上印有两个汉字：日、月。紧靠放置水钟的石阶上放有一个拜盘古的小神龛，这位神祇是中国神话中开天辟地的第一人。因为盘古在世时尚不知以衣物蔽体，因此一般都是以近裸的形象出现，只在腰部围一条围裙，也可看作是绿叶做成的腰带。我们猜想，中国人应该是把他当作水钟的守护神了。同一间房里还放有一尊小观音像。

　　我们离开水钟所在的房间时，注意到了一小把时辰香。这些香是用来计时的，长32寸。有些是为了白天计时而特意制作的，有些是晚上用的。每根可以燃烧12小时。它们的功用就和阿尔弗雷德大帝的蜡烛①一样。我们买了两小把时辰香，卖香人还递了一张广告单子给我们，上面写着：此时辰香依官府星相师所定成分而制。每支时辰香的时间已经根据水钟调整过了，因此烧香所示的时间应该是准确的。时辰香用来计时，白日使用的香必须在黎明时手掌上的线刚刚可见时点燃，夜晚使用的香则必须在天黑时手掌上的线不可辨时点燃。每支香在点燃时必须保持垂直状态，所处位置必须密不透风。这个广告告诉潜在的客户，可以去拜访双门底街的拱

---

　　①阿尔弗雷德大帝，韦塞克斯的国王，871—899 年在位。据说他把一天分作几段，每段时间集中做一件事。为精确地划分时间，他做了一批大小相同的蜡烛，在固定的地方刻上凹槽，让它们连续燃烧，最后得出一天可分成几个凹槽来表示。——译者注

北楼，那里有大量真香出售。广告告诉买家应注意时辰香的商标，最后还标明"制时辰香者只此一家，每根六分"。水钟不远处有一家书局，负责印刷当地官府交付的所有涉外公文。

铜壶滴漏楼附近有一座先锋庙，是为纪念先锋神而建。几乎所有丢失家奴的人都会立即前来这里拜先锋神，求他保佑自己能抓获逃跑的家奴。伺候先锋神的一名信使显然已经准备好随时执行其主的命令。那些丢失家奴的主人在拜完先锋神后，会在信使乘坐的骏马脖子上系一根绳子，大概是方便信使抓到逃跑的家奴后可以用来捆绑后者的。希望女儿赶紧找到好夫家的人也常常让年老的女仆到此庙烧香，求先锋神促成姻缘。先锋神塑像前的祭坛曾一度放有丝制或布制的小袋子，每个里面都装着棒香。当瘟疫或者其他一般疾病流行时，广州的市民争先恐后地来取这些袋子，当作辟邪的护身符。这种迷信在明朝时尤为流行。先锋庙里还有敬奉六毒大王的神龛，信徒们来这里献上杖，杖上环绕着的装饰使它有点像现今理发店门前的旋转立柱。庙里也悬挂着一口钟，此钟是乾隆四十年（1775）由民间人士捐献给庙中神灵的，献钟者包括Laam-Yuuk-Hing、Laam-Tsuung-Sau、Laam-Tin-Sau、Laam-Lung-Sau、Laam-Cheung-Sau和Laam-Luun-Sau。离牌坊及先锋庙不远有一座教堂，里面有来自美国北部长老会的传教士正向中国百姓传播福音。

接着，我们拜访了大佛寺。该寺位于寺前街，很可能是广州众多寺庙中最重要的一座。它建于很久以前，曾被叫作龙藏寺。后来，当地官员侵占寺庙，将它改成官邸。康熙三年（1664），负责管理广州事务的平南王尚可喜，将它恢复原先寺庙的模样，并赐名大佛寺。雍正十三年（1735），知府刘庶对大佛寺进行了修复。

　　大佛寺的庭院很宽敞，三面围有砌得很整齐的回廊，回廊顶部由花岗石柱支撑。庭院入口的右边有一座钟楼，左边有一座鼓楼。钟楼上悬挂着一口重超过1000斤的大钟，它是尚可喜于康熙三年下令铸造并放在此处的。

　　大佛寺的主殿非常宽敞，里面矗立着三尊巨大的佛像，也就是三世佛塑像。广州人声称这些塑像都是用铜制作的，但我们不相信。主殿里有一口铜钟，重700多斤，铸于乾隆六年（1741）。道光十七年（1837），此钟被加大重铸，捐资人名单如下：Wong-Chau、Suen-Kwok-Ts'eung、Cheung-Shum、Cheung-Yuuk、Ch'ing-Huung、Ch'ing-Luen和Wong-Hang，资金筹集的发起人是和尚Yeuk-Lin。

　　　　　　学台衙门：读书人如何考取秀才功名

　　大佛寺不远处是学台衙门，也就是提督学政的官邸。通往学台衙门的九曜坊街上有一个贡院，与衙门紧密相连。在特定的日子里，广州的所有生员都要来这里考秀才。贡院中有一些花岗石做的长桌子，每张都很窄，难以供两名考生相对而坐。每张桌子都附带一张窄窄的木凳，下面由花岗石支撑着。板凳的长短与桌子相当。贡院可容纳3480名考生。每3年，这里都会举行两次秀才选拔，主考官是学政，知府、县令和一些文人学士从旁协助。广州的官员中，最忙的大概就是学政了。在当地衙门的秀才选拔考试结束后，他还要到广东的其他城市主持类似考试。

　　现在，我们简单描述一下学员们在成为秀才前要经历的各种考试吧。首先，每名考生都要按照其出生地县令的要

求制作一张单子，两名同意做担保人的秀才在上面签字并封好。单子上列出考生的年龄、姓名、出生地点，以及考生父母与祖父母的名字。此外，它还要注明考生是否在孝期内，是否蓄胡须①，并非士兵、戏子、奴仆之子，也不是给死人穿戴寿衣和送葬的人。这张单子会交到县令处审查，通过之后，考生会被召唤前去拜访其出生县的首府，以确定县令及其他文人考查考生学问的日子。

　　考试当天，许多考生在早上6点进入贡院。每个县城都有一所这样的贡院。早上7点，县令、文人学士和考官均准时到达。8点，贡院大门关闭，考官给每个考生发考题。考题包括撰写两篇文章，文章的主题从四书中抽取，还有赋诗一首。每篇文章的字数必须保持在400到700之间。诗作要求是12行，每行五言。下午一两点，贡院大门打开，交卷的考生可以离开，没交的继续留在贡院中作答。到了晚上10点，不管考生有没有做完题目，他们的考卷都会被收上去，然后离开考场。考试结束几天后，中选者的名单会被张贴在孔庙的墙上。当然，每个县都会有这样的孔庙。这样的考试有不少于8场，每场之间隔6到8天。通过8场考试中至少3场的考生，将会在指定的日子前往所属地的县城，由知府和文人学士对他们的学问进行再次考核。这种县府级的考试每次持续1天，每场考试间隔6至8天。考试的考题也是两篇文章和一首诗作，选题也是从四书五经中抽取。每篇文章的字数也要保持在400到700之间。诗作要求写够12行，每行五言。每场考试结束后，考中的考生名单会被张贴在孔庙墙上。就像我们刚刚说

---

　　① 用来描述外貌。——原书注

过的那样，所有通过8场考试中3场或更多的考生，会被认为完全合格，可以送到学政面前进行最后一次考试。

这场考试由学政、知府、县令，以及学政指派的文人学士共同主持，在一天内举行。参加这场考试的考生特别多，来自该府所辖的各个县城。正式考试在早上6点开始。因此，考生们必须在头一天晚上就进场，每次进场人数为50人。考生进入贡院后要先应答名字，然后由监考员进行搜身，以防他们夹带小抄。考生用来装笔墨的圆筒形篮子也会被检查。考生经过贡院内门时，这种搜查会全部重复一遍。在通过第二次搜身后，担保人要公开确认考生的身份，此种场合下的考生必须身穿特定服饰。随后，考生会领到几张用来答题的纸，但这些官府发放的答题纸是需要考生付费的。

当所有考生在考桌前落座后，考官会立刻向他们发放考题。考试内容一如前面几场考试，包括两篇文章和一首诗，选题也是从四书五经中抽取，每篇文章的字数保持在400到700之间，诗作要求写够12行，每行五言。考试的时长也是一天。交卷之后，考中之人的号码而非名字会被张贴在学政衙门的墙上。

学政主持最后一场考试的时长一般为一天，但如果某位考生考得很好的话，学政还会要求他参加第二乃至第三次考试，以确保他值得被授予下一个学位。最后一次考试的三四天后，考中秀才的考生要穿上秀才服，前往学台衙门拜访。新进秀才佩戴的帽子顶上会别有一个形似花朵的镀金饰物，以与其他人区别开来。他们被叫到一个牌位前行叩头礼，以表忠心。当然，牌位上刻着的金字是：吾皇万岁万岁万万岁。叩头仪式结束后，秀才们被邀请去与学政、知府和县令们喝酒。喝完酒后，他们一起去孔庙祭拜，以示对至圣先师的尊崇。在那里每位秀才都坐上一顶轿子，在亲朋好友的簇拥下，穿过县城的几条主要街道，特别是状元坊。

闲话到此为止，我们重新回到学台衙门的话题。衙门旁边的花园里放着6块陨石。我们拜访衙门时，学政及其家人都已不住在那里，因而我们能够进去参观那几块奇特的石头。6块陨石的大小和形状都不一样，其中一块上面刻着一个形似人手的印记，还用汉字刻着一首诗作，据说是唐朝时期著名诗人米元章①所写。

第二块石头颜色浅些，空心，形似牛头。第三块的表面有水泡纹，看起来很不一般。第四块石头名为客石。中国人说它里面包含了三四种不同的石头，我们猜是砾岩。据说，这个花园以前要大得多，放着9块陨石。这另外的3块陨石，一块被搬到大法国领府内，一块在布政使府衙内，还有一块在县府的孔庙里。经确认，这9块石头来自太湖边，在南汉王刘𬬭的提议下被运到广州。

在结束学台衙门这一话题之前，我们还要指出：在英法联军占领广州时，这里曾被当作英军的驻地。

九曜坊——这条街因9块陨石而得名——因为离学台衙门很近，所以不仅有书店，还有销售印刷用到的木制雕版店铺，店中工匠们展示的雕版技艺真是很值得一看。

由于我们接下来还要去沙面，因此，第三次漫游就这么结束了。

---

①译名存疑，从拼音看是米元章，即米芾（1051—1107），不过时代不对。——译者注

第六章

商行大街

博济医馆——油栏门——永安估衣铺——迎祥
街（中国大商行）——会仙街（有售铜锣和钟的商
铺）——果栏——咸鱼栏——马头——永清街——永
清门——大南门——关帝庙——广府学官——文昌
庙——万寿宫——军装局——造西苊——贡院——瞽
目院——老女人院——东门外直街——风神庙——火
神庙——普济院（老人院）——永胜寺（"死人之
城"）——先农坛——地藏庵（"死人之城"）——
太监坟——永泰寺——北帝庙——茂和栈（编织广州
草席）——育婴堂

在游览广州的第四天清晨，我们先来到博济医馆。这个
医馆位于仁济大街，是为中国病患而建的，一直以来都很受
外国志愿者的待见。1839年，伯驾医生在距离商铺及外商居
住之地都很近的地方设立这所医馆。如今，那些商铺和外商
居住的房屋早已在中国与英法联军的战火中灰飞烟灭，医馆自
然也毁于一旦。1866年，博济医馆在现址重建，并增加了许多病

房，至少可以让120个病人安心住院治疗。每周一和周五是医馆接收病人的日子。医馆重建之后，嘉医生担任管理者，他能力非凡，又极具爱心，没有哪位医师能比他更胜任这一要求高又极重要的职位了。他劳心劳力，造福病人，如同仁慈的上天借他之手拯救患者。

离开医馆，我们慢慢走到了油栏门。在这里，我们看到了几个打铜人，他们正在热火朝天地打制各式铜器。广州的铜料是从盛产铜的临安、广南和普宁运来的，当地居民以铜换盐，这种以物换物的方式在广西重镇百色极为流行。铜被运送到广州之前，会被装在篮子里，由6名士兵一路运送。每名士兵每日的伙食费大约为3分。用铜换来的食盐从广州运往百色时，会被单独打包，每包大约重150斤。

离开这片城区之前，我们拜访了永安估衣铺。这间店铺销售上等新衣，但也卖二手衣，因此我们也以相当合理的价格买了三四件旧衣。这些衣服都由耐用的缎子制成，刺绣非常漂亮，看上去和新衣差不多。

从永安估衣铺出来，我们匆匆赶往迎祥街。迎祥街有很多大商行，各种商品琳琅满目，给人一种不虚此行的感觉。这些商行中最厉害的要数昆美行和仍昌行。与普通商行相比，它们还充当商队的旅馆，因为它们能够为商旅客人提供很合适的暂时居留之所。广州是南方的商业中心，长途跋涉的商人到达广州后，会将他们携带的商品存放到当地一个或多个商行中，同时还可以舒服地住下来，并享受商行提供的娱乐节目。商行老板可以接受商人一部分商品，作为他们享受服务的报酬。这些商品种类丰富，有大量苏门答腊和苏禄的海参，印度、泰国的虾仁，马来群岛和波斯海的鱼鳔，泰国的干贻贝，苏门答腊、婆罗洲和马六甲的胡椒，中国南部的盐水大虾，孟买和波斯湾的鱼翅，马来群岛和波斯海的鹿筋以及中国北方的杏仁籽。

从这条商行大街出来，我们到了五仙门，又称会仙街。街上有商铺出售铜锣和钟。我们从其中一家买了铜锣，敲击出来的清脆声音令人心情十分愉悦。

我们还参观了三四家在打折销售精巧庙宇模型的商铺。这些微缩的庙宇里装有小小的神像，中国人在过节游行或其他特别场合时，会抬着它们走过大街小巷。这些商铺还销售小尊的神像。此外，我们还看到有些商铺里有身材结实的铁匠，正在用锤头、铁砧和火炉制作各种铁器。

接着，我们走进了一条全是水果店的大街，叫果栏。这个庞大的水果市场一年四季都在售卖各种水果，而且规模不还小。这里的水果琳琅满目，应有尽有。一眼望去，有橘子、圆佛手柑、柚子、苹果、蒲桃、番荔枝、菠萝、梨子、杨桃、榅桲、番石榴、枇杷、石榴、南瓜、芭蕉、杏、桃、李子、柿子、葡萄、芒果、西瓜、桑葚、荔枝、黄皮、枣子、龙眼、杨梅、橄榄、椰子、胡桃、栗子、菱角和花生。就水果而言，这个市场可称得上是广州的"考文特花园"①了。

码头刑场：死刑犯如何被处决

我们穿过咸鱼栏，经过一条卖棕榈蓑衣的大街，很快就到达头马。码头又称"马头"，因为这个地方在一些人眼

---

① 考文特花园位于伦敦西区，是一个建于 18 世纪、很有古罗马风情的市场，曾是英国最大的蔬果花卉批发市场。——译者注

里特别像马的头，多年来一直被当作处决犯人的刑场。码头相对较小，但据说在这里处决的犯人比好几个欧洲战场加起来都多。所有在广州法庭上被宣判处以死刑的犯人，都会在这里死于一个个刽子手的刀下。犯人被装进普通的笼子里，被苦力扛到刑场，然后在刑场上跪成一排，头向前弯伏着。县令或其副手坐在刑场上的一张桌子旁，桌子上盖着红布。所有必要仪式都完成之后，县令或其副手会下令让刽子手动手。有时候，刑场上的刽子手还不止一人，有两三个。县令下令后，刽子手很快就动手了。犯人们甚至不用把头伏在木头上，刽子手飞快地挥刀一砍，跪在他面前的犯人就人头落地了。刑场的一角放着四五个十字架，判处凌迟之刑的犯人会被绳子牢牢地拴在上面，接着行刑者就会用一把锋利的刀，将犯人割成几大块。①被判绞死的犯人们也会被捆在这些十字架上接受极刑。这些行刑机器就矗立在刑场中央。

　　刑场东边的墙角也放着三四个装着生石灰的陶制容器。头砍下来后会被扔进这些容器，每一滴鲜血都被生石灰迅速吸干，以便放在笼子里示众。前面我们提过的1854—1855年广州叛乱之时，就有无数叛乱分子在这个小小的广场上被处决，据说当时遍地鲜血，走过广场的人没有一步不沾着鲜血的。东墙的一个敞篷里放着一大堆被砍下的犯人头颅。为了震慑恶人，这些头颅在这个刑场一放就是数月。

　　"地面上经常流着温热的鲜血，他把苍白腐烂的人头硬生生地悬挂在门上。"②

---

　　①原文中如此。据查凌迟是一种残酷的刑罚，共需割3000多刀，并非作者说的割成几大块。——译者注
　　②出自古罗马诗人维吉尔的《埃涅阿斯纪》（*Aeneis*）。——译者注

　　不知从什么时候起，一股恶臭伴随着砍下头颅时喷出
的鲜血，从这个刑场，从那些已经腐烂的头颅中冒出来。不
难想象，这股臭气有多么强烈，因为即使是身处半里之外的
人，也能闻得到。

　　一般情况下，广州的犯人在被带到刽子手面前行刑的最
后一刻，都不清楚行刑情况。当那一刻即将到来时，会有一
名身穿官服的官员，手里拿着一块小方板，上面贴着一排当
天要处死的犯人名字。官员进入牢房，当着众多犯人的面，
大声念出那些即将被处死之人的名字。每个被叫到名字的犯
人都要立即应答。之后，犯人会被关到一个笼子里，被带到
一位判官面前。当他被两名官兵抬着穿过监狱第一道内门
时，会有一名官员前来审问他。这名官员一般是作为总督或
巡抚①的代表，端坐在门边。他的问题一般包括：你姓甚名
谁？来自哪里？入狱多久了？犯了何罪？何时何处犯的罪？
有没有同谋？都是哪些人？那官员面前放着一张清单，他会
根据单子上犯人的姓名、出生地及犯罪性质，聆听他们的回
答。确认犯人与清单上的情况吻合、身份无疑之后，他会下
令让犯人继续前行。犯人穿过牢房的外门，进入一个宽敞的
衙门庭院，暴露在众人目光之下。此时，庭院中一般会聚集
很多看热闹的人——看着犯人行刑，可以满足一下他们病态
的好奇心。犯人们对此一脸淡然，显然毫不介意即将到来的
"不光彩之死"。当然，也会有例外者。1870年，我们曾在
南海知县的衙门庭院里看到35名男性犯人从监狱中被带出来
接受行刑前的审问，其中有三四名犯人在看到庞大的看热闹

———————————
　　① 有些犯人由总督授权处死，有些由巡抚授权。——原书注

人群后，哈哈笑了。其中有一人显然挺油嘴滑舌的，他对人群开起玩笑，说自己总算尝到了当贵人的滋味，因为现在他有笼子坐，还被两个人抬着。

犯人到达衙门庭院等待受刑时，他们的朋友一般都会以饭食送行。送行食物有时是几块糕点或一碗汤，有时是几片槟榔、一碟肥肉或几杯酒。1872年，广东按察使常常会在这个悲伤的场合，自费100个铜板，为每个犯人买来一顿酒菜，好让他们吃饱上路。在行刑前，犯人的朋友一般都会给他几块槟榔；如果犯人没有朋友，偶尔也会有狱吏送给他们。嚼了槟榔后的犯人，脸颊会因为刺激而变得通红。这种情形让许多外国人以为中国犯人都醉了，因为他们可能在行刑前喝了酒或吸了鸦片。

尽管在通常情况下，犯人最后接触到的食物可能都是槟榔，但对他们来说，最合适或者说最幸运的食物，应该是肥肉。前面提到，犯人在行刑前能享受到食物和酒水，但真正考究的美味（例如肥肉），只有少数几个人才有幸享受到。不管是什么食物，对这些不幸的人来说都是必需的，他们会很快地吃掉。紧接着，犯人们会被绑住双手。有时候，我们也会看到犯人是在前往刑场的路上被喂食的。例如，1866年12月9日，3名清兵囚犯要被处以极刑，他们的亲戚跟随押送队伍前往刑场，在路上一点点地给犯人喂食肥肉和酒水。犯人的双手被捆绑住不能自己进食，因此食物都是由亲戚塞进他们嘴里的。在筷子的帮助下，喂食变得很方便。

回到我们刚才的话题上，犯人们在被捆绑了双手之后，会被带着通过东门。东门有3个拱门，位于衙门庭院中间。犯人被带着通过其中一个拱门来到知县面前接受审讯。此时的知县并非像平日一样坐在衙门里，而是坐在衙门大院内门门廊边的一把椅子上。每个犯人被带到他面前后，都会被问到姓名。犯人回答后，知县用朱笔把犯人的名字写在一张纸上，套上一片薄薄的竹片，系到犯人的头上，表明他是一个即将被处死的罪犯。犯人的脑后还系着一根小木签，上面写着他的名字以及所在监狱。随后，这个犯人会被带走，通过西门（也是有着3个拱门的门），前往刑场。这种在犯人脑后绑木签的奇怪仪式一般都是在大庭广众之下进行的，这也是为了昭告百姓这个犯人的名字和罪行。许多东方国家都有着类似的仪式。圣约翰在《福音书》第十九章第十九节告诉我们，彼拉多也写了耶稣的名字系到他为人类之罪而受死的十字架上。

1860年3月，我们曾目睹了广州公共刑场上的处决情形，下面我们就简单讲述一下。那天要被处决的犯人有3人，其中一人是武官，名叫潘发元，曾任禁军的校官。在他驻守贵州时，贵州被造反者袭击并占领过一段时间，他被指控在当时贪生怕死。当暴徒进入北门时，潘发元为了逃命，匆忙撤退至南门。为此，他被逮捕并判处死刑。另外两个犯人是海盗，其憔悴的面容显示他们曾在牢中受尽折磨。按广州的规矩，每个海盗都要被装到笼子里，在众目睽睽之下被带往刑场。但那名校官犯人却可以坐在一顶被遮得严严实实的轿子里，由4名穿着得体的轿夫抬往刑场，这让他得以避开沿途围观者们那些粗俗不敬的注视，大概是对他校官身份的一种尊重吧。在这一悲伤的送刑队伍里，一名举着长矛的清兵走在前面，接着是两个海盗，然后是坐在轿子里的校官，后面跟着一队士兵。这些士兵有的带着矛，有的带着刀剑，有的拿着火绳枪。士兵后面又有3位马官，他们后面抬着一顶大轿，里面坐的便是南海知县了。行刑将在知县到达刑场时开始。知县的大轿前后簇拥着许多士兵，这后面还有一顶大轿，里面坐着的是在行刑结束前拜关公和五仙的一位官员。刑场附近就有一座这样的小庙。人们认为关公和五仙能平息人的愤怒和暴躁，而这两种情绪尤其容易出现在即将被砍头的犯人身上，进而冒犯判官、知县和其他参与判案的官员。这些大轿后面跟着的是一名传令官。他骑着骏马，右手拿着一个小小的黄色卷轴，上面写有"诏书"字样。在行刑这种悲伤的时刻，诏书是必要的物件，因为没有诏书，没有哪位知县敢下令，让刽子手砍下那致命的一刀。

这队人马到达刑场时，士兵们立刻散开，排列在一张桌子的两边，桌子上盖着一块红布。知县从大轿里下来，坐在桌子边的一张红布椅子上。这张桌子不远处站着刽子手，手里握着闪闪发亮的大刀。行刑的头一天晚上下了一场瓢泼大雨，因此刑场上浮起了一层软泥。进入这片泥泞地带，那两个海盗被随便地从笼子里拉了出来。在遭受了的粗暴对待后，其中一名面容枯槁的海盗皱眉以示不满。而那位校官，为了让他的膝盖少受些罪，此前便已经有几个朋友将一大块垫子铺在泥地里，他便慢慢地被两个仆人打扮的人搀扶到那块垫子上。仆人们的最后一次服侍，看起来是很有必要的，因为他们不幸的主子在离开衙门前已经喝了一大碗烧酒，还吃下了一盆肥肉，此刻有些醉醺醺的。这些酒菜可不仅仅是送行酒，也是为了让他在面对刽子手的大刀时能够保持麻木和安静。那砍下去的一刀可以立刻要了他的命。每个犯人都非常安静，刽子手帮他们跪下来，并让他们的头向前弯曲，但他们并不使用木具作为支撑。坐在桌子边上的知县准备通过传令官，让刽子手砍出那致命的一刀。在知县下令后的12秒内，这些犯人就去见上帝了。校官的仆人们在主子被砍头后，迅速来到他那无头尸体的脚边，点起了祭奠的蜡烛。随后，他们还烧起了纸钱，不仅是为了给他的灵魂提供在冥界的生活费，也是为了安抚阴间的所有饿鬼，让他们不要骚扰刚刚到达阴间的主子的魂魄。这些仪式行完后，仆人们用上述提到的那块大垫子包好主子的遗体。最后，他们抬来一具棺材，装走那个不幸校官的遗体，再恭敬地送到城市东门外的坟场。被砍头的海盗就没这么幸运了，没有悲痛的亲戚朋友来到现场，通过仪式来安抚阴间的诸鬼，也没有人用棺材来收敛他们的遗体并体面下葬。事实恰好相反，他们的无头尸体就那样倒在他们人头落地处，经过一段时间后，会有人将他们胡乱塞进同一个木棺里，由底层的苦力带到专门的坟地埋葬。中国人一般称这个坟地为"万人骨沟"或"万人坑"。我们此次目睹的刽子手使用的行刑刀具，看起来就很像一把弯刀，有着锋利的刀刃，砍头就如同镰刀割草一般。

那3个犯人的行刑过程如我们此前描述的那样，非常庄重，而其他犯人行刑的过程也大致如此。当然，行刑时也偶尔会出现一些意外，导致整个过程变得更粗暴。比如，1865年1月23日，有15人即将被处决，其中一名犯人非常粗暴。他对刽子手咆哮："一个被砍头的人，下辈子会转世①成所有职业中最低贱、最令人厌恶的刽子手。18年后，老子会回到这个世界，取代你邪恶的位置，还要砍下你的头。"还有一次，那是1866年6月8日，有16人要被处决，其中一人与副刽子

————————
　　①指灵魂轮回、转生。——原书注

手之间发生了一场激烈的争吵，双方都恶毒地咒骂对方。事情的起因是那个犯人坚决不肯低下头颅受刑，他认为自己的脖颈瘦长，没有哪个熟练的刽子手会错过。主刽子手说自己是友非敌，他也不愿意看到犯人如今所处的境地，但他必须执行官员的命令。刽子手进一步指出，他希望犯人可以少受些罪，但后者若是不愿低头，有可能需要再砍一次，甚至更多。最后，主刽子手的这番清晰而简短的说法说服了犯人，让他向前低下了头颅，并承受了那致命的一刀。

中国犯人临刑前一般都很平静，那种坚忍气场显示了他们对命运的屈服，甚至可以说是漠不关心。然而，也并非所有都如此。下面是一篇科雷亚先生为《德臣西报》撰写的文章，载于1869年7月9日，其中就提到了这样的例子。

"在过去几周内，这个刑场经常执行死刑，由此可见，犯罪率正在上升。在我以往提到的多次处决中，我只亲身经历过一次。那天的天气很好，看起来与我将要描述的刑场的悲伤气氛十分不搭。下午1点30分，我和朋友们站在刑场上沉默地等待着犯人的到达。突然，一阵'他们来了'的喊声把我们从沉思中唤醒。我们朝刑场的入口处望去，看到了28个被关在笼子里的犯人正被缓缓带入刑场，准备以死来救赎他们犯下的罪过。每个犯人头上都系着一张纸片，上面写着他的名字、罪行和刑罚。这些不幸的人脸上有一股悲哀的神情，他们被如尘土一样从笼子里倒了出来，四五人列成一行，在刑场上跪下。知县下令让刽子手动手，后者飞快地执行了。只一瞬间，这些不幸的人就只剩下一具具无头的身体。可是最悲伤的部分并非如此。

"根据我读过的所有对广州行刑的记载，犯人们一般都会以无比顺从和坚忍的态度面对他们的死亡。但这一次却不一样，因为这群犯人中有几人心中充满了恐惧，他们毫不掩饰地尖叫'饶命！饶命！饶命！'最后一行的两个犯人本来已经跪好，安静地等待死亡的到来，但此时突然跳了起来。尽管他们的手脚都被铐着，但旁边的四五个士兵加上其他一些人，都无法将他们按回原来的位置，这一幕就发生在主持行刑的知县面前。刽子手变得有些激动，显然意识到时间紧迫。于是，在那两个犯人还没跪下之时，他们就给出了那致命一刀。行刑结束，知县、弓箭手、刽子手以及许多随从陆陆续续离开了现场。这个时候，一些平民来到刑场，冷漠地注视着那些失去头颅的身体。有8个或10个底层的苦力挤过人群，将那些尸体装入木棺中，以便将他们移到城市东门外那唤作'万人骨沟'或'万人坑'的坟场。"

离开这片血腥之地后，我们走到永清街。英法联军占领广州时，法国人曾在这里杀死至少96人，以报复"卡迪那号"法国战舰上的厨师被杀事件。那名不幸的厨师在下船购买新鲜猪肉和蔬菜时，死在了这条街的一个店铺中。在他下船买菜之时，由于害怕中国刺客，所以找了两个船上的伙伴陪同，后者身上都带有短刀。他们在店铺中突然遭到几个刺客的袭击，厨师被砍掉了头颅，另外两人则逃回了船上——当时那船正停在案发现场不远处。那两人迅速向上司汇报了这起不幸事件。得知消息的法国军官立即调遣船上的部队封锁那条街道，并下令诛杀街上的所有人，无论男女老幼。这道命令自然被忠实地执行了。在外国军队占领广州期间，某些市里或省里的上层人士许以重酬，授意中国刺客砍下所有遇到的外国人的头颅。这些刺杀外国人的行动大部分都成功

了，尽管这些人并未直接冒犯到他们。英法联军为了制止这种行为，一把火烧了案发现场附近的房屋，以及所有疑似窝藏刺客的地方。这种火烧民居的行为并未影响到中国的上层人士，他们仍旧悬赏刺杀外国人，而且总会有一两个不幸的法国人或英国人被砍下脑袋。然而，当他们知道一个法国厨师的被杀导致96个中国人遇害时，终于声明不再悬赏外国人的人头了。

我们现在通过永清门，进入广州新城。那些犯人也是通过这道小门被押送到刑场的，因此被外国人称为所谓的"犯人门"。接着，我们通过古城大南门，前往育贤坊街。育贤坊街矗立着一座供奉"战神"关帝的大庙。如果不论修道院的话，这座关帝庙可算是广州最好的庙宇之一了。它的庭院宽敞，地上整齐地铺着花岗石板。各个大殿都用清一色的青瓦压顶，以花岗石柱为支撑。第一个大殿供奉的自然是关公像了。神龛上的关公像正襟危坐，右边则立着另外两尊巨大的塑像，一个代表执印的文官，一个代表执斧的武官。神龛左边也立着两尊相似的塑像：一个手执玉帝的旨令，另一个拿着作战的武器。主殿后还有供奉关公父母祖辈的祠堂，如我们此前所述，中国人十分尊敬他们功勋卓著或品行高贵的祖先，无论他们是否在世。有些神殿的椽木上还悬挂着还愿匾。在这些匾额中，有些是由在3年一次的武举考试中获胜的举人挂上的。主殿旁边还矗立着一座钟鼓楼。钟楼上的钟是佛山的聚盛钟厂铸造的，由清廷官员彭人杰嘉庆四年献给关帝庙。这座庙也是在嘉庆年间由广州巡抚吉庆提议修建。在关帝生辰这一天（也是春分时节），广州文武百官都要聚集在关帝庙的庭院中观看新年官祭。冬至时节还要再举行一次典礼。此外，每逢初一和十五，官职低的官员也要在这里举行官祭。一直以来，我们都非常留心广州供奉关公的主要庙宇。此外，我们还要说一个题外的景点。广州北门三里外有两座庙，里面供奉着战功赫赫的古代英雄。这两座庙是清代的两位藩王主持兴建的。我们前面也提到过，这两位率领着顺治帝军队的将领在攻占广州后，曾捐资修建庙宇。其中一座庙修建在平南王尚可喜的驻军之地，另一座则建在靖南王耿继茂的驻军之地。这两位藩王都将庙宇命名为"得胜庙"，意思是"为得胜而庆贺的庙宇"。

随后，我们还访问了广府学宫，这是一座为纪念孔夫子而建的庙宇。广府学宫位于育贤坊街，其建筑风格[1]及其他方面都和我们前面提到过的供奉孔子的南海学宫十分相似。广府学宫如今又脏又破，这对当权者尤其是地方长官而言是非常丢脸的。庙后有一块很宽阔的空地，中间是有名的圣山[2]。中国人都说，移走圣山会破坏广州的风水，导致各种灾难。圣山的一边有一座凉亭，名叫"九思"，于宋代由周自强主持修建。凉亭中立有大理石碑，碑上刻着两幅肖像，一幅代表孔子，另一幅代表颜子。

现在，我们往文昌庙走去，那里供奉着掌管士人功名禄位的文昌帝君。文昌庙离广府学宫很近，从外面来看，庙宇朱墙碧瓦，巍然而立，格外显眼。文昌庙的主殿没有放置神像，但有一块红色的木匾，匾上用金字镌刻着文昌帝君的名字。主殿上方有一间房，房子中央放着5个魁星像。魁星是保

---

①我们可以说，每座城市里都有一座孔庙，且这些庙的建筑风格一模一样。——原书注

②当指番山。——译者注

佑人们文运的神灵，在中国的神祇中占据着重要地位。如果这5尊神像是魁星的真实面貌，那他看起来就很可怕了。他的右手执着一支笔，左手拿着一卷书，正站在一只海豚的背上，以胜利的姿态穿越狂风巨浪。

每逢春分和冬至，文武百官都会一起前来祭拜文昌帝君，祭祀仪式几乎和我们此前所述的一模一样。在给文昌帝君献祭时，总督需要至少7次走近祭坛。文昌庙的庭院中有一座亭子，由花岗石柱支撑着。亭下有3块巨大的黑色大理石碑，石碑都镶嵌在粗大的花岗石制框架里。碑文显示，文昌庙修建于康熙二十三年（1684），乾隆四十一年（1776）皇帝曾派过一位特使到这里主持祭祀仪式。庙中挂着一口钟，1814年铸造于佛山万德钟厂，是当时的乡绅Chan-Ts'ue-Fong和To-kit贡献给文昌帝君的。英法联军占领广州城期间，文昌庙及附近的房屋都被女王第三步兵团的两三个编队占为驻扎地。广州城中供奉文昌君的最古老的庙宇坐落于桂香街，它建于明太祖朱元璋时期。

万寿宫：神奇的虫蜡制作工艺

离开文昌庙，我们穿过老城门——"文明门"——沿着青云直街一直往前走，来到万寿宫。外国人经常把这座被红墙围绕的殿宇式建筑称作"帝王庙"。庙宇主入口前立着一个巨大的花岗石拱门，黄瓦盖顶，高耸入云，看上去非常宏伟。经此门，我们进入一个小小的庭院。庭院对面有一条通道，模样和我们进来时看到的一致。走过第二条通道，便进入了一个很大的四合院中。这个四合院四面都有回廊环绕，回廊顶由木柱支撑着。四合院正入口大门处巍然矗立着一座大殿，殿中供奉着当今皇帝的牌位。一条御道直穿庭院，通往大殿。御道中央以及靠近大殿的御阶上都刻有青石石雕图案，有两三个是蚪龙盘绕，还有一个是太阳。这些圣物被禁止践踏和亵渎，因此如果游客想经庭院走到大殿，就必须绕道而行。殿堂四围是红墙，屋顶盖着黄瓦。双扇门上画着石榴树枝和果实，还有鸟儿。支撑着屋顶的木柱上也刻着龙纹。跨进大殿，我们首先看到的是一张龙椅，样式与大小和紫禁城金銮殿的皇帝宝座一样。向前走9步，就到了放置皇帝牌位的地方。红色的木牌放置在做工精细的镀金龙椅上，上面用金字刻着"吾皇万岁万岁万万岁"。龙椅前方设有一张桌子，桌子两端依次排有日、月等象征皇室的物件。大殿里还有16块木匾，每块匾上都刻有一条圣训，因此总共有16条。这些圣训在讲述下九甫的祭祀始创文字和仓颉、沮诵的庙宇时已经详细讲过，因此不再赘述。

　　在万寿宫的第二个庭院尽头是一座大殿，模样很像我们之前描述过的。此殿里也摆着一个牌位，上面刻着"吾皇万岁万岁万万岁"。此殿建于康熙五十二年（1713）正月。每逢正月初一以及帝后的生日，广州的文武官员都要齐聚万寿

万寿宫

宫朝拜帝后的牌位。在皇帝驾崩或皇后逝世之时，官员们也都要到万寿宫的皇家牌位前下跪哀悼。途经万寿宫的官员必须下马或下轿，步行走过正门，以示对皇帝和皇后的尊敬。南海和番禺的官员负责布置寺庙，以供不同时节、不同场景使用。在一般的仪式中，一般由道台担任主持人，如果他不在，则由知府代替。在庆祝帝后生辰的前几日，道台应将参加庆典的文武官员名单及其职责告知总督。

　　万寿宫第二个四合院的左角，乍一看会以为是一排厨房。但我们走过去，才发现那是一排铁锅，一些工匠正在用它们制作白色的蜡饼。这些蜡饼之后会作为贡品，由按察使代表广州的蜡商献给皇上。这种每年上贡的物品一般是在万寿宫的第二个庭院里准备的。在前些年，这些贡品还是由蜡商直接进贡，但现在则由按察使转交。蜡商负责支付按察使购买和准备这些蜡的所需费用。每年至少有110担蜡饼从广州运往北京。1873年，一担蜡的价格是80银元，由此可知，蜡饼的价值不菲。

　　这种蜡饼的原材料来自四川，到达广州时呈大饼状，颜色不是很白，因此有必要对它进行加工，将它的尺寸缩小，并做出粉白的颜色。聪明的工匠们就在这座庙里对蜡进行加工。他们将运来的大蜡饼碎成小块，把几块放在筛子里，然后把筛子像盖子一样放置在一个白色的圆筒形金属器皿上。随后，工匠将器皿立于烧开的大锅水中，熔化的蜡便会从筛子落入器皿中。等器皿中的蜡凝结后，工匠取出成形的蜡饼，放在格子状的架子上，在太阳下暴晒。晒的过程中，他们会不时地往上面洒一些泉水。如果这个时候下起小雨，那就不用洒水了。制成的蜡饼称为"虫白蜡"。上海的麦嘉湖博士曾撰写过一篇文章，对此作了详细描述。他写道：

"就像这一地区的自然史，在中国对外开放之前，这种事情对我们来说就是一个谜。然而，我们还是可以从本土专家的作品中窥探一二。我们下面的描述就主要参考了Pun-Tsau和Kiang-Fang-Pu这两位权威的中药学家的著作。

"这种昆虫的食物是一种常青灌木，或说是女贞树。这种树分布在中国的中部地区，自太平洋到西藏都有种植。但这种昆虫主要集中在四川，云南、湖北和湖南等省份也有一些。还有一小部分集中在浙江金华，那里出产的蜡质量很好。人们小心地培植女贞树，使这种植物覆盖了乡村的大片地区，也由此形成农业经济相当重要的一支。在种植女贞树时，农民像种植桑树一样，把它们排成一行行，每行间距12尺。女贞树可以种子繁殖或切片繁衍。如果是种子繁殖，就需要先浸在洗过糙米的水里，使之脱壳。如果通过切枝种植，最好是直径1寸长的树枝。农民每半年要犁地一次，杜绝杂草的滋长。在第三或第四年，他们将那种昆虫投放到女贞树上。等从树上收集完蜡或昆虫后，农民会将这些树削短至距地面大约4尺，然后施以足够的肥。到了第二年，女贞树会接着生长。每四五年，农民就会将树干砍短。一般来讲，被砍后的1年内，农民都不会往树上放虫。有时候，他们也会发现有些树上自行出现了虫子，但一般情况下，虫子都是人为放上去的。到了春天，他们就将虫巢放到树上。这些虫巢大概有珍珠鸡的头那么大，等到要取下来时，它们会被连同部分树枝一起砍下，两头各留下1寸左右的树枝。农民将带虫巢的树枝放在糙米水里浸泡大约一刻钟，两者就会分开。当天气湿润寒冷时，就要把它们放在坛子里。如果天气暖和，它们

就可以夹在树叶中间，和树枝一起浸泡。当然，有些人也会从树皮底下将虫巢取出，而不折断树枝。但取出之后，虫巢就很容易受到鸟儿的袭击，因此需要有人照看。

"虫巢在投放到树上几天后就会膨胀，无数虱卵大小的白色虫子从里面爬出来，布满树枝。但很快，它们就会纠缠着掉到地上，如果地上有草，它们会占满整个地方。因此，农民必须保持树底下光秃秃的。此外，农民还要防止吃虫子的蚂蚁靠近女贞树。因此，当虫子发现地下没有合适的栖身之所，就会重新爬上树，吸食树皮里的汁液。

"这种虫子会从虱卵长成虱子。在与最常见的昆虫比较后，我们认为无需更仔细地描述它。六月上旬，虫子与树合为一体，树的表面就仿佛结了一层白霜，那其实就是在变成蜡。之后，人们往白蜡上喷一些水，这层蜡就能很快地被刮下来。如果等到八月再采集虫蜡，它们就会紧紧地黏在树上，变得难以取下来。留在树上的虫蜡，在大约八月末时，会分泌一层米粒大小、略带紫色的外皮。如果孵化继续的话，它就会继续膨胀，到春天就能变得如同珍珠鸡头那般大小。农民将虫巢放到树上时，会根据它们的大小和生命力，投放一只或多只。此后的过程，就如同此前描述，周而复始。

"从树上将虫子刮下来之后，人们会用一个滤网，将制蜡原料从不洁净的昆虫骨架上分离下来。滤网盖在一个圆筒形的器皿上，器皿放在一口大锅里，锅里装满开水。虫蜡从滤网落下，被器皿接着，待凝结后便可以拿出去卖了。

"从化学成分来，白蜡与纯净蜂蜡以及鲸脑相似，但也有不同。我认为，它是一种独特的物质。它外观很白，透明而光亮，摸起来不油，无臭无味，咬在齿间会碎成干燥的粉末，有纤维的质感：在100华氏度下会熔化，不溶于水，在精油中会溶解，但不受沸腾的酒精影响，也不受酸或碱影响。需要用分析化学来解释这种美丽的材料。毫无疑问，它比纯净的蜂蜡更高级，中国人喜欢用它来制作蜡烛和灯芯，用于特别的场合。有人认为它与印度马德拉斯的白蜡一样，但后者无法用来制造蜡烛——正如皮尔逊①先生在《哲学学报》（*Philosophical Transactions*）第21卷中所说的那样，它肯定与马德拉斯的白蜡不一样。它的品质也同样远胜美国从蜡杨梅中采集的植物蜡。

"这种材料是分泌物吗？有些中国人认为它是唾液，有些则认为它是昆虫的排泄物。欧洲有些人也是这么认为的。但权威专家断定以上看法都不对，那其实是动物变成了蜡。我倾向于相信昆虫的身体经历退化，被一种奇特物质渗透，就像胭脂虫变成胭脂红那样。

"在宁波，一磅白蜡的售价是32—35分。在中国，虫蜡每年的产量差不多有40万磅，总价值达10万多西班牙元。"

参观完万寿宫，我们经聚贤坊街走向军装局。军装局是中国的造枪厂，该厂按照欧洲的规格建立。军装局所在的房屋与衙门相连，其领导自然也在衙门里办公。

除了军装局以外，这条街上还有几个大制作行，叫"造西毡"，它们生产专门毛毡。这些毛毡的材料与中国人做鞋底的一样。首先，人们把羊毛②放进柳条筐里洗干净。这些装好羊毛的筐被放进附近一条浅浅的小溪中，男人们光脚站

---

①皮尔逊，英国人，作为东印度公司的医生于1805年来到广州，以成功地将牛痘苗引进中国而著名。——译者注

②偶尔也会使用麻。——原书注

在筐里，使劲踩踏里面的羊毛。羊毛洗干净之后，就会被拿出来，晾在太阳底下。晒干后的羊毛摊开放在一张矮木桌上。木桌上盖着一张很有弹性的垫子，由一片片薄薄的竹片组成，竹片之间用线紧密连接。桌上的羊毛被一台原始粗梳机小心地扯开。那张竹垫子连同其上的羊毛被一起卷起来，由细线紧紧捆住两头和中间。然后竹垫子被放到地上，由工人用脚前后翻滚几分钟。在进行翻滚时，人们会把手抵在墙上，或用手抓住固定在墙上的木杠，让自己站稳。当竹垫子再摊开之时，人们会看到一张差不多成形了的毛毡。为了给这张毛毡增加一点硬度，人们会往上面洒一些淀粉，然后再拿到太阳底下晒干。这些步骤都完成之后，毛毡就可以拿去卖了。制鞋行业和鞋匠们也会购买这些毛毡制作鞋底。

三大宗祠：名臣跳江殉国的悲剧

接下来，我们要参观的是三大宗祠。这栋建筑位于聚贤坊街，规模不大，所以看起来没什么气势。

它的修建是为了纪念3名官员，即文天祥、陆秀夫和张世杰。他们因对南宋朝廷的忠诚而青史留名。彼时，元世祖忽必烈进犯南宋，意欲推翻南宋朝廷。这3位大臣竭力抵抗，但徒劳无功。1278年，他们只好带着年方8岁的南宋少帝赵昺、太后及其他皇室成员匆忙逃至广东，忽必烈部队在后面紧追不舍。后来，护送皇帝逃亡的部队在位于珠江西岸的崖山扎营，此地距离澳门已经不远。他们认为有必要在此与敌人再战一场。在随后的战斗中，皇家部队再次大败。陆秀夫担心小皇帝会落入元军手中受辱而死，因此决定与少主一起跳进珠江。在此之前，他已命令一起逃亡的妻儿投江自尽。陆秀夫亲眼看着自己的家人投江，然后背起少主，也跳入了江中。陆秀夫及其家人以及小皇帝的尸首在江中缠在一起，人见着无不落泪。中国人认为自杀殉国是光宗耀祖的行为。此外，还有6位至死效忠南宋王朝的高官也投江殉国。紧随而来的太后得知军队战败、皇帝投江的消息后悲伤不已，也决定自尽。于是，她也跳进了同一条江中。

事后，张世杰将太后的尸首从水中捞出，埋在河岸上。据说太后之墓至今尚存。少帝惨败跳江之后，张世杰和少数部下逃了出来，并决定与忽必烈部队拼死一战。张向上苍祷告，如若此次再度战败，他将自尽殉国。刚向上天祷告完，突然就下起了猛烈的暴风雨，他们的船在风雨中被击得粉碎。这艘船是战败后的他们赖以躲避敌人的地方，此刻成了一座浸满水的坟场。文天祥和一些部下得以幸存。尽管小皇帝已经自尽，但文天祥竟然坚持到最后，还与敌人再度交战了一回。不久之后，他遭遇埋伏，被敌人生擒。

忽必烈被文天祥高贵的行为所感动，决意要将他收入麾下。他许以文天祥高官厚禄，希望后者可以效忠自己——如此作为等于要求文天祥放弃一直以来他为之抗争的大业。文天祥断然拒绝了忽必烈的招降，并陈述了他对南宋王朝的忠心和满腔热血。被激怒的忽必烈下令立即处死文天祥。于是，文天祥被带至刑场。他面朝南方，跪下祷告，欣然接受了死亡。文天祥死时47岁，尸首据说被其妻儿埋在刑场不远处。

三大宗祠便是为了纪念这3位追随南宋少帝的忠臣，祠中的牌位写着他们的名字。宗祠建于明世宗朱厚熜时期，督建官员是一位叫吴麟的高官。明世宗下令每年举行两次国祭，

以祭拜这些前朝忠臣[1]。康熙十年（1671），番禺县令彭襄重修祠堂。这位官员在祠中亲自题了一首诗，以赞扬这些不朽的忠臣。乾隆二十三年（1758），知县彭科在祠堂中添加了6块牌位，上面写着那6位同样投江殉主的南宋高官之名，他们的名字是高桂、徐宗仁、赵樵、茅湘、马南宝、刘鼎孙。

贡院：秀才如何考取举人功名

现在，我们穿过定海中约大街，经小南门进入老城区，然后继续前行，再经东胜里和番禺直街到达贡院。在参观贡院之前，我们先来看看小南门的门廊边墙，那里有三四个泥砖砌成的柜子。据当地人说，这些柜子以前是用来装文书的。那些文书通常都是被人遗落在大街上，然后由巡逻的士兵或者过往的市民捡起，然后送到这里保存，直到主人前来认领。这种美好的传统已不再流行。人们说它之所以被废除，是因为这种传统的施行要求拾到文书的士兵和市民都具有良好的品行，而如今，人们对他们可能找到的任何文书都会随意处置。

来到贡院门前说明来意，老门房欣然迎我们进去。贡院里有一个很大的四合院，两边的几排房子为"号舍"。这种号舍据说至少有11673间[2]，每间都5尺6寸长，不宽于3尺8[3]。它们的门全都是敞开的，在科举考试期间，号舍里都放有一张很简陋的床——由七八条窄窄的松木板搭建而成。木板的

---

①据《博物汇编·神异典·神庙部·汇考三·广东通志》所载，此应为大忠祠，由嘉靖年间御史吴麟主持修建，祭祀宋信国公文天祥、丞相陆秀夫、越国公张世杰。——译者注

②如果考生数超过号舍间数，则另立芦席棚供他们使用。——原书注

③中国文献说是3市尺宽，4市尺长，6市尺高。——译者注

广州贡院，1870—1879。黎芳 摄

两头镶嵌进墙壁中的凹槽里。在科举考试的每日清晨，考生从他头天晚上睡觉的松木板中抽出两三条，放入上一层凹槽中（这些凹槽也是打在墙里的），当作他白天伏案考试用的桌子。剩下的木板就成为板凳，供考生坐下。这些号舍尽头都有一个大厕所，方便考生使用。号舍都用字命名，按训蒙读本《千字文》字号排列，但也会用数字标明。因此，若考官要召唤其中一名考生，并不困难。科举考试期间，每排号舍入口前都设有一木吊门。四合院被高高的木篱笆围住，庭院四周有花岗石铺的道路，连着通往号舍的小道。庭院中央是一座楼阁，像一个三开间的门楼，名叫"明远楼"，又称"观望台"。贡院尽头是两位主考官居住的房间，不远处还有10个类似的房间，是为其余10位同考官准备的，特意与主考官的区分开来。这里还有两间专门供两广总督（或广东巡抚）使用的房间。其他还有一些房间，下面我们会详细介绍。

　　这里举行的是3年一度的乡试，考生都是秀才，相当于学士。秀才希望可以考取更高一级的功名，也就是举人，相当于硕士。举人是省会可以授予的最高学位，所有住在广东的秀才若想晋升为举人，必须到此参加考试。因此来这里考试的考生非常多①，经常有一万二三千人。考生的家庭出身和阶级背景不一，年纪也相差很大，从十八九岁到七八十岁都有。两位主考官都是学问大家，由皇帝亲自指派。每3年，皇帝都会为每省指派两名这样的高官，从京城前往目的地担任主考官。

　　下面我们以广东省的两名主考官为例，说说他们到达目的地后要做的事情。两名主考官到达广东省会时，所有本地官员都要前来迎接。第三年的八月初是举人考试日，主考官必须在考试前几天到达广州。考试当天，广州所有官员以及众多士兵、旗手、乐手要一起护送他们前往考场。每位主考官都会乘坐一顶敞开的八抬大轿，轿子中的座椅覆盖着虎皮。每顶轿子前，在精雕细刻的木制华盖下，都会有人捧着皇帝在主考官离京前赐予他们的委任状和印信。

　　八月的第八天，考生们进入考场，此前一月，他们都已经通过了由学台主持的院试。举人考试当天，考生们早晨4点开始进入贡院，因为考生太多，所以有时候入场会持续到当天晚上。考生们的入场次序是根据其隶属的县或地区排列的。比如，南海县的考生可以先行进入，接着是番禺的考生，然后是其他县城的。他们在走过贡院第二道门时会被叫到名字，考生必须出声应答。通过第三道门——此门廊以龙装饰——时，巡抚在此地正襟端坐并再次点名，考生们听到自己名字必须应答。跨过这道门之前，他们会从一名官员手中接过一叠用来答题的纸，纸张的费用在老城区惠爱路的关帝庙中已经付过钱。在这道门前，考生们要按例接受检查，

---

①1873年10月，在该贡院参加科举考试的考生有13946人。——原书注

以防夹带小抄作弊。这一检查非常严格，但也并非入场延迟的主要原因。通过这道门的考生会被特定官员护送到隔开的号舍，号舍每间一人。号舍区前有士兵守卫，他们在进入前需要再次被搜身。当然，有时候这种搜查也只是敷衍了事。

在贡院考试期间，每名考生可以领到4两熟猪肉、4两火腿、6两咸鱼、粥、4个月饼、1份米饭、1个咸蛋以及少量腌菜。前些年，在贡院考试的3天内，考生一般能够领到更充足的饭食，包括1斤猪肉、1斤火腿、1只鸭子、1条咸鱼、4个月饼、粥和1份米饭。现在情况似乎已经很不一样了。官府会派厨子为这些学子烹煮食物。每10位考生配一位厨子，厨子同时还兼任侍从。厨子必须保证在考试期间绝不与任何考生有直接或间接的交流。这些工作在考试之前都会仔细安排妥当。

到了第二天，也就是八月九日的清晨，指定的考官会给每个考生发一张写有考题的纸。在第一轮考试中，考生们须按从四书中选取的语句撰写三篇文章和一首诗。每篇文章必须在350到700字之间，每首诗要求有16行，每行都是五言。考生接到考题后开始答题，时间持续到八月十日。考试结束后，考生把诗文交到交卷所，这个堂名听起来似乎十分响亮。

考生在交卷后，就要离开他们待了三天两夜的狭窄号舍。离开之时，会有大鼓敲响。写满诗文的考卷会由正式指定的官员转移到弥封所。在这个大堂，写有考生姓名的答卷会被妥善地封住，然后送往另一间房。在这里，官府雇用的抄写员①会用红笔将考卷誊写一遍。然后，答卷会被带到另一

---

①1873年10月，在该贡院举办的3年一次的乡试中，不少于1800名抄写员被雇用来誊写答卷。——原书注

间房，10名考官在这里进行阅卷，并将正本与抄本对照。这些同考官都是颇有学问之人，他们负责判断文章的书法、语法、表达的意思、论断逻辑等是否达标。10名同考官团通过的文章会被送到衡鉴堂，交给两位主考官审阅。他们审卷完毕，这些文章被封住的名字就会揭开，这样考官就可以知道文章的作者了。通过的考生的名字会被写出来，张榜公告。

然而，在这轮胜出的考生仍然未能立即获得举人的身份，他们还要参加好几轮考试。八月十一日，通过首轮考试的考生要再次进入贡院参加第二轮考试，在里面待到八月十三日。第二轮考试的内容包括撰写五篇文章，主题都是从五经中选取的。每篇文章的字数同样保持在350到700字之间。这次考试的形式和过程与首轮完全一样，最后胜出的考生名字会被公之于众，但此时他们仍然未能得到朝思暮想的举人身份。八月十四日，他们要再次应召入贡院参加第三轮考试。这次考试的时长和前两次一样，仍然要求他们撰写五篇时务策，即结合经学理论，对时事政务发表议论或者见解。通过这一轮考试的秀才一般而言不会超过120个，他们就是此次选拔考中的举人了。这些考生的名字会按成绩好坏排列，择吉日公之于众，并且不只在广州城公布，也会在广东省大量散发。居于榜首的举人被称为"解元"。

考完试后的某一天，考中者必须穿戴举人服饰，帽顶有一个金色的花状装饰，与巡抚一起用宴。总督、两名主考，以及城中上层官员悉数出席。在坐下来用餐之前，新进的举人会被正式介绍给两位主考官和在场的官员。之后，他们会被召集到皇帝牌位前行礼，以表忠心。席间，为了助兴，会安排几个艺人在戏台上表演时下流行的戏剧——戏台也是事先搭建好的。这台戏的中心人物是魁星，尽管他是人们心目中掌管文运的神，但身份却不是那么尊贵。宴会结束后，新进举人会被各自的朋友簇拥着，在几条主要的街道游行，包括"状元坊"。主考官们已经享受到城中主要官员的款待，也从每个新进举人手中收到一份礼钱，便会在这一天，被许多人簇拥着来到码头，从那里启程回京。

必须一提的是，这座贡院的一部分建筑在英法联军占领广州时已被毁掉。之所以被毁，是因为联军基于战略，且执行了查理·范·斯特劳本茨将军的命令。情况似乎是这样的，联军占领广州时，常有中国刺客躲在贡院之内，对经过门前的英国人、法国人或印度人发动突袭，砍下他们的头颅。两三队印度将士曾在贡院残余的部分建筑内住下来。此外，中国的苦力也曾在此占据了一角。他们在当时作为一支相当重要的力量，为英军提供服务。

离开贡院，我们经番禺直街，走向番禺监狱。这个监狱与我们此前描述过的南海监狱一模一样，因此也不再赘述。唯一需要一提的是，我们看到其中有一间特别大的牢房，比南海监狱中的任何一间都要大。

瞽目院与老女人院：盲人与老妇的庇护所

接下来，我们要经大东门，到东郊去参观一些景点。瞽目院坐落在北横街，是我们在东郊参观的第一个地方。现在，这个庇护所破落衰败，对当地官府来说，这真是一件不光彩的事。瞽目院是一个四合院，每一边都延伸出几间小屋，平行分布。四合院尽头有一个小小的庙堂，里面供奉着盲人的保护神，庙中有一位穷困潦倒的草药师，应该负责向住在这

个庇护所中的所有盲人提供免费的药物咨询。最初，瞽目院为至少448名盲人提供生活费，每个盲人每天可以领到1分银子。然而，随着时间的推移，从瞽目院接受救助的人增加到了884人，后来又增加到1931人，最后是2150人。现在，住在瞽目院中的盲人不超过300人，基本上已经被官府遗忘。之所以变成这样，大概是出于这种心理：中国人认为盲人失去视力，是因为前世或今世造下了恶业，如今就应该接受惩罚。

我们必须指出，住在瞽目院的盲人除了可以收到每天1分的例银（或15个铜钱）以外，每个季节还能收到一小笔钱。每年四月、七月、十月、十二月的十一日，他们都可以在贡院领到一小笔额外津贴。官府有一本册子，里面登记了所有盲人的名字和相貌。在我们前面描述过的几个场合，他们都被要求应答自己的名字。点名时，如果某个人不在场应答，他的名字会立刻且永远从这本册子上删除。在发放季度补贴时，盲人的债主也会来到现场。盲人们领到补贴离开大堂时，债主们会试图强迫盲人还钱。他们开始会好言相劝，遭到拒绝之后就会施以威胁，索要盲人刚刚收到的一点官府补贴。中国人向来非常会做生意，因此这个时候会有许多小商贩赶来此地，将商品卖给盲人们，换取他们手中刚领到的津贴，也夺走他们赖以探路的拐杖，尽管他们是朝着黑暗与不确定的方向前行的。

接着，我们要参观老女人院。这是一个非常庞大的机构，看起来这里的管理者对此机构甚是上心，远胜城里其他慈善机构的监管者。老女人院有240间平房[①]，里面住着340个年

———————
① 其中三四间破烂不堪。——原书注

老的妇人。老女人院的一角有一座供奉观音的庙宇。住在这里的老妇将大慈大悲的观音菩萨当作她们的保护神。这些年老妇人的生活费来自4.2万两银子的利息。这个慈善机构有一些房屋、土地，被管理者出租给别人，因而每年能收入2400两银子。尽管这笔钱不少，但院中老妇真正领到手的只是很少的一部分。此外，附近村庄的老寡妇每年也可以领取4两银子，这笔钱同样来自这些利息。

离开老女人院之前，我们经一条门廊来到广州城东墙下的护城河河边。门廊的左边有两棵离得很近的高大木棉树。曾将自己与赫德利·维卡斯①相比的巴迪上尉②正是在这两棵树之间受了致命的伤。英法联军进军广州城之前，他正和海军上将迈克尔·西摩一起到此侦察城墙。这时，从对面瞭望台射来一颗抬枪子弹，击中了他的胸口。1小时后，他便在老女人院的墙内死去。后来，他的遗体被运到香港的跑马地坟场埋葬。

东较场：官员接春神仪式

现在，我们从北横街折回到东门外直街。在东门外直街，我们看到几个男人正忙于制造弓箭——战争爆发时，中国的弓箭手需要大量这种武器。沿着东门外直街向前走，我们来到东边的一个大广场，名叫"东较场"。中国军队每年都会在这里接受检阅，有时候也会在这里扎营。此外，它还

---

①赫德利·维卡斯，英国军官和布道家，死于1853年至1856年俄国与英、法为争夺小亚细亚地区而爆发的克里米亚战争。——译者注

②巴迪，读过英国皇家海军赫德利·维卡斯的传记，认为对方是一个比自己尊贵的人。——原书注

是军队举行骑乘射击考试的考场。

　　春至当日，知府以及南海和番禺县的县令会在东较场迎接春神。彼时，所有官员都穿着官服，端坐在敞开的轿子里。轿子的座位上还都铺着虎皮。迎接春神的游行开始后，官员在官兵和士绅的簇拥下穿过一条条大街。游行人员众多，声势浩大，其中有不少马官，还有好几支乐队，还有举着各种旗帜的人。身着各样古代英雄和大人物服装的青年男女、小男孩、小女孩给游行队伍增添了不少气氛。这些人有的骑在马背上，有的坐在大人肩上，头上还有精雕细刻的木制华盖遮阴。游行队伍到达东校场之时，官员们会从轿子里下来，走进一个迎客厅，按照职位的高低次序就座，并相互交谈一会儿。许多小官吏（例如马官和其他一些人）就会趁着这个时间，到芦席棚去休息一会儿。在游行开始之前，芦席棚就已经专门搭建起来，供官员们作喝茶、享用糕点之用。这种时候，每个小官吏都会收到一束花。每束都包括3种花：玫瑰、桂花和杜鹃。官吏们显然很在意这些花，因为它们在返程队伍中占据了非常显眼的位置。

　　知府以及南海和番禺的县令现在要前去迎接和祭拜春神。春神是一尊木制的偶像，看起来像一个十一二岁的小孩。它位于一个芦席棚中，这也是一两天前就已搭建好的。在官员们祭拜春神之前，就已经有许多人造访过这里。信徒们疯狂地冲进芦席棚中，用手掌拍打春神的脸。中国人认为这样可以让他们避开接下来的一年中的所有灾难。这种愚蠢的想法当然是受到算命先生以及其他一些为了谋生而迎合人们迷信心理的人的影响。官员们走近这个偶像后，会烧香供奉，其祭品包括：一只煮熟的鸡、一大块煮熟的猪肉、一条鱼、五谷以及糕点或形似桃子的包子。他们为偶像倒酒以示祭奠，鞠躬以表敬意。祭拜仪式结束后，知府会走过去浅浅地犁几下地。这种动作只不过是形式上的。在此之前，人们将一头牛拴在犁上，知府走过去，将手放在犁上。一个壮实的农夫将犁提起，大概高于地面几寸，让另外一个农夫牵着牛前后走动几步。如此重复9次，知府的犁地仪式也就结束了。其他官员也效仿知府，装出播种的样子。

接着，春神像会被放在一张能移动的小桌子上，由一群男子以凯旋之姿抬着，走在返程队伍的前面。然而，整个队伍在行进一段时间后，人们会将一些石头像雨一样扔到偶像身上。在如此情况下，春神还能毫发无伤，这真是一个奇迹。在返程队伍中，春神的旁边，有人抬着一头水牛塑像。这塑像和真的一样大，由一片片薄薄的竹片组成，里面还垫着一层纸。它没有暴露在之前的游行队伍里，大概是为了避免被扔过来的石头砸成碎片吧。在之前的游行仪式中，水牛塑像被存放在附近的店铺"东盛"中。之后，它会被取出加入游行队伍，并被两三个男人拿着竹棍象征性地"驱赶"着。他们用竹棍不时地轻打那尊脆弱的水牛。随后，春神和水牛被带到衙门，也就是知府的官邸。

第二天，是春至日，知府以及南海和番禺的县令都拿着一条鞭子，这鞭子其实是一根竹子，上面缠了两三种不同颜色的丝线。官员们严肃地绕行水牛3圈，每走一步，就用鞭子轻轻抽它一下。这一奇怪的仪式结束后，官员们会再次敬拜春神，然后下令烧掉水牛。一名衙役迅速执行了这一命令，点燃了那堆铺在水牛塑像脚底的稻草。许多中国人认为，如果可以拿到一点竹子和水牛的碎片，接下来的12个月都会顺顺利利；因而，很多人都会在被烧毁的水牛灰烬里寻找烧剩的竹片。最后，春神被送回春神庙，该庙位于宽敞的城隍庙的一个庭院中，春神会在这里待到下一个春天，然后被重新涂色，带着通过东门，等待这一年官员的到来。每年迎春神仪式观看者中，官员就占了一大半，东较场和游行经过的街道被人挤得水泄不通。道光二十九年（1849）举行的迎春神仪式观看者尤其多，以至于至少有8个人被踩踏而死。也是出于这个原因，当地官府决定不再进行这一仪式，而改由男女扮成古代人物，因而也就没有之前那么好看了。这一决定被执行到同治十三年（1874），然后在官员们的一致同意下，限令被取消了，当地百姓为此感到十分高兴。

东较场的一头屹立着一座祭拜风神的官立庙宇，名曰风神庙。风神又叫风伯，也算得上是一位声名显赫的神灵。他在俗世时名叫飞廉，官拜上大夫，为他立传的人称他在民间家喻户晓。他出生在纣王年间。据说风神——或叫飞廉——的奔跑速度快过骏马。周武王痛恨飞廉，一心想置他于死地。但因为飞廉奔跑速度太快，追捕的人根本追不上他，因此在很长一段时间内，周武王无可奈何，只能在心里默默地憎恨他。有一次，飞廉在躲避武王士兵追赶之时，掉进了一条河中，因为不会游泳，最终他成为武王的囚徒。根据赞美风神的中国传说所载，飞廉的前世是一只鸟。传说还说，他在最后一次降临地面时，身体就像一只鹿，头上的包就像刚冒出来的鹿角。飞廉如今是风神，每年清廷官员都要为他举行两次官祭。雍正十三年（1735），皇帝下令修建风神庙。起初，风神庙修建得十分简单，门面并没有大肆装潢。

我们下一个要参观的地方是火神庙，它是供奉火神华光的庙宇，离风神庙很近。我们先简单介绍一下火神。据说，唐朝时有5位仙人，他们是同胞兄弟，在某一天变成人类的模样，下到凡间。5位仙人中的第一位是广济王，第二位是广佑王，第三位是广惠王，第四位是广泽王，第五位是广成王，他们都在唐德宗时期被封为护国公。宋理宗在位期间，他们被晋封为王。传说他们首次向人们现出真身时，是在一个大花园中。

那个花园位于浙江省省府北郊，当时属于一个叫王源的富人。那天夜里，在一片静寂中，花园突然被红色的强光照亮，由此惊醒并吓坏了住在旁边的人。他们从床上爬起来试图弄清楚出现这种奇特现象的原因，却发现花园中的一张长椅上坐着5位仙人。其周遭的圣光让他们看起来就像是刚下凡的仙人。他们身边还跟随着许多守护神，每个都身穿黄袍，系着黑色腰带，手中或举着一把巨大的伞，或拿着一把扇子。王源走到5位仙人跟前，与他们交谈。仙人告诉他，他们是奉玉帝旨意，来凡间充当人们的保护神。他们还告诉王源，他们会特别照看他。听到这番善意的言语后，王源拜倒在仙人跟前，以示追随。在他行完跪礼后，一朵祥云笼罩住整座花园，人们看到5位仙人踏着祥云飞升天堂。第二天清晨，许多老百姓聚集于此，并决定立刻就地修建一座庙宇，以纪念这些仙人不同寻常的造访。大家一致同意，没有其他地方能比在仙人现身过的花园更适合修建庙宇了。最后，当地的官员们也得知了这一消息，并迅速将建庙始末详细禀告唐德宗。很快，德宗表示乐见此事，并为每位仙人赐予国公的称号。另外，据说这5位仙人还各有一位夫人，名字分别是Chiu-Choh-Foo-Yan、Sin-Choh-Foo-Yan、Tsing-Choh Foo-Yah、Hi-Choh-Foo-Yan和 Tseng-Choh-Foo-Yan。德宗也为

仙人的祖父母、父母、姐妹及夫人都赐了尊号。在他们完成了保护人间的使命后，玉帝又另外派了两位大夫及其14位下属继续担当此责。据说这第一位大夫长着3只眼睛，第三只眼长在她的额头中间，能看到千里之外发生的事。第二位大夫有顺风耳，能听见人间任何角落的声音。

回到五仙的话题上，据说唐宪宗在位时期，僧人道容拜访了那座供奉五仙的庙宇。他十分尊崇5位仙人，并向他们询问了他们飞升前的家族情况和现居何处等消息。仙人回答，他们的亲戚一直居住在附近的一座山中。第二天，僧人匆忙赶到仙人所指的地方。当他到了那里之后，竟然惊诧地看到5位仙人从一棵枯萎的椰子树后走出来。这个吓坏了的僧人问5位仙人是不是住在那棵枯萎的椰子树里，树的名字又叫什么。仙人点头，并说这棵树名叫"安魂树"。于是，僧人在附近修建了一座庙，以纪念那5位仙人。如果我们没有弄错的话，这座庙至今尚存。据说这5位仙人——或说是"五王"，中国人偶尔也称他们为"王"——分管金、木、水、火、土。五王中，华光被称为"火神"，广州的官员们每年都要祭拜他两次。

从火神庙出来，我们前往普济院，或说是老人院。普济院建于雍正二年（1724），院中据说有200间平房。然而，在参观这些房子时，我们发现有人居住的房间不超过178间，居住者都是需要救济的穷人。这些平房中有好几间非常残破，似乎根本无法让人居住。普济院为988人提供了资助。入住院中的老人必须超过60岁，并且没有任何收入，最多只能容纳310人。每个人每月都能领到30斤白米，以及330钱，以购买少量的猪肉、鱼肉、蔬菜、盐和燃料。每3年，他们可以领到一件棉衣，死后则能得到一口价值9钱2分银的棺材，以体面下葬。普济院入口的门廊处坐着一个供给人，老人们大概就是从此处领取必需的食物和燃料的。门廊右边还放着一口大钟，左边有一面鼓。钟上的铭文显示，此钟是雍正年间铸于佛山钟厂。在普济院所在的四合院中央，矗立着一座关帝庙，庙中供奉的关帝显然被当成普济院的保护神了。庙里有一口小钟，钟上刻着铭文，说此钟铸于雍正二年（1724），并在同年被放置于此庙。这所老人院里还有一座庙，是专门纪念关帝之父的。庙里住着一位大夫，如果我们没有弄错的话，他的职责是免费为院中老人治病。最后，这座慈善老人院中负责照顾老人的仆人大约有50个。

<h2 style="text-align:center">永胜寺与地藏庵：巨大的临时太平间</h2>

接下来，我们还参观了永胜寺，这里被外国人称为"死人之城"，这似乎颇为恰当。永胜寺是存放死人的地方，中国人认为鬼会遇见鬼，神灵会招呼神灵，因此，这座寺庙建得很像一座小城市。庙中有194间小房子，每个房子都摆放过装有死人的棺材。此外，每间房子都放着一张祭台，上面不仅有死人的牌位，还有香炉、烛台和茶杯，还有装着大米且被牢牢封住的器皿。在中国人眼里，这些米就是死者的食物，因此每口棺材都有一个装米的陪葬器皿。死人的尸体会停放在这里，直到风水先生找到下葬的风水宝地。这座"死人之城"里也存放着外地官员、商人和旅行者的遗体。这些人有从附近来的，也有从很远的地方来的，他们或是有公差要办，或是为了找乐子，都在停留广州期间不幸死去。如果把他们埋在广州，当然就少了其后人操办葬礼时该有的盛大

仪式。因此，他们的棺材都停放在庙里，直至方便的时候再送回其老家安葬。这一祭拜死者的奇特风俗，来源于中国人相信每个人都有3个灵魂。他们还相信，人的肉体死后，一个灵魂会随尸体进入坟墓，并一直待在那里。第二个灵魂会停留在停放尸身的祠堂或刻有死者名字的牌位上。第三个灵魂会在特定时刻前往西方极乐世界。永胜寺的两侧是高墙，墙上有放置过步枪的痕迹。如果我们没弄错的话，这些预防措施是必需的：死者可能会给后人留下大笔遗产，当他的遗体停放在寺中时，有可能会有一帮恶人试图偷走遗体，索取大笔赎金。当死者的遗体需要暂时存放在寺中而家属又有此疑虑时，他们通常会雇人监视这里，以防止坏人偷尸。

永胜寺的庭院中有一个池塘，边上种着许多树木，并且栖息着上千只鹳。无疑，这些鸟是很神圣的。我们参观的时候，池塘中有五六只白鹅正在玩耍。当我们靠近池塘时，它们便嘎嘎大叫。显然，它们就像古罗马城中的白鹅一样，可以发出足够大的声音以唤醒打盹的哨兵。永胜寺还有两只神圣的白公鸡。人们认为，这些公鸡的叫声能留住灵魂，阻止它们从寺中死者的遗体身边溜走。寺里还有一座供奉着3尊佛像的庙，每日早晚都会有五六个僧人对着这些神情漠然的佛像祷告。庙里还有一口钟和一面鼓，钟上的铭文显示，这口钟铸于康熙二十四年（1685），敬献者名单如下：Tuung-Sheung-Fuung、Chan-Shau-Chi、Wong-Ue-Shan、Tong-Ue Ip、Leung-Shai-Ying、Tsang-Yau-Kit、Luuk-Fong-Piu、Tong-Ue、Ue-Tang-Kaau、Cheung-Ue-Po、Paak-Leung-Tcho和Chau-Kui。

我们由北门离开永胜寺，接着参观附近一座供奉农神的官立庙宇。这座庙规模不大，名曰先农坛，庙中没有偶像，祭坛上放着一个牌位，上面用镀金的文字刻着农神的名字，显得十分肃穆。寺庙的庭院中央立着一张石桌，上门放着一个祭坛，专门摆放官员们奉献给农神的祭品。城中的官员每年都会在这里举行两次祭拜农神的仪式。先农坛旁边有一块土地，每年谷雨时节，也就是耕种季节开始之时，总督、巡抚、八旗将领、海关监督、布政使、提督学政、按察使、盐政和其他头面人物都会在此来回犁地9次①。在犁地仪式之前，会有人代表官员们说祷告词，并向农神献祭。在此场合，通常由总督担任大祭司。仪式结束后，所有高官都会脱下外衣，开始用犁犁地。他们所用的犁是红色的②，身后跟着两三名下属官员，负责播种稻谷。在这种犁田和播种的仪式进行的过程中，几个穿黄衣的孩子会站在窄窄的田埂上，唱着颂扬农神的民谣。

现在，我们又来到了一座"死人之城"，名曰地藏庵。这个临时存放死人的地方拥有至少505间房子。它的规模如此庞大，以至于没有人带路的话，参观者很难找到里面的具体位置。这座死人之城——我们没有更好的名字来形容它了——有一座祭拜三世佛的庙。庙宇右边有一口钟，左边是一面鼓。钟上的铭文显示，这口钟于嘉庆四年（1525）铸于佛山的聚盛钟厂，捐献者是商人Tong-Yuk Ching。

地藏庵里还有一座庙，里面供奉的是地藏王。每年七月十四、十五和十六日，都会有许多妇人到此哀哭。她们为

---

①此仪式在北京由皇帝亲自主持。——原书注
②皇上用的犁是黄色的。——原书注

了纪念死去的丈夫、亲戚或朋友而痛哭流涕，并大声祷告。
为了应对这一定期进行的古怪仪式，庙里临时设了许多小祭
坛，每个上面都放着长条状的红纸。这些红纸上写着死者的
名字，失去亲人的妇人会在这一天来此悼念。在这些日子
里，妇人们发出的悲号真是震耳欲聋。庙里还有一口钟，是
5个同族人在康熙十四年（1675）献给地藏王的，他们的名
单如下：Tchu-Chan、Tchu-Fan、Tchu-Kwok-Shin、Tchu-
Kwok-I、Tchu-Hok。这座地藏庵里的小庙居住着三四个僧
人，他们真可谓是"遗忘了世人，也被世人遗忘"①。

　　参观完地藏庵，我们紧接着前往太监坟。太监坟是一
座中国古代的坟墓，里面葬着一位名叫班志富的清廷将军。
1650年，这位著名的将军曾参与过清廷攻陷广州的行动，他
曾与藩王尚可喜并肩作战。通往坟墓的道路两边各有6尊花岗
石石像，它们描绘了两只公羊、两只老虎、两匹身着华服的
马、两头骆驼、两个武士和两位文官。坟墓前矗立着一块巨
大的大理石墓碑，上面的文字大意为：

　　"奉天承运，顺治皇帝诏曰：在所有建功者中，为开国
立下战功的人更应受到嘉奖和提升。奖赏分明，如此可以号
召其他人为我朝效力。古往今来，莫不如此，公正而合理。

　　"你，班志富，曾在平南王尚可喜手下任同知、右翼总
兵和都督。你识时势，审慎地跟随平南王，服从王命。你奔
赴广州，无畏战斗，身经数战。不管是沙场杀敌，还是善待
俘虏，都显示出了你的超凡智慧。朕的胜利有你的功劳。我
忠诚而尊贵的臣子，朕授予你新的奖赏，以向天下彰显你的

---

① 出自亚历山大·蒲柏的诗作《艾洛伊斯致亚伯拉德》。——译者注

功德，也鼓励其他人以你为榜样。

　　"你，班志富，一直是朕的臂膀①。你每日都是如此勤恳而忠诚。你的妻子善于持家，是你的贤内助。因此，朕也对她加恩赐赏。当班志富担任军队主将时，你作为一位忠诚的妻子，全力相助于他，你是人中之凤，超过了其他女人。朕要论德行赏，因而现在赐予你一品职位，以奖赏你对丈夫的辅助之劳苦。朕赐予你最高封赏，不仅是赞扬你的忠心与顺从，还包括你的贞洁。尽管你已过世，但你的在天之灵若知晓这种光荣，将会永远记住这莫大的荣耀。

　　"官员们应当全力效忠我朝。为了国家，他们应该忘记自己的小家。朕作为皇帝，不会忘记任何尽忠之官员的家属，会重重地加赏他们。你，王氏，班志富的姜，一直都是你丈夫和主人的忠实伴侣。你跟随夫人的脚步，在各方面的表现都不逊色于她，甚至超过她。朕因此赐予你此生最高的荣誉，让天下人都能看到你的品行。你应该继续如此，为他人树立榜样。你应该保持你的热情，履行你的责任，勤勉地处理好家中一切事物，成为你丈夫的精神伴侣，以便让他将时间和精力都放在国家大事上。

　　"顺治八年八月二十四日，记载官员死讯的人向礼部报告，称班志富已经过世②。他说将此事告知皇帝是礼部的职责，并奏请立即赐予班志富合适的称号，以鼓励现在守卫边防的将士，继续效仿于他。这个建议得到了采纳。因此，朕下旨赐班志富清明节的四场祭拜仪式；另外，班志富的坟

---

①极其有用的。——原书注
②具体可参考《清实录·顺治朝实录》，九年七月戊寅条。——译者注

墓修建和葬礼仪式都由官府出资。广州的布政使已经收到指令，要提供资金以购买所有葬礼所需的物资，例如食物、香火、蜡烛和纸钱等。同时，他还要指派一位下属亲自前往班志富的坟前祭奠。

"顺治十五年十一月十三日，布政使的下属——一位徐姓官员，奉命来到班志富坟前参加了仪式。他悲痛地鞠躬，传达了朕的旨意：你是如此值得人尊敬，堪称所有官员的楷模。体恤像你这样的官员，确实是政府的职责所在。你拥有良好而高贵的品性，你用远超同辈的能力和智慧，在许多紧要关头，尽你所能协助我朝。你对我朝事务尽心尽力，从不觉劳累，朕曾盼望你能多活许多年。但是，可叹啊！你突然离朕而去，这让朕无比痛心。

"因此，朕在此沉痛地祭奠你，希望你安眠于此，灵魂得以安息。朕为你的亡灵献上一只烤羊，希望你能享受朕的赏赐。这份赏赐无上光荣，且将永载史册，希望它能慰藉你的在天之灵。"

班志富下葬后的第七天，皇帝又下了另一份诏书，并再次举行了一次仪式。诏书的大意如下：你确实拥有高贵的品德和心性。你任官之时虔诚而勤劳。可你竟突然离世，真是令人痛心啊！朕赐你额外的礼葬仪式，你的在天之灵若有感应，就应全然接受。你的名声将在天下百姓间传颂。你勇敢地战斗过，你曾多年护卫我朝边境。然而此刻，你的身体安息于泥土中。朕在此祭奠你，以表达对你离世的哀痛。希望你的子孙能昌盛发达，希望你不久后还能回到我们中间。离开这座坟墓，我们继续前行。

很快，我们来到了一座规模较小的寺庙，名曰永泰寺。

这座寺庙原名东山寺，里面住着两三个和尚。它是由内官监太监韦眷建立的，此人一度活跃在明宪宗成化年间。韦眷给此寺起了一个更合适的名字——永泰寺，并于成化二十一年（1485）九月极大地扩充了寺庙，占地面积增加了好几亩。顺治七年（1650），官员王庭和班志富翻修庙宇。乾隆四十六年（1781），永泰寺再次被翻修。永泰寺的一座大殿中供奉着一尊观音菩萨像。观音骑在灵兽"犼"身上，身边有两个侍者，一个叫普贤，骑在一头大象身上；另一个叫文殊，骑在一只狮子背上。永泰寺的主要塑像中，还有一尊是纪念印度僧人达摩的。寺庙的一口钟上刻着铭文，大意如下：乾隆三十八年（1773）二月，寺庙住持Kwong-Ping下令，由寺庙出资请佛山Tsai-Who钟厂重铸此钟。道光二十四年（1844）十二月，僧人Poon-Shin再次重铸此钟。如今，这口钟重500多斤。

永泰寺附近还有一座纪念北帝的寺庙，它建于嘉靖十四年。寺庙的庭院中长着一棵李树，经常会有人前来祭拜。道光十一年（1831）六月的一个吉日，粤海关监督文丰祭拜了这棵树。当时，文丰的女儿病得很严重，似乎快要死了。文丰为此感到悲痛，许多算命先生劝他赶紧去修一座庙，并祭奠那棵李树。文丰听从了他们的建议，没多久，他女儿的病也就好了。为了答谢搭救女儿之恩，文丰为那棵李树修了一座小小的庙，还在庙的周围修建了一面有装饰的墙。

北帝庙里有好几座大殿，这些殿中的大钟不少于4口。主殿悬挂的大钟镌刻着铭文，大意如下：顺治八年（1651），于佛山德盛钟厂铸造此钟，铸钟的捐赠者包括47个男人和3个妇人，名单包括，Kong-Ying-Luung、P'aang-Chi-Luun、

Chan-King-Pong、Fu-Cheung、Li-Ting-Tuung、Lo-Ch'iu-Chan、Ow-Naam-Mi、Tsin Mun-Wun、Tse-Yam-Ming、Li-San-Ming、Wan-Ying-Cheung、Wong-Sum、Kong-Tsze-Tak、Chan-Huung-Luung、Mun-Shin Pan、Chaw-Lo-Shi（女）、Ts'ui-Kwok-Cheung、Lou-Kwok-Ting、Wong-Ying-Luung、Lu-Uen-Luung、Wong-Hi-Luung、Wong Taai-Fuuk、Lo-Koh-Ki、Tse-Kin-Fui、Suung-Ki-Luun、Lo-Cheung Tsoi、Li-Tak-Shing、Mak-Sin-Kwai、Chan-Hi-Fuung、Suen-Yau Kwong、Kwok-Faat-Uen、Shute-Ying-Foh、Chan-Kwun-Yan、Ow T'in-Fuuk、Li-Mau-Lin、Kong-Tsai-Yau、Su-Cheung、Ow-Naam Mi、Wong-Ting-Yam、Mun-Tso、Chan-Tsze-Lau、Chan-Huung Tsat、Wong-Cheung-Sui、Lum-Hung-Shi（女）、Wong-Hi-Shi（女）、Wu-Kwok-Cheung、Wong-Uen-Mun、Tchoy-Ying-Tchu、Wu-Ying-Fui和Suen-Ching-Shing。

另外3口钟在佛山Lung-Sing钟厂铸造，是Tchun Kum-Ting和他的3个儿子捐献给庙里的，3个儿子的名字是：Tchun-Hoi、Tchun-Khan、Tchun-Wu。

顺治七年（1650），清廷高官班茂主持重修北帝庙，并且得到另一位官员王定的大力资助。

北帝庙修建之前，这里一直以来都是一座长满野草的山丘。山丘顶上有一棵树，中国人叫它"金树"。此树树干极高，除了主干外，几乎没有多余枝干，看起来很奇特。渐渐的，便有许多人来到它跟前跪拜祷告；当它开花之时，来此跪拜的愚昧信徒就更多了。据说道光十八年（1838）的夏天是它最后一次开花，来此跪拜者成千上万。

茂和栈：编席染色的古老手艺

在这座翠绿的山丘下，有一个很大的席厂，名曰茂和栈，很值得一游。我们走进工厂，看到很多工人都忙于编席。编席是广州的一项非常重要的产业，其使用的材料和方法，在夏德①博士的一篇文章中有详细的描述。这篇文章发表在《中国评论》（*China Review*）的第一卷第四期上，文章说：

"广州编席的材料是席草，也可说是芦竹，但可能有好几个品种，其中一种生长于咸水浅滩平地，一种只生长于淡水地。席草原本是绿白色的，但在编织过程中会被漂白。为了生产不同的席子，工人们有时候会在编织之前给席草染色，以达到美观、雅致的效果。

"（席草的染色）通常有四种：红、绿、黄、深蓝（又叫作黑褐色）。

"在这些颜色中，红色的使用频率最高。在制造出来的席子中，纯白色的最多，其次是红色的。除此之外，还有好几百种漂亮的图案，上面由各种颜色按照不同的比例搭配，颜色的次序也显示出哪种更受欢迎。以下为席草染色的过程：

1. 红色

"将苏木切成薄片或木屑，放在水中煮一天。50磅苏木配150加仑水，水放在铁底大木盆里。等混合液凉下来后，倒进土盆里，每混合液40加仑加以2磅明矾。将席草放在这种液

---

①夏德，德国汉学家。同治八年（1869）来华，在厦门海关任职，此后27年在中国各地海关执勤，历任副税务司、税务司等职。——译者注

体中泡3次，每次泡6天，泡完后都要拿出来晾干。第一次浸
泡后，要往染液中加入同等重量的水，第二次加入1/3的水，
第三次泡时不再加水。整个染色过程大概耗时3个星期。

2．深蓝或黑褐色

"这个过程和染红色的过程大致一样，但在浸泡3次后，
还要再将席草浸泡一次。这次浸泡耗时一天，并且要往原来
的染液中加入半斤硫酸亚铁（青矾）。

3．黄色

"将30斤Wai-Fa-Mai放到150加仑水里煮上一天。等混
合液冷下来之后，便倒进土盆里，每40加仑混合液加入4磅明
矾。将席草放进这种液体中浸泡3次，每次3天，浸泡后都要
拿出来晾干。第一、二次浸泡时，染液中需加入与染红时同
等重量的水。整个过程耗时10天。

4．绿色

"往一盆40加仑的冷水中添加24磅林叶的叶子和软枝。
这种植物的叶子是蓝色的，多生长于广州的白云山、河南岛
和其他一些地方，属于爵床科植物。在寒冷的天气里，这样
的混合液要静置8天；若天气炎热，则静置三四天。之后，
将叶子和软枝取出，往混合液体中加入2磅明矾和半磅硫酸
铜，然后放入席草开始浸泡。第一次浸泡需要泡3天，拿出来
晾干后再泡4天。第三次浸泡时，加入1两半至2两的硫酸
亚铁。6天后，将席子取出晾干。整个染色过程耗时17—22
天不等。

"用来编席的机器非常简单。它由两个直立的架子组
成，彼此相隔5尺，由横杆连着，横杆之间隔3尺。织物的经
线是由中国麻织成的线，一头捆在一小片竹子上，穿过编织

杠，绕着两根横杆，将另一头系在另一片小竹子上。准备了这么久，织席机可以用了。席草在潮湿、易弯曲的状态下被编织成2码长。织席机有一块与席草等长的扁平竹子，席草的一头就绑在这根竹子的凹口上，在织物的经线上来回穿梭。竹子充当了梭子。

　　"草席织完之后要晾干，工人们会把它先在太阳底下晒，再用慢火烘烤，这一干燥过程能使草席变得耐缩水。接着，工人会在一个框架上把席拉平，并用手将不平整的部分压平。然后剪掉草席两头多余的部分，修成大约3寸长，再与其他草席样本织在一起。20张这样的席子便可制成一卷40码长的草席。

　　"广东省有3个地方存在大规模的编织工业：东莞、连滩和广州。东莞是坐落在东江三角洲南部主支流左岸的城市，位于广州以东40英里处。此处多出产原材料，城市西北部有许多交叉的河道，岸边生长着大量的席草。但当地居民不像广州和连滩人那么擅长编织，或者说他们更关注其他产业，比如种甘蔗、制鞭炮和捕鱼等。东莞的编织业仅限于用白色和红色的席草织成格子状的草席，因此大量席草被送往广州和连滩。连滩是位于罗定州的城镇，坐落在西江南部一条支流的河岸上。这条支流从南部的大片高山中流出，浇灌着广州其中一个肉桂产地，注入西江时，差不多正对着德庆镇，该镇大概位于肇庆市之外的80英里处。连滩在西江河道南面将近20英里处，距广州大概150英里。罗定州生长的席草数量很少，每年只够编织3000卷草席。由于生长地区附近的水源并非咸水，因此这种席草只能用来制造某些特定样式。除了纯色和混合了红色的格子状草席外，连滩的工厂还生产其他

种类的草席,但最复杂的样式还是产自广州。在这里,就像本地的其他产业一样,住在附近的外商可以一定程度地影响当地的生产厂家。通过将产品样式做得符合外国人的消费习惯,这有利于持续发展本地产业。此外,香港也会制造一小部分质量略差一点的草席。

"每年向国外出口11万—12万卷草席,意味着可以创造50多万银元的利润。在广州,草席是除丝绸、茶叶和肉桂之外最重要的出口商品。在这些出口的草席中,有近90%被运到纽约,少量经香港运到旧金山。1871年,草席在各国或各地区的消费情况如下:

美 国　90682卷

香港(经此地运往加利福尼亚、欧洲各城)　10552卷

英 国　5448卷

南 美　4295卷

欧洲大陆(汉堡)　247卷

印 度　200卷

"然而,在中国,中国人似乎更广泛地使用其他各种垫子,这种草席的消费量十分少。"

育婴堂:弃婴、杀婴与童养媳

我们离开草席编织厂,继续前往育婴堂。这个弃儿的避难所坐落在东南郊的一条街上,有人称此街为"前监街",又有人称它为"百子桥"。

到达育婴堂后,我们发现它的建筑设计与前面提到过的慈善机构异常相似。育婴堂非常大,里面有好几列长长的平

房，每列之间的距离很小。为了收容弃婴，这里建造了至少
258间平房。在更详细地描述这座医院之前，让我们先看看另
一个类似的弃婴收容所。

这个收容所建于广州西郊，其基石似乎立于康熙三十六
年（1697），然而最终落成却是在21年之后。但是，就像许
多伟大的作品一样，这座建筑如今也已不复存在了。

支持那项慈善事业的人是两位清廷高官。一位姓石，曾任
两广总督；另一位姓沈，曾是巡盐御史。①这两位高官主持修
建的育婴堂，最终还是不可避免地衰落了。在此之后的雍正
九年（1731），富商叶松雪向当时执政的吴总督和陈巡盐御史
请愿，希望在广州东郊修建一座育婴堂。为了向育婴堂提供
相应资金，两位高官随即设立了一项资金项目，资金主要来源
于广州和郊区的人民捐赠。筹集的资金有部分被用作投资，如
今它每年可以创造1510两银子的利息，而且这一数字每年还
在继续增长，再加上盐商的捐赠，最后利息甚至高达2520两
银子。

育婴堂中的平房，除了供弃婴们居住的几列以外，还有
多间供护士居住，两间供大夫居住，此外还有一间药房、一
间教室和一座庙宇。庙宇中供奉的是金花娘娘，也就是女人
和孩子的守护神。育婴堂与3座坟地相连，在堂中死去的弃儿
都会被埋葬在那里。四合院的一堵墙边放着一块黑色的大理
石碑，上面刻着其中一座坟地的平面图。此外，石碑上还刻
着一些字，清楚地表明这块地是育婴堂花钱购置的。

育婴堂收留了许多弃婴，她们大部分是由亲生父母送来

---

①据查，由两广总督石琳、巡盐御史沈恺联合倡议。——译者注

的，小部分来自外面大街角落或某户人家门前①。这些父母抛弃孩子有时候是出于贪婪，而非贫穷，他们的家庭往往衣食无忧，这不得不让我们感到十分痛心。这可以从我们长期居住于中国所看到的事例中得到印证。1874年7月23日，一个名叫Yik-A-Fie的卖猪肉商人和他的洗衣工妻子生下了一个女儿。他们就住在广州郊区的彩虹桥附近，家庭条件还不错。孩子出生的第二天，猪肉商就让仆人把孩子送去了育婴堂。我们得知此事后，与这位行为怪异的父亲争论了一阵，批评他太狠心，希望他能将孩子领回去抚养②。然而，尽管我们一再表示送到育婴堂的孩子可能会过得很悲惨，但他仍然表示自己无法承担养育她的费用。这只是一段插曲。我们认为，育婴堂中的看护人员根本无法很好地照料婴儿。从目前来看，育婴堂面临着一个很大的困难——护士太少。因此，一个护士常常要照料两三个婴儿。站在育婴堂外面，你可以听到里面传来的婴儿哭声，这证明她们根本就没有吃饱。育婴堂中有两位医生，负责在婴儿生病时为她们开药。他们一个主治皮肤病，另一个主治内科③。就算这样，婴儿的死亡率还是很高。我们进来参观时，看到一个房间的角落里摆放着五六具等待埋葬的婴尸。据知情人透露，清晨早些时候，

---

　　① 在我们停留广州的几年里，只看到过两个活的婴儿躺在大街的角落里，死在大街上的弃婴也只有一两个。当时它们就躺在贡院东墙边上一条人烟稀少的道路旁。不过，住在船上的人家偶尔也会将死婴扔进河里直接漂走。——原书注

　　② 在这个孩子出生前，这位父亲已经有两儿两女了，而且其中一个儿子和女儿都已成家，所以他的家庭负担其实不算很重。——原书注

　　③ 在中国，一些医生把研究和医治皮肤病当成一种专门的学问，另一些医生把研究和医治内科疾病当成他们的专长，几乎没有医生专注综合性疾病的研究和治疗。——原书注

你在走进育婴堂之时，如果看到有苦力扛着篮子前往墓地，这一点都不奇怪，那篮子里极有可能装着六七个待埋葬的死婴。但并非所有死在这里的婴孩都会被装在篮子里。在参观育婴堂时，我们看到庭院的一角堆放着几块木板，旁边有个木匠正忙着打造棺材。这些弃婴大部分都是女孩①，活下来的孩子长到8到10个月时，就会被卖给一些需要童养媳的人家，这在南方很多省份的农民群体中颇为流行。令人痛心的是，大部分向育婴堂申请收养女孩的人家，名义上是说收养她们当女儿，实际意图却十分邪恶——他们在女婴长大后会把她们卖给别人当奴隶，甚至是让她们做妓女②。

如果可能的话，中国的弃儿院当然也会惩罚杀婴的罪行。杀婴在广东十分流行，尤其以如下地区居多：花县、从化县、龙门县、长宁县、德庆州。这些地方没有收养弃儿的慈善机构。当地人因为贫穷，会比广州③及其周边城镇的人更倾向于做这种恶事。因此，对广东一些地区的贫困客家女人（特别是以上提到的）来说，卖掉刚生下来的女儿一点都不奇怪。这些女婴可能会被买家当成童养媳养大。有时候，如果女婴卖不出去，那些残忍的母亲也可能会活活弄死她们，或让其他人弄死。这种可怕的风俗不仅局限在贫穷的女人当中，有时候也会发生在相对富足的人家家里。比如，1862年

---

① 男婴确实少见。如果有，都是些跛子、受伤或者快死了的，父母可能认为他们没什么价值。——原书注

② 传教士俾士在经过调查后，认为被领养的女婴长大后80%都会沦为妓女。参见嘉医生关于广州慈善机构的文章。《中国评论》第十一卷第二期，第91页。——原书注

③ 坦率地说在我们看来，杀害婴儿的罪行在广州及其周围地区并不普遍。——原书注

12月13日，我们在龙门旅行时，一个15岁的年轻人奉父命为我们当向导。他的父亲是当地的大地主，家中豢养着保镖，我们在他家里住了一晚。在我们从Hu-Ti-Pi到龙门的路上，这个年轻人和我们聊起天来。他告诉我们，他的大哥生了3个儿子和4个女儿，其中有3个女儿刚出生就被弄死了，只有一个活了下来。他讲述的语气如此自然，可我们却对此事感到无比震惊。我们表示，他的大哥和嫂子太不人道了。但他却十分不以为然，说可能西方人觉得这是在犯罪，但中国人不这么认为。1863年秋天，我们有理由相信，由于龙门地区扼杀女婴过度，导致当地的女性变得十分稀缺。这从我们在广州看到的情形中可以得到印证。当时，我们遇到了3个来自龙门的老人，他们身份尊贵，来广州只是为了购买女人，好带回去转卖给需要的人家当媳妇。

我们对于这个话题的描述对象，目前大致局限广东的客家人。然而，香港《德臣西报》某专栏的文章表明，广东省的其他族群也同样有这种恶行，这篇文章发表在1873年的秋天：

　　一名作者在其发表于《中国评论》的文章中写道："要不是有如下的文字，这篇出自厦门一位作家之手的文章会是一篇好文：'在广东省，杀害女婴的罪行几乎不被本地人所知，但在客家人中却极为盛行。'很遗憾，我无法同意这种说法。在六七年前，我们在几个本地人的家中暂居，发现这种罪行十分普遍，这让我感到无比的痛心。对于上面的说法，我可以说，尽管杀婴者常常以贫困作为托词，但其实这种野蛮行径不过是因为贪欲。穷苦家庭的女人说自己做事谋生，无法照顾婴儿；富人则说自己不想要更多的女孩。清教徒在这个国家传教后，人们也被教导十诫中的'不准杀人'，也被告知就连野兽都不会遗弃幼崽，杀婴的情况似乎好转了一些。有些人对她们的冷血行为感到羞愧，因此领回了她们遗弃在基督教慈善机构的孩子。"

很多人认为杀婴行为在中国并非普遍存在，但实际上中国南方确实广泛存在这种行为，而且我们认为，如前面所述，这并不仅局限在南方。从下面的描述来看，无论是过去还是现在，南方之外的地区也广泛存在这种残酷行径。比如，为了防止这种不人道的行为，中国很多地方的官府都在不同时期颁布过禁令。顺治十六年（1659）三月二十日，大臣魏裔介①为了制止这种暴行，将情况禀告给皇帝。皇帝得知后，与两名大臣商议了此事。皇帝表示，此前也曾听说过女婴有时候会被父母弄死，但如今却接到奏折称这种情况十分严重。他表示，这十分奇怪，因为飞禽走兽都知道疼惜幼子，而人却杀害自己的幼女。他还说，父母都应该疼惜儿子和女儿。他表示自己在下令杀死盗贼之时十分不情愿，但在铁证面前，这些贼人都要被定罪。父母无情地杀害自己的女儿，这证明他们残忍、没有良心，犯下了滔天大罪。他说，所有生命都是上天创造的，都应该有生存的权利。

因此，为什么父母要杀死自己的女婴呢？皇帝表示，孟子说，人看到邻居家的小孩落井都会有不忍之心而施以援手②，

---

① 时为都察院左都御史。——译者注
② "今人乍见孺子将入井内，皆有怵惕恻隐之心。"——《孟子·公孙丑章句上》。——译者注

但这里的父母却要杀害亲生女。顺治帝的诏令被刊发全国①。

乾隆四十七年（1782），杀婴行为又在全国大肆盛行。在皇帝乾隆的诏令之下，顺治帝上次的诏令再次被刊发全国。

然而，这并不是我们所知道的最后一次杀婴。同治五年（1866）二月二十六日，御史林式恭上书皇帝，称父母杀害亲生女儿的行径如今仍然流行。他特别指出，这种做法在广东、福建、浙江和山西尤其盛行，但其他省份也不是没有。他接着说，这种他希望能够大力禁止的罪行并不限于贫困家庭，有不少富裕家庭的父母手上也沾满了亲生女儿的鲜血。对贫困人家来说，杀害女婴是因为穷苦；对富裕人家来说，则是因为贪婪。他还说，乾隆三十七年（1772），有几个省份的首府都建立了育婴堂，就是为了让想杀死女婴的父母可以有地方处置孩子，但这些善意的措施却没有得到大力支持。他还说，在汉朝，河南省新蔡地区的贫困女人公开杀死亲生女儿是一种传统，当地人根本不会感到羞耻。一个叫Ka-Pu的大臣强力打击了这种恶习。他的手段是如此强硬，并最终遏制了这种杀害女婴的行径。如今要查出这种罪行几乎不可能。他还指出，按祖制，每个犯下这种罪的人都应该被杖打一百，然后流放邻省一年半②。这样的惩罚震慑了当时的人们，但到了现在，威慑力度已经很弱。杀害女婴的人变得残酷而麻木。他在奏折的结尾处恳请皇帝鼓励臣民多建育婴堂，不仅在各省首府修建，还应在其他城市、小镇和村庄修建，以杜绝此种罪行。

---

① 据《清实录·顺治朝实录》载，帝曰："溺女恶俗，殊可痛恨，着严行禁革。"——译者注

② 对这种滔天罪行来说，这种惩罚不算苛刻。——原书注

　　这种恶行不仅对国家来说是件不光彩的事，对我们所处的时代也是。现在，我们以一份布告，结束这个话题。此布告是1873年夏天由湖北布政使颁行全省的，全文大意如下：

　　"湖北布政使现在要颁布一项法令，严禁人们淹死女婴。古代女孩缇萦为替犯事的父亲赎罪，甘愿舍身入官府做奴婢，恳请汉文帝饶恕她的父亲。另一个例子是木兰，她因父亲年老而甘愿替父出征。这些事例都表明，古代女子充满孝心。布政使说，现在也不乏女儿愿意尽孝，愿为父母做光宗耀祖的事，甚至牺牲自己。既然这样，为什么女儿一生下来就被当作敌人呢，为什么刚来到这个世界就被带到最近的水塘淹死？当然，也有父母很喜欢刚出生的女儿，并将她们抚养长大，但这个数目只有20%或30%。这种恶行盛行的原因在于：首先，父母已有太多孩子，根本不在乎刚出生的女婴，因此她们遭到嫌弃进而被扔。其次，纯粹出于懊恼，因为一直生的都是女儿，家人或许会担心母亲因为抚养女婴而不容易再次怀胎。最后，因为家庭穷困，母亲还常给别人的孩子喂奶挣钱，如果喂养自己女儿的话就会失去这个机会。

　　"这些都是极其愚蠢的理由。人们似乎忘记了来到世间的所有人都得到了上天的保佑，挨饿受冻或身体是否舒适都是命中注定的；诞下儿子、繁衍后代更依赖天命，不能用欺骗上天来改变命运。

　　"如果父母不能养活自己的孩子，就要把她们送到育婴堂。在那里，这些女婴会被抚养长大，直至出嫁成为人妻，在这期间能确保她们安稳度日。至于有没有钱置办嫁妆，有没有法子养活一家人，对这些女婴来说，生活清淡贫寒，衣着简陋，是不需要花费多少钱的。

"很多穷小子一辈子都找不到媳妇，但布政使从未听闻过家境贫困的姑娘找不到丈夫，所以就不用担心姑娘了。

"也还有另外一种说法，杀害女婴是会遭到上天报应的。女婴被淹死后，主家一再生下女孩的现象很常见。人们杀害老天赐予的东西，便是违抗了天命，他们会遭到老天爷的报应，杀人者自己也会被杀。他们会被那些死去的婴灵纠缠，导致他们不仅无法加速生出男孩，还有可能害了自己的性命。

"上一任巡抚听到湖北流行这一邪恶传统，就在前些时候下了禁令。但就算如此，许多穷乡僻壤仍然充耳不闻，固执地遵从这种恶习。

"**Hia Chien-yin**是一位从江西来的书生，还有其他一些人，近来上书要求再颁布一份布告，严禁这种行为。

"布政使如今对全省百姓和士兵发布禁令：

> 你们要知道，不管是男婴还是女婴，都是你们的骨肉，如果只抚养男婴而淹死女婴的话，就会有灾难和厄运降临。
>
> 自此之后，所有人都应从愚昧中惊醒，力劝邻居们不要做这种可怕、可憎的事；让他们知道这种事的可怕，让他们愿意摆脱它对人类的负面影响。
>
> 如果这些劝勉只被当成虚言，如果任何人仍然心存恶意，不知悔改，他们将会因故意谋杀孩童之罪而遭到惩罚（而且还会从重处罚）。
>
> 亲戚们如果见死不救，或有意唆使他人淹死女婴，也会遭到严惩。警而告之！务必遵守！"

离开育婴堂后，我们很晚才返回沙面。

第七章

乡村

东岳庙——谭氏宗祠——清真寺——督标箭道——药师禅林——织棉布铺——大英国士兵墓（埋葬英法联军占领广州时死亡将士之地）——北较场——江西义庄——七星岗——白云庵——大片埋葬中国人的坟场——洋靛厂——清真寺——东利园蚕——洋人墓（一位意大利牧师的墓地）——瑶台乡（丝乡）

与前面几次相比，我们的第五次漫步更加乡村化。我们这次的所见所闻，几乎都发生在广州城墙之外。

这次行程中，我们经过司后街，以瞻仰位于此街的东岳庙，里面供奉着东岳大帝。东岳大帝是盘古的后裔，是少海氏和弥轮仙女的儿子。有一次弥轮仙女梦到自己吞下了两个太阳，不久之后就怀孕了，并顺利生下两个儿子。大儿子叫金蝉氏，小儿子叫金虹氏，也就是后来的东岳大帝。金虹氏很快就因为优秀的能力和品行而远近闻名。在他过世时，伏羲氏封他为太华真人。这个封号意味着，皇权授予金虹氏权力以管理所有的鬼。金虹氏获得的更尊贵的封号来自伏羲的儿子，也是其继位者神农氏。神农氏赐金虹氏天符都官，名号府君。金虹氏后来更被汉明帝授予"泰山元帅"的尊号，即授意他管理灵界的阴魂。武则天在高宗驾崩之后，在684年夺取了朝政的实际控制权并统治中国21年，她封东岳大帝为"神岳天中王"，也就是掌管天中的王。唐玄宗在开元十三年（725）加封金虹氏为"天齐王"，意为统领整个天界的元帅。宋真宗①祥符元年（1008）十月十五日，诏封其为"东岳天齐仁圣王"；祥符四年（1011），又尊其为"东岳天齐仁圣大王"。

英法联军侵占广州之时，东岳庙作为他们的索要条件之一，被英军占领。然而，这些好战的士兵入住那里后常常生病，因此最终放弃了那里。据迷信的中国人说，士兵们的病是上天发怒所致，因为他们竟然敢冒犯这座神圣的庙宇。怒气引来了无数邪灵，英军士兵自然备受折磨。

从东岳庙出来，我们走向谭氏祠道，道上坐落着谭氏宗祠。这个宗祠是广州同类建筑中最好的一座，其建筑结构与其他宗祠一样。祭坛的架子上放着三四千个祖先牌位。宗祠的庭院十分宽敞，地面铺着花岗石板。庭院两头各有一条窄道，道上排着几处住所。在广州定期举办的科举考试开考前，谭家或宗族子孙都会在这些房子里居住和学习。离房子很近的地方有一座高高的砖楼，是纪念文昌帝君之所在，也是学生们的祷告之所。宗祠的回廊里挂着一块黑匾，上面用绿色的字刻着祠堂规矩，大意如下：

"祠堂须保持洁净无尘。打扫之人要常清洗地板、刷

---

① 宋真宗是宋朝第三位皇帝。——原书注

洗墙壁。

"谭家子孙来此祠堂学习，不要占据祠堂庭院，应住在特别安置的房中。只有来此读书之人方能入住。如果安置完所有谭家读书之人后仍有空房，其他家族的读书人也可入住，但需支付一定数目的租金。

"任何情况下都不允许妇人进入这间祠堂。这里也不允许有任何赌博、无节制的或淫荡的行为发生。

"闲散之人不允许进入这幢房子，以防房内之物遭窃。如果他们坚持入住，立刻予以拒绝。为了有效执行这一规矩，守门人要向祠堂的管理会人员、谭家长辈或市里的长官汇报。守门人若不遵从，将被立刻解雇。

"每月的十四日，祠堂里的仆人都要彻底清洗堂内所有桌椅灯具。他们还要在每日的清晨和晚间，在拜魁星——主宰文运的神灵——的祭坛上点灯。

"任何需要一起讨论的家族大事，都要在祠堂里进行。每次集会的头几日，祠堂里的仆人要召集家族中所有人参与。送信时要给每家每户一块擦亮了的光滑竹简①。

"祠堂里的所有人都持有一份堂中物品清单，一旦物品有所丢失，相关仆人将会被要求赔偿。

"平日里，祠堂大门会在晚上9时准时关闭。科举考试期间，大门会开到晚上11时。

"同治十二年夏。"

离开祠堂后，我们前往小东营参观清真寺②。接着，我们

---

① 这种召集聚会的方法在中国南方很流行。——原书注
② 广州市及其周围有5座清真寺。第一座在濠畔街，第二座在南胜里，第三座在光塔街，第四座在小东营，第五座在大北门外。——原书注

又沿着小北门直街走，途中停留了几分钟，去参观督标较场箭道。督标校场驻扎着至少500名中国士兵，全归总督管辖。校场中有一个很大的四合院，院中四面都是士兵们居住的平房。庭院最尽头有一幢供长官们居住的长长的建筑。每当练兵时，指挥官都会在这幢房子前正襟危坐。士兵们驻守的庭院连着一座军械库，里面存放着各种武器和旗帜。箭道住房里不放兵器。因此，士兵们不练兵时是拿不到兵器的。我们认为这样的情况，反映出长官对士兵们的极不信任。广州有3处这样的箭道，除了刚才提及的，第二个驻扎着广东巡抚李福泰的部队，第三个驻扎着广州将军Kwong-Hip①的部队，这也是广州唯一驻扎着八旗军的地方②。

接着，我们参观了一座尼姑庵，该庵与督标较场箭道位于同一条街道。尼姑庵全名"药师禅林"，大概是广州同类建筑中最大的了，最近被重修过。尼姑庵的一座殿里供奉着三世佛，另一座殿供着药师。庵中居住着100多个尼姑，包括几个准备剃度的幼女。据说，在道光年间，不管从人数还是等级来说，这个尼姑庵都非常出众。广州的官员曾经要压制这座尼姑庵③；如果不是里面的尼姑承诺将来会好好修行、洁身自好的话，恐怕早遭大难了。现在暂且放下尼姑不提。英法联军攻陷广州时，这座尼姑庵也曾被法军占领。

---

① 八旗军守卫广州老城，他们由广州将军统领。——原书注
② 驻扎巡抚兵士的督标校场在雨帽街，驻扎八旗军的校场在西横街。——原书注
③ 对寺庙、庵堂这类机构，政府会以不道德为由加以压制。——原书注

织棉布铺：中国人的棉花种植史

离开尼姑庵后，我们参观了织棉布铺。这条街上有许多这样的店铺，每个铺子里都有五六台织布机。这些织布机由普通的木材制成，比我们前面提到的织丝用机器小多了。店里的人告诉我们，他们织布用的棉是从孟买采购来的。读者们不要以为中国是个不产棉的地方。恰好相反，棉这种植物在中国广为种植。

在这里，我们不妨讲几句。中国人管棉叫"棉花"，虽然种植的历史不是很久远，但也很早就为国人知晓。比如，孔子于公元前500年编撰的经典古籍《书经》就是写在棉布上的。看起来，中国人不仅十分清楚棉的价值和宝贵的商品属性，还深知自行获得棉的重要性，而非依赖其他国家，因而最终决定种植棉。1127—1333年，种棉被付诸行动。

如果我们没有弄错的话，中国最早种植棉花的地方应该是广东省和福建省，而且他们认为种棉业非常重要，这不足为奇。因为这两个省份的港口是最早也可能是唯一允许停靠来自印度产棉地的船只。然而，根据明朝著名文人徐光启的记载①，在种植棉花的事业上，山西和陕西并没有落后于广东和福建。乍一看，这一说法可能与事实不符，或者说只是文人的大胆猜测，因为外国船只在当时并未航行超过福建泉州港以北地区。然而，我们细想一下，就会知道那并非猜测，而是事实。在中国历史上，北方的省份山西、陕西和印度之间早有频繁的经贸往来。因此，当外国船只运载棉花到达广东和福建港口时，同等数量的货物也经西部省份，被驮运到

---

① 见其所著《农政全书》。——译者注

北方山西省和陕西省的繁忙市场。因此，在中国，最早种植棉花的省份，除了南方的广东和福建，还应该有北方的山西和陕西。

据说，一位聪明且大胆的中国妇女将种植棉花的知识和技巧传到了处于中国中部的江苏省。这名妇女曾生活在元朝，可以说，她传播的种棉技巧使相当一部分老百姓受益。随后，种棉的知识再从江苏迅速传到湖南、湖北、河南和安徽。可以肯定的是，这些省份的土地上确实种有棉花，且这种植物也很适应当地的条件。1865年夏天，我们在参观几个广阔的平原时，就看到那里种满了这种宝贵的作物。

据说，广东省生产最优质棉花的地方是新造，那是一个位于番禺的村庄，距离黄埔旧镇并不远。在白云山附近的一个美丽山谷中，我们也看到了繁盛生长的棉花。这些种植棉花的土地曾经种植过小麦和大麦。农民们在土地施放豆饼肥，随后又小心地犁过、耙松。到了四五月的播种季节，再匆忙撒下棉花的种子。播种有时候是广撒，有时候是放置于事先挖好的洞里。棉花种子的生长速度非常快，不久就能长出地面。然而，它很少能长到高于半米。它的叶子呈深绿色，花于八月盛开，呈黄色，非常美丽。棉花开花时，果实膨胀，最后成熟胀开。这个时候，人们必须马上收割，否则高温（特别是在正午时分）会让棉花很容易就变色。这个季节的风也是棉花种植者的大敌，因为棉花果实成熟后经常会被风吹走。

在南方，女人和小孩会用手收割棉花。每个人都拿着一个篮子，盛放刚摘下的棉花。棉花摘下来后会被转到一处宅地，人们在那里将棉与籽分开。工人将棉花放进两个小小的滚筒间，滚筒由手轮转动。棉籽因为太大，无法通过滚筒，便被从棉花中挤出来，落入放在地上的篮子里。大量棉花籽被放在太阳下暴晒，继而风干，然后放在陶器中，仔细保存至下一轮播种季节。如果棉花籽太多，就会将其中一些卖给油商，后者能从种子里榨出油来。

棉籽有时候也会被一些人当成男人的健康食品煮了吃。人们认为它不仅滋养身体，还能壮肾。柔弱的女人也很看重棉籽，认为它可以增强女性体质。棉秆也不会被轻易扔掉。事实上，棉秆被那些务实而节俭的人们当成是上好的肥料。卖掉的棉花会被送到一些店铺中，放在地上，工人用棉花弓将它们好好地弹松和弄干净，然后用纺车纺成棉纱。纺棉的纺车很普通，几乎每个村庄都能看到。有了这些棉纱，织布匠们才能持续不断地运转他们的织布机。

织棉布铺附近有火药局，里面存放着打仗用的军火弹药。英法联军占领广州时，印度士兵曾经住在里面。

义庄、坟场：墓碑、墓葬习俗

从火药局出来，我们穿过小北门，又走了几分钟，停下来参观大英国兵山坟。这里埋葬着一些英国士兵，他们都死在英法联军占领广州期间。

这块坟地很小，就在城墙下。选择这里作为英国士兵的坟地，看起来似乎十分必要，这是因为当时的中国抵抗人士一度游击作战，使英军的送葬队伍根本无法前往附近的深山。这块坟地有墙围着，里边有许多竹子，让它看起来更像一片阴凉的竹林。走进墓地，我们看到墙边有一块大石碑，上面刻着字。下面是石碑的摹本：

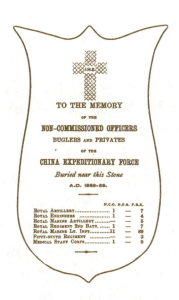

石碑上的文字大致意思如下：

I.H.S.

纪念

葬于此地的

1858—1859年

远征中国的

军士

军号手和士兵

N.C.O. B.G.S. P.R.S.

皇家炮兵·················1—7

皇家工程师··············1—4

皇家海军炮兵············—5

皇家兵团第二营·········1—7

皇家海军中尉（Lt.Inft）11—89

第59兵团··············—3

医疗队·················1—9

　　这块坟地里有许多没有做记号的坟墓，中间有两座花岗石大墓，外形十分相似。这两座坟墓最上边的石碑上都刻着一个十字，其中一个十字内镌刻着下面的字：

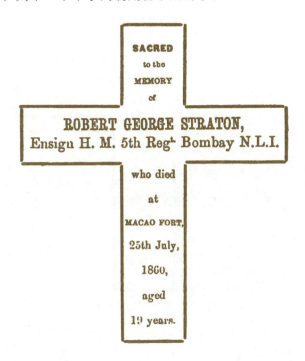

　　大致意思如下：

纪念

H.M.第五兵团孟买 N.L.I.

步兵少尉

罗伯物·乔治·斯特拉顿

死于澳门要塞

1860年7月25日

时年19岁

另一个十字内镌刻着以下的文字：

SACRED
to the
MEMORY
of

J. TALBOT
who died at Canton, on the 24th July, 1860,

of

HYDROPHOBIA,

aged

38 years.

Born

3rd October,

1822.

大致意思如下：

纪念

J. 塔尔波特

1860年7月24日于广州

死于狂犬病

时年38岁

生于

1822年10月3日

塔尔波特先生是葬在这里的许多人中唯一的平民。他是英国威斯特摩兰人，当时正访问广州。他于去世的五周前在香港遭到了疯狗的咬噬。去世那天早上，也就是1860年7月24日，他突然变得很怕水，想到自己可能得了狂犬病，便从河南街的住处匆忙赶到市里。当时，广州已经被英法联军占据。他请求主治医师接纳自己住进军队医院，说他在不到一小时前经历了明显的狂犬病征兆。他的请求得到了许可。在痛苦地挣扎了三四个小时后，他还是死去了。当时，广州没有埋英国市民的地方，因此这位不幸的英国人死去当天，被英军埋到了现在的坟墓里。

一个凸起的瞭望塔将这片坟地分成大小不一的两边，另一边也埋了几个英军士兵。在参观这边时，我们看到墙壁上方高处有一块白色的大理石纪念碑，上面镌刻着一些文字：

IN MEMORY OF

THE

Non-Commissioned Officers and men of

H. B. M. 99th Regt.,

Who died at Canton during the occupation of that city by the Allied Armies in the year 1861.

◆

Sergt. E. Jones,	Aged 25 years	Private W. Crabtree,	Aged 33 years
Drummer A. Colclough	„ 19 „	„ J. Sheehan	„ 22 „
„ J. Carney	„ 23 „	„ I. Cooper	„ 21 „
Private J. McKibbon	„ 23 „	„ T. Craven	„ 30 „
„ H. Camp	„ 22 „	„ T. Duggan	„ 30 „
„ G. Strickleton	„ 20 „	„ J. McDonald	„ 37 „
„ J. Whalley	„ 27 „	„ J. Cashmore	„ 23 „
„ J. Barry	„ 23 „	„ D. Butter	„ 25 „
„ J. North	„ 29 „		

大致意思如下：

纪念

H.B.M.第99军团

于1861年英法联军占领广州期间

死于广州的将领及士兵

中士E.琼斯，25岁　　　　　士兵W.克莱伯特里，33岁

鼓手A.科尔克拉夫，19岁　　士兵J.希恩，22岁

鼓手J.卡内，23岁　　　　　士兵I.库珀，21岁

士兵J.麦基宾，23岁　　　　士兵T.克来文，30岁

士兵H.坎普，22岁　　　　　士兵T.达根，20岁

士兵G.施特里克尔敦，20岁　士兵J.麦克唐纳，37岁

士兵J.沃利，27岁　　　　　士兵J.卡什莫尔，28岁

士兵J.贝瑞，23岁　　　　　士兵D.巴特，25岁

士兵J.诺斯，29岁

在这半边坟地上也有一些花岗石墓，最上方的墓碑刻着一些文字，大致意思如下：

纪念

孟买炮兵上校亨特的第三个儿子

海军少尉托马斯·乔治·亨特

1861年7月24日死于广州

时年22岁

及

已故奥德少校的第二个儿子

上尉埃德蒙·哈里·奥德

1861年8月8日死于广州

时年33岁

均隶属 H. M.第三军团，孟买 N. I.

这座坟墓侧面的一块石碑上，刻着如下文字：

纪念

已故孟买炮兵上校桑德维斯的长子

H. M.第三军团，孟买 N. I.

少尉亨利·万豪·博伊德·桑德维斯①

1861年9月25日死于广州

时年25岁

我们前面讲过，1854—1855年广州叛乱期间，天地会红巾军的福建军团②在墓地前驻扎过。现在，这块地方已成为几十个英军士兵的墓地。这些英国军士都是在驻守广州之时死去的，我们虔诚相信："他们将于安息中期望着永恒的那一天，直至长夜逝去，最后一个清晨来临。"

从英军坟场出来，我们前往北较场，也就是八旗军经常演习和接受检阅的场所。它是一片很宽敞的广场，不管从哪方面来说，都很适合部队演习。校场西北边有一堵砌得很好的墙，八旗军接受检阅时，指挥官会在下面端坐。八旗军就在他前面进行远程和近程的射击练习。射击目标放置在演习场的东北边，士兵们使用的抬枪是一种火绳枪。这种枪又长又笨重，使用时需要两个人的配合。比如，一个士兵将枪筒放在自己肩膀上，另一个士兵负责支撑枪托并瞄准和扣下扳机。有时候，这种武器还没有扳机，因此使用时需要三个人的配合。比如，一个士兵用肩膀扛着枪筒，一个士兵支撑枪托并负责瞄准，第三个士兵在听到命令后用火柴点燃火药池。

---

① 桑德维斯是坠马而死。——原书注

② 许多福建人都戴头巾。——原书注

　　我们发现，所有犯了死罪的八旗兵都会在北较场执行死刑，而非前面提到过的公共处决场所。

　　现在，我们接着参观江西义庄。这个义庄又被称为"死城"，在广州去世的江西人的遗体都临时存放在这里。它在北校场的西北边，由一道圆形的高墙包围起来。这面墙使它看起来就像一座小型的城市。义庄可通过双扇门进入，里面有一排排房子。每座房子里都停放着棺材，里面盛放着江西老乡的遗体。这些江西人都是来广州公干或经商时死于此地的。这座死城里有三四栋非常大的房子，里面放满了棺材，都是等着送回江西安葬的。死城里也有一个整齐的火葬柴堆，除了海幢寺（即河南庙），在广州城几个主要寺庙中去世的僧侣都会送到此处火葬。

　　死城门口有一根侧柱，上面贴着一幅大大的公告。公告是遵照按察使的命令而张贴的，上面的文字大意如下：任何秘密开棺①盗取死者衣服首饰之人即犯下大罪，当被砍头。犯下此等罪行的所有人，都会被带到判官面前判以死刑。甚至，他的直系亲属也会被当作同谋株连。我们也告知所有有良知的人，如果你们发现任何人掘墓开棺，应立刻把他们抓住并送官，使他们可以及时被带到判官面前受审。另外，如果判官接受贿赂，对掘墓开棺者的恶行睁一只眼闭一只眼，也将受到严惩。

　　离开死城后，我们继续前行，来到了七星岗。这座小山丘在北较场的北边。我们来此是为了参观这里的坟墓，这个坟墓葬了至少2400具被烧成黑炭的尸体，他们都是道光

---

　　① 恶人有时掘墓开棺是为了夺取死者的陪葬之物。——原书注

二十五年（1845）四月二十日在一个剧院里被烧死的。这个剧院是一栋很大的房子，由草席和竹竿临时搭建，位于九曜坊，距离提督学政的官邸很近。当时，这个草屋剧场正在上演中国传说中非常有名的神医华佗的戏，里面聚集了很多观众。演出当中，为了更逼真地呈现雷电场景，工作人员不时地将鞭炮从舞台扔向屋顶，以代表雷和闪电。屋顶是草做的，接触到鞭炮便着了火。很快，整个剧院都被火焰包围。观众们自然惊慌失措，不知往何处逃生。火焰蔓延得太快了，整个剧院只剩下一条逃生的路，但那必须经过提督学政衙门的大院。但守卫者却害怕这么多人突然涌入衙门大院会遭到在外公干的主人的责备，因为保护衙门正是他们的职责。于是，他们关闭了大门，不管门外那群尖叫的人如何恳求。学政大人的老母亲当时正住在官邸里，听到成百上千人的痛苦哭喊——他们正在旁边遭受被活活焚烧的痛苦——她命令守卫打开大门。由于老太太的干预，100个人从大火中被拉了出来，但大部分人都被烧死了。后来，他们烧焦的骨头被捡在一起，埋在这座墓里。墓前立着一块大碑，上面刻着"火化丛葬之冢"，意为"埋葬在一场大火中死去的无数人的坟墓"。墓碑底座有一个小祭坛，每逢特定时节，都会有人在此献上祭品，纪念那些在大火中死去的人，这也算是一种传统了。这个坟墓前曾经有一个花岗石小拱门。但在我们参观之前，一场猛烈的风暴把它推倒了。

离坟墓很近的地方有一座小庙，庙里的祭坛上放有架子，上面放着几块木制牌位。牌位上刻着许多死人的名字，他们烧焦了的身体就埋在旁边那座坟墓里。庙里住着一对老夫妇，每天清晨和晚上，他们都会点燃祭坛前的香火，以抚

慰亡灵。作为报酬，他们每周都会收到一些钱，都是由发生火灾的那条街的街坊捐献的。离此地不远还有一大片墓地，里面葬着在广州去世的罗马天主教徒。

现在，我们穿过下塘乡，在通往白云庵的石阶下看到了此城最大的墓地之一。这片墓地葬着的都是中国人，周围的山坡看起来都像土丘。它的占地面积如此辽阔，正好是广州城古老历史和稠密人口的见证。它给人一种印象，似乎这个世界就是一个巨大的骨灰堂。我们继续往前走，到了一间小寺庙，就是刚才提到的白云庵。里面的8—10间房里都放置着装有遗体的棺材，并且还会继续停放一段时间[1]。白云庵是平南王尚可喜主持修建的，里面住着两三个僧人。庵里悬着一口铁钟，上面铸着他作为征服者的铭文。铭文显示，此钟于顺治七年（1650）置于此地，平南王尚可喜修建此庙，还遣派官员周宽章监修庙里的其他建筑。铁钟上还刻着一句佛经。

山顶有一座庙，那里曾是平南王攻击广州时[2]宿营了10个月的地方。为了给他宿营的地方做记号，也为了祭拜关公——这位战神曾经带给他的部队无数次胜利——他在山顶修建了一座砌着红墙的庙宇。如今，这座庙仍然完好无损。庙中的主祭坛上摆放着关公像，旁边的小祭坛上放着一个牌位，上面用金字刻着平南王尚可喜的名字。在相邻一座山的山顶上，靖南王耿继茂的部队也曾扎营了10个月。他也依照平南王的做法，在山顶修了一座庙。那庙至今仍在。

经过这片广大的墓地，我们往洋靛厂走去。洋靛厂又叫普鲁士蓝制造厂。这个厂占地面积很广，每年都出产大量普

---

① 对这个传统的解释，可参见前文。——原书注
② 1650 年。——原书注

鲁士蓝①。这种漂亮的颜料在广州用得很多，也不时地大量运往上海。许多年前，有一个中国人在欧洲学会了制作普鲁士蓝的技术。关于这个话题，麦卡洛克曾在他的商业词典里写道，蓝色是中国人最喜欢的颜色，1810—1811年，广州从英国进口的普鲁士蓝达1899担，即25.3万磅。但自那以后，中国人再没有进口过一磅普鲁士蓝。进口中断的原因很值得一提。有一位中国海员，搭乘东印度公司的船去了英国。到达英国后，他常常去一个制造这种染料的工厂，并学会了其生产技术。回到中国后，他建立了一个类似的工厂。这个工厂如此成功，以至于现在中国可以生产足够的普鲁士蓝。在以往，西方从东方引进了许多重要的技艺，我们一般认为，这是第一个中国人从西方带回技艺的真实例子。但就勤劳、智慧和创新来讲，中国人远远超过东印度的其他民族。

下一站我们要参观的是清真寺，它距离广州北门不远。这座清真寺修建得很好，看起来最近还翻修过。中国的回教徒将它奉为广州及附近最神圣的五大清真寺之一。伟大的先知穆罕默德的跟随者每日5次聚集在寺里祷告，中国所有的清真寺都是如此。教徒们祷告时，朝向西方，那里是麦加和麦地那所在方向。麦加是先知诞生的地方，麦地那是先知去世和安葬之地。他们面朝圣城祷告的习俗，是从犹太人那里借鉴来的。因此，比如我们在《圣经》中读到，先知但以理在被大流士王囚禁时，他在所在之地，远远地朝耶路撒冷祷告。对犹太人来说，不管在哪里，朝拜时都要面朝圣城，那里有他们的神殿，也是全能的、永在的上帝留下自己名字的

---

①普鲁士蓝，与石膏和姜黄的粉末一起，可用在制作广东绿茶的工艺中。——原书注

地方。

与这座清真寺相连的是一片中式的坟地，而非摩尔风格的。里面埋葬着几个早期伊斯兰教广泛传播时就已经皈依的教徒。墓地远处有一座圆顶坟墓，里面埋葬着伟大先知穆罕默德的一位著名信徒的遗体，中国人叫他赛义德·艾比·宛葛素。根据中国人的记载，这名信徒是穆罕默德的舅舅，即穆罕默德母亲的弟弟。我们手上的中国史书有记载，这位伊斯兰教的信徒最初到达中国时，既是教导者，也是商人。他死于唐太宗贞观三年（629）。坟墓因为是按照摩尔风格建造的，因此被广州市民称为"钟墓"。它也是广州市民很多年的一个恐惧来源。他们都相信，墓里经常传出非尘世的声音，因此路人、牧羊人、割草或捡柴的农夫都不敢靠近它。元顺帝统治时，一位叫萨都刺的阿拉伯使者，带领着17个回教家庭来到中国。元顺帝任命这位阿拉伯使者管理皈依回教的中国人，还有回教徒们聚会的清真寺和其他建筑。他也被元顺帝任命管理回教信徒的坟墓，包括我们刚才提到的先贤的坟墓。回教徒们认为这座古墓十分神圣，因此有时候会有从帝国远近不同地方赶来的朝圣者，恭敬地俯伏在它跟前。古墓及周围坟地被很多大树遮掩，其中最突出的就是木棉树了。叽叽喳喳的喜鹊经常在树的高枝上筑巢。离清真寺很近的地方，不仅有更多摩尔风格的圆顶墓，还有其他葬着为教义献身者的坟地。

东利园蚕：养蚕与生丝制作奥秘

离开清真寺，我们前往东利园蚕。这是个产丝的农场，坐落在横海头，离我们刚刚去过的清真寺很近。旅行者对这个地方很感兴趣，因为在这里，你可以观察到产丝季节中蚕不同的生长阶段，同时还可以学到制作生丝的方法。东利园蚕的建筑①是独立存在的，外面有土墙围绕，屋顶覆盖着红色的陶瓦。走进这个园子，我们看到走廊上有一座祭拜蚕神的神龛，蚕神又叫蚕女，是蚕的保护神。

我们首先介绍一下这位女神和供奉她的神龛。蚕神曾经是一位很美丽的姑娘，她的父亲外出经商后再也没有回来。她和母亲心中非常痛苦，因此拒绝进食。然而，父亲外出时骑走的马却回来了。这个失去父亲的女儿悲痛地说，如果谁能把她的父亲安全地找回来，她就嫁给他。马听到这些话后，立刻飞奔着寻找失踪的父亲。几天后，马找到了蚕神失踪已久的父亲，并驮着他回到了家。在主人返家后的四五天里，这匹马不停地嘶鸣，主人的妻子称马是在请求娶蚕神。她把这个奇怪的想法告诉了丈夫，蚕神的父亲嘲笑这种想法十分荒唐，并表示，如果马真有这种想法的话，那就真是不知天高地厚，人怎么能与畜生结合呢？马听到主人的这番话后非常生气，拒绝劳作。主人决定处死它，并且马上付诸行动。他们从马的身上扒下马皮，放在太阳下晒干。轻率地许下诺言的蚕神有一次经过马皮时，突然被马皮卷住，马皮以胜利的姿态带着她飞过天空。5天后，马皮返回，把自己摊开在一棵桑树的树顶。这棵桑树就在这家人屋子旁边。女儿也回来了，但她已经变成一条蚕，停在同一棵桑树的枝条上。当父亲和母亲离桑树很近时，突然发生了一件奇怪的事情，

①这里现在已经不养蚕了。因此，想要参观蚕舍的旅行者，要走过横海头，去往它旁边的村庄瑶台。——原书注

马皮和蚕都变成了天使。他们坐在云上，只听女儿对这对年老的夫妇说："玉皇大帝已经下旨了，你们的女儿我，和我的伴侣，也就是你们以前的骏马，是忠实的。为了奖赏我们，他把我们变成了天使，并永远保佑我们。因此，不要为我们的离去而伤心。"

因为女儿一开始是变成一条蚕，因此许多年后，她被当作蚕的保护神。人们祭拜她，把她叫作Sai-Shan-Tai-Shing-Cham-Koo-Sien-Laong。

拜蚕神的祭台上①放着一个装泉水的盆。人们在进入蚕房前，要用桑树枝沾些泉水洒在身上，这是一种洁净的仪式②。东利园蚕中有4间这样的蚕房。房子的4面内墙有走廊围绕，蚕房位于房子中央，紧邻走廊。

接下来，我们要讲一下在东利园蚕观察到和学到的中国南部的育蚕方法。养蚕业是中国的重要产业。从事养蚕业的人们，会挑选出一定数量的雄茧和雌茧——这些人都是养蚕的专家，辨别雌雄蚕茧一点都不费事。装着雄蛾的茧，外形上两头尖，也更结实些，但比雌蛾的茧略小。雌蛾的茧看上去大而厚，圆且软。15—20天后，蛾子会渗出一种液体，溶解蚕茧的一部分，以逃离禁锢它的茧。出生时翅膀能张开的蛾子，被认为是有用的。那些翅膀皱巴巴、没有眉毛、有着红肚干尾、不长绒毛的蛾子，则被认为是没有用的。无疑，前一种蛾子会被仔细地保存起来，后一种蛾子就会被立即销毁。雄蛾只被允许与在同一天脱茧的雌蛾交配。

---

① 每个养蚕室里都有一个祭拜蚕神娘娘的祭坛。——原书注
② 这种奇怪的仪式在中国南方所有的养蚕室里都盛行。人们认为，如果不行这种仪式的话，蚕就会生病死去。——原书注

在中国，你是看不到雄蛾与头一天或后一天脱茧的雌蛾交配的。总之，中国的养蚕人认为，那种非传统的做法不应该在任何产丝工厂出现。雌雄蛾子被允许待在一起16小时，从早上6点到晚上10点。然后，雄蛾会被取走，雌蛾则被放在一张糙纸上产卵。在中国中部省份，雌蛾则被放在布条上产卵，大概是因为那里的气候过于严酷。一只蛾子一般产卵500颗，耗时74小时。产完卵后，雌蛾几乎立刻死去，雄蛾也不会多活太久。因此，蛾子的一生非常短暂。

雌蛾产出的卵呈白色或淡灰色，不会比芥菜种子大。卵长到18天大时，会被小心地用水清洗。这一清洁的过程，是将盛放着卵的纸轻轻地划过装在木碗或陶碗里的温水。每张纸上都沾满了蛾子产的卵，并紧紧地附在上面。秋天时，这些纸被小心地放在一个阴凉的房间，并被密密地挂在房间里的竹竿上，竹竿都放在水平的位置。中国农历十月（相当于阳历十二月），这些纸会被放到一个干净、无臭无味、不受干扰的房间里。农历十二月初三，这些带卵的纸会被再度清洗①。之后，再将它们放在太阳底下晒干。第二年春天，纸会被放到盘子里，上面的卵很快就会孵化出来。然后，盘子被置于沿墙而放的竹架上，竹架不仅扫得干净，还能加温。天空晴朗而明亮时，养蚕人会把带卵的纸拿出来晒。据说如果在阴沉天气里晾晒的话，长出的茧一定会有毛病，这种茧生成的丝粗糙而破碎，颜色看上去也很深，而不是明亮有光泽的。架子和盘子并不一定要用竹子做，但实际上大部分都是用

①做这件事时要非常小心，这样卵就可以早点孵出来，并且集中在同一个时间。如果卵在不同时间孵出来，养蚕的人会有很大的损失。——原书注

竹子做的。这种质地的材料不香，但也没有异味。蚕刚出生时是黑色的，非常小，不超过针头大，宽度也不超过头发丝。

因为蚕很小，管理蚕食的人就有必要将桑叶切成很小的片。为了让这些叶子保留足够的汁液，也有必要用快刀将它们切成小片。不要用沾了雨露的桑叶喂蚕，否则，它们会被灌满水而不是丝。雨季之时，桑叶要弄干了才能喂给那些小生命。桑叶必须非常新鲜，因为老的或部分枯萎的桑叶不但无法滋养蚕，还会让它们便秘。平常时节，当蚕很小的时候，每天要喂食至少48次。一段时间后，喂养次数可以减为每天30次。待它们长成后，每天只要喂三四次。有时候，人们会在头一个月给它们喂食桑叶，并加以青豌豆粉、黑豆粉和米粉混在一起的料。据说这种混合粉不仅能给蚕降温去毒，还能让它们吐出的丝紧密而有弹性，色泽光亮。

像所有生物一样，蚕也有休息期。中国人给这些休息期起了不同的名字。比如，蚕的第一次睡眠是在出生后的四五天，叫作初眠，时间持续一天多。第八九天时，第二次睡眠期开始，称为二眠。之后是三眠，三眠发生在蚕出生后的第14天。最后一眠，也就是第四次，发生在它们出生后大约第22。将近睡眠期时，它们会失去胃口，上半身还会立起来，并保持这种姿势入睡。因为它们每次休眠期都会脱皮，自然也就要求它们保持睡眠直至新皮长成。当新皮完全长熟后，蚕再脱皮时就会容易许多。蚕脱皮的过程如下：头部的皮先裂开，蚕开始像蛇一样蠕动，直至旧皮完全脱了，就像脱掉一件不再需要的旧外套一样。旧皮脱在一旁后，蚕的身材和气力都增长得很快。有时候，病蚕会因为不能将自己的身体尾端从旧皮中完全脱出来而死去。

二、三次休眠期的间隙，一般都有三四天。在间隙期内，这个小东西的胃口特别大。在大眠后的四五天，它们的胃口变得更大，比以往任何时候都大。32天后，它们就完全长成了。每条蚕都大约2寸长，差不多与人的小指头等粗。蚕不断地长大，为了给它们更多空间，人们会将它们定期隔开到更多区中。蚕最初是白色，完全长成后则变成琥珀色。之后它们不再进食，然后开始织茧。为了帮助它们结网，养蚕人会把织得紧致的竹架放置在蚕待的盘子上。每个竹架上都系着几个小竹环，蚕会爬到这些小竹环上，然后开始吐丝。在这个过程中，蚕会将它的头先往一边移，再往另一边移，直至把自己包在茧里，然后就不再移动了。这需要3到5天的时间。把自己包在茧中后，蚕就进入昏迷状态。这些小东西会再经历一次脱皮，最后形成蛹。

竹架上现在挂了好多茧，每个茧里都有一个蛹。把它们置于炭火上烤，就可以杀死里面的蛹。如果不经过这一步骤，蛹就会在3周内挣开束缚，变成成虫。经炭火烘烤后，茧里面的蛹死了，茧马上被从竹架上移下来，放在篮子里。这时，女人和孩子就会被叫来展开这些茧。她们把茧放在盛了开水的小器皿里，茧很快就会起变化。这项工作需要很好的判断力，操作者必须心灵手巧，因为要让分开的丝完全保持同样粗细、光滑且颜色光亮清澈并不容易。当茧被放到盛了开水的小器皿里后，它的外层（也叫作丝皮或壳）最先被打开。然后由另外一组女人和孩子打开茧的内层。内层叫丝浆，也是蚕体。从长、白且光亮的茧里抽出的丝线细密、优良，从大而松、颜色黯淡的茧里抽出的丝线则粗糙，从那些坏了的或次等的茧里抽出的丝线则非常粗糙。在这些丝线

中，坏的或次等的用来做衣服的衬里。普通人每天可以抽出4两丝，最能干的女子一天最多也只能抽出五六两丝。我们做过一个合理的统计，勤劳、熟悉业务的家庭可以在十八九天内完成一次收成。普通人家或对业务不大精通的家庭则需要24天。

现在，我们回到被烤熟了的蛹上来。这些蛹没有被当成废物扔掉，相反，中国人将它们作为一种滋补食品吃了。有一次，我们在访问丝绸大镇九江时，当地一个丝厂的女业主客气地邀请我们与她一起享用一盘烤过的蛹。这个邀请被我们礼貌地拒绝了。

广东省的蚕丝专业区每年有不少于7个收成季。我们已经看到了，第一个季节开始于四月。在第二、三个季节，茧一般呈绿色，也有少量呈银色。在第四、第五、第六个季节，会有非常多银色的茧，它们也因为银白色的外表被称为白茧。第七个季节结束时已是十一月。有些人称其为冷季节，有些人称为小季节，这时就可以看到人们砍下离屋顶很近的桑树枝，将它们捆成一堆堆的，当柴火卖给附近的村民。

现在让我们撇开季节的话题，来看看照料蚕的方法。蚕需要养蚕人给予非常大的关心和照顾。天气晴朗时，蚕繁殖得最好。寒冷和酷热都会很大程度地伤害它们。因此，养蚕人最好能维持养蚕室的温度。温度并不是通过温度计来测量的，而是通过养蚕人在蚕室中半裸而感受到的。养蚕人会脱下几乎全部的衣服，然后进入养蚕室，以感受室内温度。当天凉或潮湿时，养蚕人会用陶器炉供暖。人们认为闪电对蚕的伤害十分大，所以当雷电将近时，养蚕人会花大力气，用牛皮纸盖住所有放蚕的盘子和架子，以遮盖闪电造成的强光刺激。打雷发出的轰响也对蚕有害。确实，因为蚕很容易被各种声音吵到，养蚕人进入蚕室时要压低声音讲话，这也被当成他们的习惯。

蚕容易感染的疾病主要有两种，中国人把它们分别叫作"风症"和"贼风"。第一种病被认为是致命的。据说，所有患此病或得此病后又好了的蚕，都会太过虚弱而导致吐出的丝质量差。第二种病源于风，也是非常致命的。得这种病的蚕，身体变得通红，行动麻痹而僵硬，几乎不能爬行。为了预防这些疾病，养蚕人要确保蚕室的门是关着的，也不能让苍蝇和其他昆虫进入。对养蚕人来说，必须非常警惕这些昆虫，因为它们飞进来后会吸蚕的血，还会在蚕的身体里下卵，孵化的幼虫对蚕的伤害极大。

除了上面提到的各种措施之外，中国人对养蚕还有一些奇怪的忌讳。比如，他们不允许任何怀孕或刚刚生产过的女人进入养蚕室。服丧的人在七七（即49天内）之内也被严禁靠近蚕室。所有养蚕人被要求不能吃姜和蚕豆，以及在油里炸过的肉。甚至他们不能在口袋里带任何有香味的东西，也不能穿有香味的衣服。所有指定培育和饲养蚕的人都要严格执行这些规矩。任何不行洁净礼的人都不能进入蚕室。我们前面也提过，洁净礼是用桑树枝将干净的泉水洒在自己身上。1862年，我们参观大朗时，进入一栋里面有许多间蚕室的房子，看到成千上万只蚕。我们跨过每个房间的门槛时，带领我们参观的人将一把桑树枝浸入一个装了泉水的盆里，然后将水洒在我们身上。这种奇怪的仪式让我们想起大卫在他写的《诗篇》第五十一章第七节中所说的："求你用牛膝草洁净我，我就干净，求你洗涤我，我就比雪更白。"

在结束描述这种奇怪的仪式之前，我们还要提到，在中国北部的养蚕区，人们会将稻粒洒在进入或离开蚕室的人头上，这也是一种讨吉利的仪式。

康熙特使艾若瑟：墓志铭背后的故事

我们现在赶往附近的瑶台乡。这个村庄的人不仅养蚕，还为广州市场提供生丝。但我们此行不是为了参观养蚕厂，而是去瞻仰一个有名的意大利牧师的墓地，即洋人墓。这块墓地占地面积很广。如果我们没有弄错的话，这块墓地由一种灰泥和红沙混合的硬水泥建成，外形看上去像希腊字母 Ω。通往墓地的两边都立有一根石柱，石柱上雕有石狮。简而言之，这座墓地与中国的达官贵人的墓地很相似。它是康熙帝钦命出资修建的，墓志铭分别用中文和拉丁文刻成。

拉丁文的如下：

Hic
jacet
Josephus
Provana
Societatis
Jesu
Professus Sacerdos, et
Missionarius
Sinensis,
qui
a Sinarum
Imperatore
Kăm-hĭ
In Europam
missus fuerat
legatus,
redux circa caput
Bonæ spei
Fatis cessit
Anno 1720
Die 7 Februarii,
ætatis anno 62
Societatis 47
et jussu Imperatoris
in hoc loco sepul-
tus fuit die 17 De-
cembris, 1722.

中文的如下：

耶穌會士聖名若瑟係意大理亞國人生於順治十
六年二月初六日於康熙三十一年進中國蒙
聖恩差往大西洋公幹終于康熙五十九年二月初七
日巳時復蒙
皇恩特賜安葬

欽差艾公之墓

康熙六十一年十一月初十日立

墓前还有一块很大的大理石碑，上面镌刻着许多文字：

欽差艾公之墓

皇上

康熙歲次壬寅年十一月初十日立

艾先生諱若瑟號遊閭行天賦西意大理亞國人也遜避先生父祖世官侯位

會翻閱公于大賦列邦敷傳聖化凡幼棄家親婚宦矢志精修科試進

欽取未幾散處列行英德超凡幼棄家親婚宦矢志精修科試進

欽蒙往進京大牧遍遊列載於康熙四十年十月內

月再留羅瑪優教養而先生差幹志復從懷康熙四十六教化微志留居一十三載於康熙五十八年九

皇恩航海重巨但域東經而由公垂諸不浪山偶病而遊備相殮運難先生赴召王樓實

天意遠隆異眉海西而先生差幹志復伊偶染沐浩蕭

待羊一旨迎眉海西錦方官內探買山地康熙六十一年四月內荷蒙賜勤績勞置田菜

二十六遭屆先生致仕春秋為公小垂諸不朽也十蓋備有幾人耶寧非天心之與聖庥若

各遵迎獻於墳前著雲方拜堂側永恩遠登城不朽不快蓋于幾人耶寧非天心之與聖庥若

合行節愍想墳塋先生發祭掃登天城豈不朽龍榮耀于蒙因奉

欽差敬養心公殿之內務府陳大人所頓首拜審

　　艾若瑟（汉名艾逊爵），基督教徒，西方意大利人，父母都是意大利的高官。他的众多亲戚德行甚佳，均为有学问之人，精通多种文学流派。艾若瑟年幼时致力于学习。为了能不间断地求学，他无心成家，后来获得很高的文学殊荣。艾若瑟决心将基督教传播到意大利之外的其他地方，因此他远赴中国。到达中国后，他被康熙帝首肯，住在都城北京。他对此当然很乐意，并且也毫不怀疑地遵行了。在北京住了5年后，也就是康熙四十六年，他被康熙委任为特使，派往葡

萄牙宫廷。不久之后，他安全抵达葡萄牙海岸，但一落地就
得了重病。养病期间，医生认为他的身体有些虚弱。在他们
的要求下，同时也是在他朋友的恳求下，他留在了葡萄牙，
一住就是13年。最终，葡萄牙国王认为他的身体太虚弱，
不适合返回中国，因此决定派遣另一名特使。艾若瑟对葡萄
牙国王说，不管是风浪，还是其他灾难都无法吓倒他，尽管
身体虚弱，但他仍要返回中国，这是他的责任，因为康熙帝
曾经赐给他很大的尊荣。因此，他再一次远赴中国。在到达
中国一个叫小西洋大狼山的小海港时，他不幸病故。随后，
他的遗体被装进棺材，密封运往广州。艾若瑟的棺木于康熙
五十九年（1720）六月到达广州，并停放在广州西郊的锦云
堂两年。康熙六十一年（1722），康熙帝派特使陈所社命广州
官府购地100尺，为艾若瑟单独建墓。这一命令马上被执行
了。随后，皇帝又命购买一块260尺的可耕之地，作为墓地基
金。这个命令也得到了执行。多年来，当地的一些官员代表
康熙帝及之后的皇帝，每年两次给墓地的祭坛献祭，并褒奖
艾若瑟的灵魂。前面的碑文由特使撰写，他也是康熙六十一
年（1722）十一月十日在此立碑的人。

　　从墓地出来，我们经过了王圣堂和西村，并就此结束了
我们的第五次漫步。

第八章

水路

米埠——西猪栏——福音堂——泮塘花园——大通古寺——杏林庄（小山水园林）——鹫峰寺——花地的苗圃和花园——伍家花园——北鸦村（养鸭之地）——小蓬仙馆——杏圃园——坑口茶山——车孭炮台——南石头（外国人的墓地）——白蚬壳村——凤凰岗炮台——舟头嘴

米埠与生猪市场：生意的景象

这次出来，我们打算走一次水路，而非陆路。因此，早上8点，我们行船出发，往米埠方向驶去。这种船可以说是珠江上的贡多拉[①]。过了沙面西端，就离米埠非常近了。米埠是买卖大米的地方，也是一个水村。那里大大小小的米店和房子，都是以木柱和石柱支撑的，位于珠江河床之上。这些房子建得如此结实，从近处望去，倒像是建在稳固的地基

① 贡多拉，是意大利威尼斯特有的和最具代表性的传统划船，船身全漆黑色，由一船夫站在船尾划动。几个世纪以来，贡多拉是威尼斯河道上主要的交通工具。——译者注

之上，而非珠江上。水村中有一座庙，庙中设有一座普通的木祭坛，坛上没有塑像，只放着一块刻着异教神祇名字的牌位。一条街道横穿水村，街上到处都铺着厚实的木板。从早上6点开始，接下来的4个小时，这条街都会无比繁忙。和同时段的许多广州街道比起来，这里应该算是最繁忙的了。街上有不少活力充沛的小孩子跑来跑去，我们的到来显然给他们增添了许多欢乐。他们热切地围着我们，快乐都写在脸上。米商也热情地欢迎我们，屡次询问是不是来买米的。这个地方曾经是个漂浮的村庄，而不是现在的水村。当时，米店都开在巨大的驳船上，船还分上下层。战争结束后，英法联军对珠江的封锁也随之解除。我们看到这些流动的房子从花地溪返回战前他们曾停泊的地方——战争期间，他们在花地避难。他们结伴顺流而下时，看起来就像是一个移动的村庄，非常神奇。1865年，大多数这样的移动房子都毁于战火。实际上，幸存下来的最多只有5座。因此，人们不再把新房子建在驳船上，而是改以木柱和石柱作支撑。

　　从米埠出来，我们接着往西猪栏去。这个生猪市场坐落在金利埠，地处占地广阔的广州西郊行政区。生猪市场有几栋大房子，既是做生意的场所，也是猪贩子的住所。这些房子构成了这个市场。房子都有着高高的瓦屋顶，墙是用砖砌的，很多时候都饰有长条红纸。每条红纸都裱在木框里，纸上写着汉字。这些字都是祈福用的，意味着平安、快乐和昌盛。每栋房子最里面都立着祭拜猪贩子保护神的祭坛，位于一个位置略高的地方。祭坛用木头做成，不仅精雕细刻，还慷慨地镀了金。每栋房子里都隔出了好几个猪栏，每个猪栏都用厚厚的松木板垫着，修成方便猪休息的场所。我们可以很客观地说，这些猪栏都保持得相当干净。这个生猪市场的每块区域都有一个会计室。尽管猪的呼噜声不断，但猪贩子们仍然能够严肃认真地记他们的账目。

西猪栏不远处是福音堂[①]。这座福音堂是美国长老会的传教士给中国信徒布道的地方。福音是如此靠近我们，就在我们的心思和意念之中，牵动着我们的情绪。是的，亲近主，要做一个讲真道的传教士，一个明智的顾问和一个完美的榜样。这座教堂长63尺，宽43尺，高27尺，可容纳500人。它建于1874年，由牧师哈巴[②]监督修建。牧师和他的许多家人一起，几年来都持续不断地为主的葡萄园工作。

参观完福音堂，我们重新回到船上，然后经一条小河，或者更准确地说，是经水街，往泮塘而去。泮塘是广州城外的大片郊区。我们此行是为了参观两个小花园，其中一个叫彭小田园，另一个叫蔡翠乐园。彭小田园保存得非常好，里面的房子很干净，是一座很完美的中式园林。

大通古寺：花地郊区最迷人的景致

我们现在穿过珠江的主支流之一，只为了参观花地郊区最值得称赞的景致。到达花地后，我们首先前往大通古寺。此去主要是为了享受步行的乐趣，在寺内保持得很好的小花园散步能使人心情愉悦。花园里树荫浓密，即使阳光在一天中最猛烈的时候，也无法穿透这些树荫。这片小区域建有两座精致的园舍。其中有一些凉亭。这些凉亭（如果我们

---

① 每年每月的第一个周日，福音堂都会有200位本地的基督徒参与主日圣餐圣事。——原书注

② 哈巴牧师从美国出发，于1844年10月22日到达广州。——原书注

可以这样叫它们的话）都有两层高，每层又有两三个房间。
方丈的那栋房子建得像规模庞大的花艇。那些停靠在珠江上
的花艇会点着灯，把周围照得一片亮堂。花园内有一条石板
走道，上有瓦顶覆盖，把一个个凉亭连接起来。其中一个凉
亭前有个小荷塘，两边都围着矮墙。靠近池塘的地方有个大
笼子，里面关着一只漂亮的孔雀。花园中央也有一个凉亭，
立于石台之上，登数级花岗石阶便可到达。花园里还有一口
古井，井旁立着一块花岗石碑，上面用大大的汉字镌刻着井
名：烟雨井。这个名字听起来有点怪，其来源据说是这样
的：几个世纪前，经常有烟雾（或说雾气）从井中升起。花
园连着大通古寺，古寺建于后晋出帝在位期间。古寺建成时
被建造者命名为宝光寺，佛祖最有名的弟子达岸禅师正是在
此处去世的。据说，这位优秀的弟子死得十分突然。他的传
记是这样记载的：（达岸禅师）的尸身看上去宛如生人，没
有一点死气，直至七日后，他的灵魂和身体才真正分离。人
们没有将这位热心于传教的佛家弟子下葬，而是将其放在一
个木制的塑像中。这尊塑像至今仍停放在寺中的一个大殿
里，供许多信徒膜拜。据说他是全能全知的。明神宗万历六
年（1578），广州及周边地区经历了一场大旱，人们将这尊
遗像从大通古寺移到光孝寺。人们希望神灵能被僧人的祷告
打动，让老天降下甘露，滋润久旱的大地。

　　人们如此虔诚地祷告，希望遗像能够显灵，因而使用了
移像这一权宜之计。据说，恩惠最终确实降临了。然而，当
人们试图将遗像移回大通古寺时，却遇到了极大的困难，因
为遗像忽然之间变得重了很多。因此，它只好在这座新庙停
留了好几年。康熙六年（1667），一个叫萧子奇的病重瘦弱

之人，为了求神保佑他身体康泰，出资重修光孝寺。这个病入膏肓的信徒向遗像祷告，说如果让他的身体康复，他就会修复当时荒废已久的大通古寺，还会把遗像移回寺里，使它重获以前的荣耀和庄严。不久后，他果真恢复了健康。他也兑现了诺言，出资修复和扩建了大通古寺，并把遗像移回它以前所在的神龛。

三世佛像是大通古寺的一部分，却不是那么威严。里面陈列着一般寺庙都有的钟鼓。钟的重量超过600斤，是康熙十七年（1678）由一个妇人和她的3个儿子献给三世佛的。妇人名叫Yaong-Mun-Chun Shi，她的3个儿子名为 Yaong-Yuen-Chaong、Yaong-Yuen-Wa和 Yaong-Yuen-Tchu。

从大通古寺出来，我们沿着一条小河的河岸往前走，没多久就到了杏林庄。杏林庄是一处小小的园林，却很值得参观。在园中交错的小路上时不时地驻足，都能看到精致的中式凉亭。园中不仅有各种花草树木，还有各色假山。假山上有暗蓝灰色的石头，修建得十分精巧。

我们现在回到大通烟雨码头，重新登船，前往鹫峰寺。这是一座很小的佛寺，连着一个花园。花园中有一个方形池塘。池塘边上香柏林立，为此处增添了几分秀色。园中还售卖各种植物。

从那里，我们赶到翠林园。翠林园是一个很大的园囿，看起来像一个景观园林，似乎比花地可以夸口的任何园子都好看。花园分成两部分，经过一个修得很精致的圆形洞门，可以从外园走到里园①。一堵墙蜿蜒穿过花园，墙上镶嵌着

---

① 据说，这样的洞门象征着太阳，因为太阳是神圣的，可以阻止邪灵的通过。——原书注

敞开的窗，由光滑的陶制窗棂支撑着。每个窗棂都是亮绿色，做得像竹子的枝茎。里花园中有一个池塘，池塘中央建有一座凉亭，亭中出售不同种类和外形的植物，有的修剪得像人，有的像狮子、鹿、蛇、海豚、鸟，还有的像宝塔、扇子、花笼或船只。花匠还会以合适的价格出售釉面陶制花盆和花盆架子。

群芳园：弥漫着果香的临时刑场

从翠林园出来，我们先去纫香园，然后再去群芳园。我们不必再描述这些花园的布局，因为它们基本上与翠林园一致。不过，这两个花园除了有大量花园植物之外，还有一些果树，其中有些品种还是中国所特有的。比如，除了桃树、番荔枝、香蕉、芒果、黄皮和葡萄，我们还看到了龙眼和荔枝。荔枝树上结的果子与草莓差不多大，里边包着核的果肉香软多汁，非常美味。每个花园的走廊上有不少小小的丝绸旗帜，上面用丝绒或金线绣着一些锦言妙语。这种小旗帜是人们在庆祝神灵生日或是其他喜庆场合时，奖励给所有花匠的。花匠把它们插在植物和庙宇旁，或是能举行隆重仪式和庆典的房子旁。

在前往下一个景点之前，我们还想陈述一些史实。我们在前面提到过，1854—1855年广州叛乱期间，大批造反者因煽动骚乱而在群芳园的各个凉亭中被提审。据说在此期间，广东按察使还被号令从广州出发，围袭并夺回旁边的佛山①。此前，佛山在经历一番草草的抵抗后，很快就落入了乱

①清朝高官有时会被召令出阵。——原书注

军之手。按察使显然知道要谨慎，因而进入花地溪后，他作为指挥官留守花地，并没有跟士兵前往佛山。因此，这位高官到达花地后就下了船，并让船马上开走，直到本应由他指挥的士兵完成他此行的目的——夺回佛山。士兵们在佛山打仗时，12英里之外的按察使也没闲着。他每日忙着审问和折磨那些在佛山附近抓获的叛军，地点就在群芳园的凉亭。审讯后被判刑的造反者，在附近一片很小的空地被处决。这块地位于一条小溪入口的左边，该小溪连着花地溪和伍家的花园。为了把这块地布置得更像刑场①，士兵们在平台四周搭了板子和竹架。他们把一艘很大的货船当作监狱，按察使停留花地溪期间一直住在那里。许多带着重镣的犯人，也被关押在那里等待受审。

福荫园：媲美中药学的养蜂艺术

从群芳园出来，我们继续往伍家花园走去。伍家花园也叫福荫园，曾属于富裕而有权势的伍家，如今却是一片荒凉破败的景象。不过，我们还是能依稀看到它曾经的繁华。花园一角有一座修建得很好的假山，还有一个大荷塘。塘中央立着一座圆顶凉亭，亭顶以木柱支撑。然而，就像荷塘上通往亭子的弯曲小桥一样，亭子也在不断地腐朽。我们到达参观之时，荷塘里的荷花盛开，令人感到心旷神怡。这些美丽的荷花看上去就像大朵的郁金香，大部分是红色的，也有的是白色的，还有的看上去就像约克和兰开斯特家族的红白玫

---

①这块地里长着一棵树。几个月前，那边还立有一个宝塔状的小炉子。炉子里经常会有人烧一些上面写有或印有汉字的纸条。——原书注

瑰①。中国人用荷花装饰他们的房间和祖先的祭坛。荷花的种子与榛子一般大，中国人常常煮着吃。他们还从池塘里大量收集荷花的根茎，也作为一种食材。此根茎外形狭长伸展，颜色颇似萝卜，里面却像一格格的蜂巢。

荷花在七八月开花，那时往往会下大雨，池塘里开始涨水，就像是《圣经》故事中提到的书珊城②。荷花又叫莲花，被中国人视为神圣之花。我们认为中国的莲花就像埃及的莲花，正如希罗多德记载的："当水域到达最上边，可以看到大片百合类的植物，埃及人称之为莲花。"

看起来埃及人也习惯吃这种植物的种子。他们将莲籽先煮成糊状，再拿来做面包。莲叶风干后可以卖给商人，尤其是卖东西的小商贩。他们把莲叶当成一种优质的纸的替代品，用来包装各种商品。我们还在花地参观了两三个果园。在这些果园中，我们看到了大片的佛手柑、橘子、石榴、柚子、杨桃和橄榄树。这些果实中，大概以杨桃最为丰收。花地种杨桃的果园数不胜数，园中的每棵杨桃树下都堆积着大量厚土，作为肥料。

中国几乎所有花园都有养蜂场。可以说，在养蜂和办养蜂场方面，中国人一点都不比他们最擅长、最有名的中草药学差。精明的养蜂人知道，蜂场最重要的是保护蜜蜂，使之免受夏天的炎热、冬天的寒冷以及噪音的折磨。因此，这些养蜂大师把蜂巢安置在能避开北风、西北风和阳光的隐蔽

---

① 英国兰开斯特和约克两个家族的族徽上都有玫瑰，兰开斯特家庭的是红玫瑰，约克家庭的是白玫瑰。——译者注

② 一座古城，遗址位于巴比伦东面约 350 千米，在沙乌里河东岸，卡尔黑河和迪兹河之间，曾是埃兰古国的首都。——译者注

场所，或是有遮挡物的通道的屋顶下，或是住房宽敞的屋檐下①，或是面朝南方的花园墙下。为了不让蜜蜂认错蜂巢，他们特地将每个蜂巢都隔开好几尺，避免挤在一处。在春夏季节里，水是养蜂必不可少的资源，因此他们认为应该将蜂巢放在离水塘很近的地方，这对养蜂很有好处。

我们看到的中国蜂房，其外形几乎一样。每个蜂房都有一个笼框，两头宽，中间窄，用棕榈藤或竹竿制成，上面覆盖着泥土或牛粪。蜂房的两头都有一个可以移动的小圆门。这门是钻了孔的，孔的大小刚好能让蜜蜂进出，同时也阻止了其他大于蜜蜂的昆虫进入，这实在是种美妙的设计。我们一行人都认为这种蜂房的用材和形状都比英国的普通稻草蜂房要好。稻草蜂房经常会有老鼠潜入筑窝，而且会进到最里边吃掉蜂蜜。每天清晨，中国的养蜂人都会认真打扫养蜂场的墙壁以及里面的蜂房，这不仅是为了防尘，也是为了检查是否有蜘蛛网。

每年春天会有大量的蜜蜂产生，但养蜂人担心食物不够，因而会小心地给每个蜂房提供蜂蜜。分蜂季节，中国的养蜂人干活时一点都不比欧洲经验最丰富的养蜂人差。蜜蜂离开蜂房后，如果飞得太高，或者要飞离此处，养蜂人就会往蜂群扔细土，以把它们带下来。我们好几次看到他们往蜂群里扔稻粒，并成功地把蜜蜂带了下来。如果蜜蜂落在低矮的灌木或者树上，养蜂人会用羽扫将它们扫进蜂房，或者用烟将它们熏回蜂房。养蜂人一般是通过在灌木或树下点火烧纸，达到烟熏蜜蜂的目的。

①中国人把蜂房建得离他们住所很近，似乎把蜜蜂当成朋友。人靠近蜂房时，蜜蜂不会发怒发狂。但在英国，这是不可能的。——原书注

分蜂季节在六月结束。八月时，工蜂（中国人叫它们黑蜂）会大量死亡。中国人认为，如果工蜂不死，其他蜜蜂就会没有足够的食物。养蜂人通常在晚上来蜂房采蜂蜜。这个时候，他们会用蒿杆在蜂房下生火，以麻醉蜜蜂。采蜂蜜一般也要选在吉日进行。

为了取出蜂巢中的蜂蜜，养蜂人会把蜂巢放到一个棉布袋里。蜂蜜通过袋子慢慢流出，落入放在下面的一个器皿里。蜂蜡会被放在一个布袋子里，袋口用绳子紧紧绑住。随后，这只袋子会和里面的蜂蜡一起放到盛着开水的容器中。这时候，蜂蜡里的纯净物就会慢慢渗出来，漂浮在水面上。养蜂人刮取水面上的蜡，就像将油脂从牛奶表面撇掉一样，然后放进一个陶罐或盆子里。有时候，这些蜂蜡会被涂在蜡烛表面，或者做成球形盒子。中国的药师会用这种蜡盒来装药丸，以免药物被昆虫污染。现在，在我们结束养蜂这个话题前，还要说明一下，中国人制造的蜂蜡无法做到自给自足，这可以从他们每年自印度群岛进口大量蜂蜜得到印证。

北鸦村：人工孵化鸭子

从花地园林出来，我们先去了南塘村，它离花地非常近。随后，我们前往北鸦村，参观人工孵化鸭子的过程。这个过程大致如下：人们将大量米糠放在火炉上加热，火炉里装满了炭灰。加热后的米糠放在篮子里，同时放入鸭蛋。然后将篮子放进一间黑黢黢的房间，陈列在带格的架子上。这些架子都被一个个地绑紧了，置于房间靠墙处。格子架最低一层放着几个炉子，炉子里全是热乎乎的炭灰。鸭蛋放在这个黑暗而温暖的房间里静置24个小时。之后，它们被移到旁

边的房间，里面有好几个圆筒形的藤笼，两端都是3尺高、
2寸厚，里面妥善地衬了一些粗糙的纸。人们将鸭蛋放进这
些篮子，静置3个星期。为了让蛋均匀受热，白天和晚上要各
翻一次鸭蛋。人们非常尽心地履行这一责任，比如，昨天放
在篮子上边的蛋，晚上就被挪到了下边，反之亦然。3个星
期之后，人们会将鸭蛋从篮子里拿出来，放到另一间房里又
长又宽的硬木架子上。放好之后，人们会在上面盖上碎棉布
做的厚纸。鸭蛋在这些架子上待上两三天后，就会有成百上
千的小鸭子被孵出来。小鸭子孵出来后，很快就会被卖给鸭
贩子。鸭贩子把它们放到村子周围纵横交错的小溪、河流边
上，小心地照料。南塘村也有这种大孵化场，我们也到那里
参观了一下，当时村中至少有三四千只鸭子。小鸭子孵出后
的20天里，人们会给它们喂粥、饭、鱼鳞等食物。之后，再
给它们喂麦麸和糠的混合饲料。夏天，人们偶尔也会给小鸭
子喂从水塘或粪水坑里采集来的蛆。人们也会抓来大量小地
蟹，当成一种食物喂给鸭子。这些东西的外表颇为坚脆，从
鸭子吞食的情景，我们可以得出结论：它们对鸭子来说是一
种美味。

　　鸭子长得足够大了，鸭贩子会把它们卖给另外的鸭贩
子，后者会将他们外形奇特的鸭船停靠在离鸭群很近的地
方。每个鸭贩子都会一次性购买1500—2000只鸭子[①]。鸭贩
子的船上有足够多的地方，供这么多的长翅膀禽类居住。听
起来有点不可思议，但如果我们告诉你，为了装鸭子，船的
每一边都连着一个长而宽的平台，这就很好理解了。因为有

[①] 每日在广州市西郊的联兴街都有批发销售鸭鹅的市场。——原书注

了这个附加物，船行动起来就会很不方便，容易翻。1862年7月27日那场难忘的台风就把附近河口易货站的几艘鸭船都吹翻了。不过，鸭贩子的灾难倒成了鸭子的福气，船上众多的鸭子获得了自由。一时间，珠江的河面上挤满了这些带翅膀的禽类。

喂养这些鸭子的花费并不大。鸭贩子要做的，就是每天两次，将鸭子放到小河与溪流泥泞的岸边，让它们每次待上两三个小时。为了出售鸭子，鸭贩子也要驾着鸭船在河上四处游走。河岸上有大量昆虫、蛞蝓、蜗牛和青蛙，给这些"带翅膀的禽类"提供了充足的食物。我们多次在潮位低时，看到1500—2000只鸭子在这样的地方觅食。鸭子被训练得很好，只要鸭贩子一呼唤，它们就会立刻回到所属船舶停泊的岸边。最后，鸭贩子会把鸭子卖给住在村庄、小镇和市里的人。很多村镇都集中在河岸边。对鸭贩子来说，食品商是很好的客户，他们会采购大批鸭子，用来腌制。宰杀和盐腌鸭子的地方有很多，特别是在雷州，那是广东的一个县城。我们曾在一个叫白鹤洞的村庄参观过宰杀鸭子的地方。对宰杀和盐腌鸭子的人来说，鸭子全身都是宝。比如，在这个房间的一处，我们看到鸭子被开膛、盐腌，然后放在太阳下晒。在另一个房间，我们又看到男人们正在往许多大的陶器里勾兑大量盐水，然后放入鸭嘴和鸭掌。在庭院里，我们又看到几个男人和女人，正忙着把鸭心、鸭胗、鸭脖子和鸭其他内脏放在太阳下晒。[①]到了十一二月，你在鸭贩子的

---

　　① 鸭毛会卖给农夫当肥料，鹅毛会用来做扇子，鸡毛用来做羽扫和鸡毛掸子。——原书注

店里也能看到同样的流程。广州西郊兴隆大街有很多这样的店。

小蓬仙馆：求签治病奇观

从南塘村和北鸦村返回途中，我们经过芳村，然后进去参观了小蓬仙馆。这座庙的修建资金大部分由两广总督叶名琛和他尊贵的父亲提供。

小蓬仙馆的主殿里有3个祭坛，每个上面都放着香炉和大理石制成的烛台。中间的祭坛上立有吕纯阳的泥像。在小蓬仙馆气派的入口，上方是一块很大的花岗石，石上用大字刻着庙名——小蓬仙馆，意为"仙人的小仙境"。距这行大字不远，还刻着一行小字"咸丰五年夏日立体仁阁大学士两广总督部堂叶名琛"。小蓬仙馆供奉的吕纯阳[①]是道教仙人。我们前面提到过他，看起来，他在成仙前就是个具备超凡医术的人。

因此，小蓬仙馆前常有很多人匍匐在地上祷告，他们都是一些备受折磨的病人，祈求神灵能告知治病良方，以恢复健康。病人通过求签来取得神祇的旨意，求签方法此前我们也描述过。为了方便阅读，我在此重述一下。信徒首先跪在祭坛前，往地上扔两块小竹片，每块竹片都像羊角的一半。如果竹片的凹面或凸面落地时同面朝上，病人就认为这是神不听他祷告的意思。然而，为了求神大发慈悲，他会继续掷

---

①黄沙郊区也有一座供奉吕纯阳的庙。许多信徒每日都会前去祭拜，以求神灵的旨意。这个旨意可以通过一些神秘的字来传达，那些字就记在盖满细沙的桌子上。——原书注

那两块竹片，直至一片凹面朝上，一片凸面朝上。这就表明神灵愿意聆听他的诉求了。因此，病人会低声向神祷告，防止旁边的人听见他的诉求。他向神灵求告是为了得到神的指示。为了取得答复，他会拿着一个签筒，里面装着60支竹签，有时候是100支。签筒是圆筒形的，用竹子制成，大概8寸高，竹茎上的节刚好成了签筒底。签筒上部当然是开着的。每支竹签大约10寸长，上面刻着不同的数字。其实这些签不过是薄而光滑的竹片。病人求问神灵时会飞快地摇晃签筒，同时轻轻把签筒口朝向地面。很快，一支签从签堆里掉出来，落到地上。[①]病人捡起竹签，递给看管祭坛的工作人员。那人随即给病人一张纸，纸上有写着汉字的药方，此药方就被认为是天意。他会拿着这张方子到药店去取药，说是吕纯阳开给他的。

在我们参观这座庙时，一个病人正在以我们刚才描述的方式，求神灵赐予药方。下面是他收到的药方内容：此为男人之药方。Ko-Wo与Ko-Wun确实是名医。你的病也并非不可医治。为什么不让古人给你开药方呢？泻根，两钱；山楂粉，两钱；桔梗，两钱；乌参，两钱；橘子皮，不要橘络，一钱；岩风，两钱；甘草，一钱；再加两片姜，大梨取半个。服药三剂，将有良效。

现在，我们返回沙面，应一个好客的朋友之邀一起吃午饭。午饭一过，我们马上去了一处园林，名为杏圃园。杏圃园是何坚先生的产业，坐落在一条小溪的右岸。这条小溪注

---

① 《圣经·旧约》的"以西结书"第二十一章第二十一节提到过一种类似的占卜仪式。——原书注

入珠江的澳门支流。小溪上有毓灵桥，由花岗石制成，上有
绿树掩映。过桥后，我们经一条有顶的大道，进入杏圃园，
那通道很像通向庙宇的走道。花园不是很大，看起来已经许
久没人到访了，但它的凉亭和圆形通道却让我们不胜欢喜。

从那里出发，我们来到了坑口茶山，茶山离白鹤洞村
很近。我们到达时刚好看到蓬勃生长的茶树，这让我们很高
兴。之所以这么满足，大抵是因为在参观这个小茶园之前，
我们以为不会有机会看到中国的大茶区了，因为它们几乎都
离通商口岸很远。如果在离开中国之前，我们都没能参观一
个茶园，那就真的太令人失望了。

车琪炮台：驻守士兵的故事

从小茶园出来，我们向车琪炮台走去。车琪炮台又叫
陀螺炮台，屹立在珠江的澳门支流下游。它之所以叫这个名
字，是因为外形与陀螺很像。1856年10月到1861年10月的5年
里，它被一支很小的英军守备队和水兵占领。那段时间，广
州尚未被英法联军占领，这支队伍由皇家海军的贝茨上校统
领。这位勇敢而虔诚的上校后来不幸于广州东墙下死亡，我
们前面也提到过。

有一次，中国人想从英军手中夺回这个小岛的炮台。他
们带来了70条船，在三四个小时内持续开火。在猛烈的攻击
中，贝茨上校率领着他的小支队两次死里逃生。有一次，他
的帽子被圆球形的炮弹击中，从头上掉了下来；还有一次，
他手里的望远镜被类似的炮弹炸得粉碎。炮台中央是一座宝
塔，那对守备队而言非常有用。宝塔上方被当作医院，最下
层则被当作教堂。

　　然而，宝塔也见证了一件非常悲惨的事①。塔里有一名负责看守医院的士兵，他还负责照顾塔中的伤病人员。有一次，他从宝塔的最上层观察情况时，遇到了暴风雨，不幸被闪电击中。他重重地摔倒在地，无法回应周围病人的询问，病人们认为他已经被雷劈死了。这些病人都病得很厉害，既不能呼喊求救，也不能离开病床寻求帮助。其中一个病人情况稍微比其他人好些，他决定从宝塔下去，找医务人员来处理这个悲伤的局面。当他试着下去时，因为身体太虚弱了，他从最上面的台阶摔了下去，发出的声音被一名士兵听到，后者赶忙前往现场查看情况。但那病人已经摔得不省人事。醒来后，他告诉其他人，那个士兵被雷劈死了。最后，那名不幸的士兵被埋在炮台南面的一小块地里。埋在那里的还有至少30名曾驻守在那里的英军水兵。

　　从车歪炮台出来，我们到了南石头，这里是埋葬外国人的地方。这块墓地建于1865年，归居住在广州的外国商人所有。1865年之前，广州的外国人习惯将死去的同胞葬在黄埔的墓地。

　　现在，我们经过白蚬壳村。这个村庄以石灰窑闻名。通过这些石灰窑及以下工艺，人们可以用牡蛎壳、蚌壳和蛤蜊壳生产出大量石灰。首先，工人要用连枷大力击打煤粉，以得到大量细软的煤粉。他们把这种煤粉与牡蛎壳混在一起，然后将混合物放在事先在大窑中点燃的一堆炭火之上。这口窑由砖头砌成，周长大概36尺，四周用强韧的竹子加固。靠

---

　　① 我们也听说，有一次一个炮兵从这座宝塔的第二层或第三层摔下来，严重摔伤。他被送到市里的一家军队医院治疗，但几个星期后还是死去了，不过不是因为伤势太重，而是因为中暑。——原书注

近窑墙处放着一对大风箱，以让炉火烧得更旺，并保持均匀的热度。风箱由两三个人负责，并持续不断地运作。窑内的热度是如此之高，以至于夏季之时，拉风箱的人要将衣服都脱掉。火连续烧了24小时，然后才会熄灭。从牡蛎壳里炼出来的石灰冷却后被移到一间大房子中，并在上面小心地洒上干净的水。工人也会以同样的方法，用蚌壳和蛤蜊壳制得石灰。但是，用蛤蜊壳制成的石灰从窑里移出来后，不仅要洒上水，还要用一个细筛子筛一遍。每个筛石灰的人都要用布将头、耳朵和嘴盖住。同时，他还要将软泥涂在脖子、肩膀、胸口和手臂上。这些保护措施当然是为了使自己免受石灰粉尘的伤害。现在看来，往小蛤蜊壳制成的石灰里加入一种油，中国人称为桐油，这种混合物可以形成一种很好的油灰，不仅可以用来封棺材，还可以用来给庙宇和私人住所制作壁画和描画装饰边线。工匠还会用它在房子边线上画上各种图案。

现在我们看到，白蚬壳村的大部分都被毁坏了，据说是英法联军侵占广州时英国的海军陆战队和水兵所为。据说，白蚬壳村的长者特意装备了一艘蛇船，然后攻击并俘虏了一艘开往车歪炮台或澳门要塞的军需船，船里装着运送给守军的物品。军需船被村民袭击的消息传到英军将领耳中，他们马上下令回击。"卡米拉号"的几个海军陆战队队员和水兵奉命来到村里，警告村中的士绅和乡勇，以后不要再袭击英军从总部到车歪炮台的军需船。此举十分有效。

凤凰岗炮台立于白蚬壳村之外。它在1856年10月遭遇袭击，大部分被英国战船"巴拉哥打号"毁坏了。当时，英军水兵一直守在上面。但从战略上来讲，这座炮台没什么意

义，因此最后被放弃了。如今，它仍旧保留着当年英军撤走时的破败模样。

从凤凰岗炮台出发，我们来到了舟头嘴。这里有一家规模颇大的永和工厂，编制大量出口到美国和欧洲的草席。关于编制草席的材料和方法，前面我们也描述过，此处不再赘述。然后，我们返回沙面，结束了这天有趣而愉快的旅程。

第九章

东门之外

东门——万人坑——东明寺——发疯院（麻风病院）——驷马岗（传教士墓地）——瘦狗岭（校场）

我们的第七次，也是最后一次漫步的目的地是东明寺、发疯院（或称麻风病院）和其他一些地方。因为这些地方都位于广州城东门之外，所以我们先往东门而去。

墓地口的牌坊：抗击英军的乡人

离开东门，我们经过东门外直街，走了四五分钟，来到了连接着犯人墓地的入口。我们在这里停留了一下。这是一个交叉路口，以前矗立着一座巨大的花岗石牌坊，专门纪念战胜英军的英勇事迹。牌坊的石碑上刻着以下诏书：

榮錫戴翊

上諭夷務之與將十年矣沿海極累餉勞師近年雖屢屢臻靖謐而取之之法剛柔不得其平流弊以漸而出朕深恐沿海居民有蹂躏之感故一切隱忍待之差小屈必有大伸理固然也昨因英夷復申粵東入城之請督臣徐廣縉等迭次奏報辦理悉合機宜本日由驛馳奏該處商民深明大義損貲犒僚紳士實力勷勤入城之議已寢該夷照舊通商中外綏靖不拆一兵不發一矢該督臚安民撫夷照俱拱极源合該夷聞服無絲毫勉強可以慰人相安朕嘉悅之忱難以盡述允宜懋賞以獎殊勳徐廣縉着加恩賞給男爵准其世襲道賞戴花翎葉名琛着加恩賞給子爵准其世襲道賞戴花翎以昭優眷所有粵省文武各員着徐廣縉等詳加考覈量分別保舉候朕頒恩至我粵東百姓秉德懷勇乃近年深明大義由化導之神亦係天性之厚難得十萬之衆利不奪而勢不移朕念其翊戴之功能無惻然有動於中平着宜布朕旨俾家喻戶曉益勵公向上之心共享榮業安居之樂第其勞勷錫以光榮毋稍惜帑膏以戴朕意欽此

碑文的意思如下①：

将荣耀赐予拥戴辅弼（我朝）之人

　　蛮夷扰境已经有十年了，给海岸的人民造成困扰，导致国家收入枯竭、将士劳累。尽管最近，和平和安谧日臻到来，但节制夷人的举措仍无法带来和平，其弊病也日益显现出来。

　　朕非常担心沿海居民会遭到践踏，因此请他们隐忍等待。小屈必有大伸的机会。

　　近来，英夷再次要求进入广东，总督徐广缙及其他广东官员的不允决策是合宜的。今日，由驾乘驿马疾行，奏明广东的商人和百姓深明大义，已经集资击退傲慢的夷人。乡绅学士也极力助劝。夷人可照旧通商，也已得到安抚，城内局势安定。可说是不发一兵，

---

①感谢 C. T. 加德纳先生将此碑文翻译成英文。加德纳先生是英国国王陛下在广州的代理副领事，学识卓著、乐于助人，我们在此深表感谢。——原书注

不发一矢。总督及巡抚①已安抚人心，平息夷人；各处的灾害根源已除，夷人也服从管教、顺从治理，无丝毫勉强。双方以后可以长久相安无事。

朕难以表达欣悦之情，特奖赏有殊功之人，以示勉励。准加恩徐广缙，赏其子爵爵位②，可世袭，并赏戴双眼花翎。加恩叶名琛，赏其男爵爵位③，可世袭，并赏戴花翎，以显示朕对他们的优待照顾。而广东省的所有文武官员，朕特命徐广缙在其中挑选尤为出力之人，酌量给予奖赏。我广东省的百姓素有骁勇之名，近年来深明大义，面对困难显现出勇气及镇定。这就是上天的眷顾指引，也是百姓的天性醇厚所致。如不因如此，则难得十万之众，其利益不被夺去，势力也不被震动。

朕念你们拥戴辅弼的功劳，心中十分感动。特将朕的意思广布天下，使家喻户晓，以激励他们更拥戴我朝，百姓同享安居乐业。他们的劳苦与忍耐无上光荣。

不要让恩泽不施于下，以慰朕之心意。钦此。

这座牌坊是在第一次中英战争结束后修建的，但1858年1月，也就是英法联军占领广州之后，它就被英军摧毁了。

万人坑：埋葬叛国者的乱葬岗

我们离开牌坊遗址，往一座小山走去，有人称它为臭岗，也有人称它为万人坑。山顶上有两三株瘦小的矮树，这便是大部分犯人的埋葬之地。埋在这里的犯人或死在广州监狱中，或被判处死刑后遭到刽子手砍头。1854—1855年广州发生叛乱时，几乎没有人敢在墓地旁的道路行走，因为到

---

① 指两广总督徐广缙及广东巡抚叶名琛。——译者注
② 子爵属四品爵位，大概相当于英国的准男爵。——原书注
③ 男爵属四品爵位，大概相当于英国的高级巴思勋爵士。——原书注

处都弥漫着恐怖和恶臭。这恶臭来自成千上万或完全暴露或半掩埋的犯人尸体，他们都是被广州官员判为叛国者和盗贼遭到处决的。在广州发生叛乱期间，有时候，尽管弥漫着恶臭，我们仍会骑着马飞奔过这条路。彼时往往会惊飞一大群鸟，它们当时正在啃食尚未被埋入土中的无头尸身。

东明寺：刺杀洋人的中国刺客

过了万人坑，很快就到了东明寺。首先引起我们注意的是一尊很长的长寿佛。这尊佛像特别大，呈半卧状，据说是盗墓者于唐朝年间盗墓时发现的。那群盗墓者和一些僧人认为它非常神圣，立即将它放置在如今所在的位置。这座寺庙有好几间房，每间都停放着棺材，正如我们前面所说，死者的遗体在埋葬之前，会放在密封的棺材里，停放寺庙一段时间。

东明寺也有一口钟，上面刻着很多汉字，显示这钟是康熙二十九年（1690）由112人集资铸造并献给东明寺的。钟重700多斤，由佛山文明钟厂铸造，捐赠者名字和捐赠数目如下：

Suung-Tak-Ming，2钱4分；Siu-Ming-Shing，200厘；Lau Hi-Wan，100厘；Li-Mun-Hok，240厘；Ming-P'o（和尚），1两；Huung-Pong-Ki，1钱2分；Li-Kai-Cheung，7分；Tcho-Yau-Ts'oi，60厘；Ma-Tsoh-Shi（女），1钱2分；Yu-Mun-Hing，1钱；Suung-Yau-Leung，1钱；Wong-Shai，1钱；Tchu-Lin-Shing，1钱；Li-Yau-Foo，1钱；Lue-Shing-Luung，1钱；Lau-Ka-Tsuun，1钱；Li-Yau-Kwai，1钱；Mok-Tsuun-Luung，1钱；Tchoy-Kwok-Yau，1钱；Cheung-Ting-Yit，1000厘；Lum-Sze-Cheung，500厘；Cheung-Mun-Yuuk，150厘；Cheung-Wai-Ko，200厘；Ch'um Kum-Shi（女），120厘；Chan-Shi（女），40厘；Cheung-Po，150厘；Suen-Koon-I，1钱5分；Fan-Wai-Shaang，2钱4分；Lum-

Tak-Shin，200厘；Kum-Shau-Fa，1钱2分；Chan-Wing-Tso，2钱4分；Lau-Shing-Fuung，1钱2分；Ma-Tak-Kum，120厘；Yu-Kwok-Taai，1钱2分；Tai-Tcho-Shi（女），1钱2分；Wong-Tsuun-Fan，1钱；Lue-Tsuun-Shing，1钱；Ko-Cheung-Yi，1钱；Yu-Ying-Luung，1钱；Wong-Kwok-Luue，1钱；Chan-Sze-Kwai，1钱；Chue-Ying-In，1钱；Chan-In-Ngohn，1钱；Fung-Ki-Fun，1钱；Chue-Tin-Shau，1钱；Li-Sze-Chan，400厘；Chun-Mun，120厘；Ts'at-Shap-Yat，6钱；Cheung-Wai-Shing，200厘；Ch'um-Cheung-Shi（女），120厘；Chau-Shi（女），120厘；Ling-Sui-Kat，120厘；Cheung-Mun-Hin（和尚，别名Ming-Ching），3两6钱；Kwok-Ying-Luung，1钱2分；Ma-Tak-Ts'oi，120厘；Cheung-Chung，1钱2分；Yeung-Leung-Chi，2钱；Kum-Mun-Pau，2钱4分；Cheung-Suung-Tso'，240厘；Chuuk-Leung-San，120厘；Loh-Pong-Haau，1钱2分；Li Wong-Shi（女），1钱2分；Tchu-Mun-Tsuun，1钱；Ming-In（尼姑），1钱2分；Lo-Kwok-Ching，1钱；Tchu-Tak-Shing，1钱；Li Man-Ching，100厘；Yau-Mun-Hok，1钱；Tchu-Ying-T'song，1钱；Li-Shai'-Hok，1钱；Li-Yuuk，1钱；Yeung-Taai-Kwai，1钱；Wong-Hi-Wing，1钱；Lau-Yat-Fui，1钱；Hung-Kong-Pu，120厘；Hung-Tchu-Pu，120厘；Chau-Ch'iu-Sai，120厘；Ho-Mun-Sau，120厘；Kwok-Sai-Uen，5钱；Cheung-Fuung-Shau，120厘；Yu-Chung-Ngohn，120厘；Hon-Sze-T'uung，120厘；Hon-Sze T'uung，120厘；Wong-Chi-Hin，1钱；Wong-Wing-Fuuk，1钱；Tse-Taai-Wing，1钱；Wong-Hoi-Ngohn，1钱；Lo-Hi-Cheung，200厘；Chue-In-Yat，100厘；Chue-Chap，120厘；Li-Koo-Luun，120厘；Chue-Chu-Shi（女），200厘；Li-Kwong-Tse（女），120厘；Fong-Chi-Yuuk，150厘；To-Po，150厘；Luung-Yien-Fui，1钱；Cheung-Sze-Pu，1钱；Tse-Hi-Luung，1钱；Wong-Yau-Ts'oi，1钱；Cheung-Wai-Shing，1两；Yu-Ying-Yien，1钱；Hue-Ying-Fui，1钱；Lum-Sze-Tak，

1钱；Wong-Yuun-Wang，1钱；Chue-Wan-Ling，500厘；Tai-Tsze-Sing，400厘；Cheung-Mun-Chuen，3钱5分；Cheung-Wai-Kaam，200厘；Chue-Kwok-Shi女，300厘；Ho A-Shi（女），120厘；Ho-King-Laan，250厘；Lum-Taai-Faat，120厘。

以上捐赠不足以铸造此钟，因此，一位名叫Ying-Tai的官员补捐了另外的钱。

东明寺东墙不远处有一栋砖楼，风格和结构很像印度的建筑。这其实是一座佛骨塔，里面存放着僧人火化后的骨灰。

我们参观时，东明寺的住持方丈是一位年迈的和尚。他悲伤地告诉我们，上个月（1873年3月）寺庙曾两次遭盗，寺中能拿走的东西几乎都被盗走。随后，他把贴在寺庙门口柱子上的布告指给我们看。布告上有按察使的签名和印章，还强硬地列明了盗窃寺庙、盗掘棺材或坟墓者的惩罚措施。此外，还有另一份布告，上面有两个地方官的签名和印章。布告写着："我们茂德里司和洛普司奉总督令，保护附近村庄免遭盗贼和匪徒侵犯。然而，匪首梁阿全恶行累累，已成百姓心中之惧。前些年，他因连续作案臭名昭著，不得不远走他乡，躲避审判。他离开后，这里的盗窃行为停止了。然而，现在他又回来了，盗窃行为重新变得猖獗，几乎每晚都有案件发生。因此，全城百姓，如果知道匪首的躲藏之地，请向官府告发，以便抓捕此人，并在总督的判决下，将他处以极刑。对所有穷人来说，将此恶徒绳之以法，比给他们每人1000两更欢喜。同治十二年五月一日。"

离开东明寺时，我们注意到寺门右边有一棵很大的榕树。我们怀着仰慕之情驻足观赏。一名僧人告诉我们，1857年12月31日，这棵大树伸向道路的枝干上曾经吊死过一个中国人，是英军干的。那天，英国的中国远征军尚未攻袭广州，就驻扎在寺庙附近。远征军首领要与前锋部队通信（当时前锋部队已经朝广州城的东墙进发），他派遣副官——第59步兵团的哈克特中尉前往。这位副官经过山脚的竹林时，被两名中国人抓住并砍了头。这座山正是我们前面讲到的埋葬死刑犯和死在狱中的犯人的山丘。那两个中国人显然是埋伏在那里突袭了那位副官。副官的马跑了回去。很快，这起谋杀案就被马揭开了，副官应该是刚离开营地不久就被袭击了。英军展开调查，并在竹丛与高草间抓到了一名中国人，此处正好距离副官的无头尸身不远。几分钟前，他们还看到另一名中国人从这里逃走了。中国的达官贵人很久以前就已经悬赏要外国人的脑袋，逃走的中国人大概就是提了哈克特中尉的头颅领赏去了。战地军事法庭审讯了被抓到的中国人。判决结果下来后，他很快就被捆住、吊死在那棵榕树的枝干上。因北风猛烈，吊在空中的尸体晃来晃去的。之后，英国远征军便以"胜利"的姿态往前线进发了。5天后，我们前面提过的那个年迈僧人出钱，请人将树枝砍下，并把尸体给埋了。他耸着肩膀告诉我们，他为此花了500钱。

哈克特中尉的无头尸身被埋在附近。英法联军攻陷广州后，联军把他的尸体挖出来，带到香港的跑马地墓地安葬。

发疯院：麻风病院内的潜规则

从东明寺出来，我们去了发疯院。这些建筑在许多方面都与我们前面提到过的慈善机构很像。它有一个窄长的四合院，院里平行分布着几排房子。院子最旁边有一座庙宇，主殿里放置着一个祭坛，上供皇帝牌位，牌位上写着：吾皇万岁万岁万万岁。第二座殿是供奉火神华光、天后、观音和家神灶台元帅的。第三座殿中供奉着院中已过世的长老的牌位。第四座殿里也供奉着一些牌位，都是曾在这院中住过的普通人。主殿的皇帝牌位左边有一面鼓，右边有一口钟。钟上刻着铭文，大意为："明太祖洪武十二年，各界捐助，并在官员Ch'an-In的主持下修建这座发疯院及庙宇。"铭文还表示："明神宗朱翊钧在位期间，官员Wong-Tsuun-Hok出资重修四合院和庙宇。"如今，这间四合院仍然有官府的资助，西边的建筑由南海县管理，东边由番禺县管理。院里住着两位监管人员，他们也是麻风病人。所有想入住此院子的麻风病人都要缴纳一定费用。院里有几个人可以领取政府每年发放的救济金。这些不幸的病人中，也有些来自权贵人家。中国有法律规定，来自富裕有权势家族的麻风病人，要与那些贫穷无人知晓的家族的病人分开住。这个法令得到严格的执行。对此，我们不由得想起犹太人针对麻风病人制定的法律。比如，他们认为麻风病人是不洁之人，因此要驱除所有病人，包括地位高的，比如乌西雅王。

许多麻风病人的相貌看起来很吓人，但麻风病人的后代，有些却并无任何麻风病症状。病人们把这当成他们的家，不愿意离开。为能住在这，他们每年都要付一笔钱给两位监管。由于这些贿赂行为，发疯院最初的宗旨被打破。许多真正的麻风病人被赶到草棚，因为院中已没地方可供他们居住——一些行善之人在东门附近的山丘旁搭建了那些草棚。因此，这些可怜人也领不到官府发放的救济金，只能靠乞讨过活。

我们参观这座院子时，遇到了一个出人意料的麻风病人。他的名字叫Wong-Hin-Who，能用流利的英文与我们交流。从谈话中，我们了解到他当过变戏法的艺人和戏子。他和同伴一起，曾为很多欧洲重要人物甚至美国总统表演过节目。在他的邀请下，我们进入他的房间里参观，看到墙上贴满了在英国和美国表演的节目海报，这让我们很高兴。海报上展现的当然是他和他的同伴在英美的不同表演。他曾是一个有名的变戏法艺人，用他的刀戏表演震惊了欧洲的观众。但很不幸，我们最后一次看到他时，他却住进了一个草棚中，靠乞讨过活。不知他是因为什么离开了发疯院，有可能是付不起钱而被赶了出来，将位置腾给那些付得起钱的病人。麻风病患者结婚①后，会将这种可憎的病传染给后代。在过去几百年，它成为中国南方最大的灾难之一。麻风病人死后，人们习惯上会把他装入一只袋子。入棺前用蚊帐盖着，而非寿衣。这种奇怪的传统是因为人们希望阻止疾病传给下一代。

　　发疯院的老人告诉我们，他们最近发生了很多盗窃案件。为吓走盗贼，他们在通往院中小路的一棵榕树上挂了一只很大的拦路钩。院里的人以此警告窃贼，表示以后他们来此行窃绝不可能全身而退。在结束有关发疯院的描述前，我们还要提一下：广州东南郊的竹横沙也是专门给麻风病人住的。

　　从发疯院出来，我们到了驷马岗，也就是"四匹马小山"。这里有一片墓地，专门埋葬新教的传教士。这座墓地风景优美，坐落在山边，离一片竹林很近。这些雅致的常青植物就像展开的巨大羽翼，为这片静谧的安息之所增添了一种庄严而神圣的感觉。我们在墓地徘徊时，看到了波尔②传教

---

①麻风病男患者与麻风病女患者结婚。——原书注

②波尔，一译波乃耶，美国公理会来华传教士医生。1845年到广州传教。他在广州建立了一所学校和一所诊疗所，还同时布道，印发一份颇受欢迎的中英文传道日历《华英和合通书》。——译者注

士及其他医生的墓。一直以来，他都全身心地投入传播新教教义的事业当中。他于1866年3月27日去世，就像"基督战场上一位退休的武士"，享年70岁。离他的墓地不远，有一座女传教士的墓。这位女传教士品行端庄，深受人们的尊敬和喜爱。她是波尔传教士的大女儿，也是哈巴传教士的妻子。她的碑文很好地总结了她高贵的品格和对传教事业的真诚奉献：

> 纪念伊丽莎白·波尔·哈巴。
>
> 神学博士和牧师A.P.哈巴亲爱的妻子，死于1865年12月29日，所有认识她的人都为此感到悲痛。她的死让6个孩子失去了母亲。
>
> 作为妻子、母亲和传教士，她的品格完美。她充满爱和温柔；她积极、热情地传播爱。据说她一直追随丈夫行善。
>
> 在主里安息的人是有福的。

这块墓地不远处有一个很大的练兵场，叫瘦狗岭。每年秋季，守卫广州的八旗军都会来这安营扎营，集训几个小时。为了练兵，强壮的苦力将市里最庞大的军械装备都运到这。

现在，我们朝沙面的方向往回走。再次经过万人坑时，看到大路旁放着八九口半敞的棺材，里面各有一具无头尸体。原来，下午刚执行过一场处决。夜里，埋葬犯人尸体的苦力比较晚才到达墓地，因而决定把部分埋葬工作留待第二天。在等待黎明到来时，他们把装着犯人无头尸体的棺材放在路边。

到达沙面后，我们的第七次漫步也就告终了。

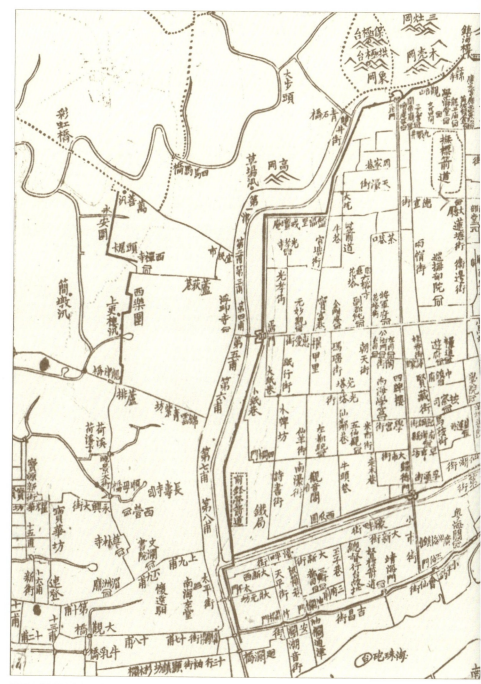

清同治《广州府志》之《省城图》　引自清同治《广州府志》卷八

观元冈
北较场
大黄头岭
天圣冈
保护台
青莱冈
白灰门
东明寺
和尚冈
黄冈
栢子冈
黄华堂
九间
北门
小街番禺
天桥街
巷横镇
飞来
状元桥
天官里
莲华院
二里间
锦鋗
正观院
北横街
报国寺
惠爱街
正南街
贤圣
豪宾
犯家
观坛
螺冈
大石
天新丰街
正南里
番禺县署
东衡街
永胜寺
老人院
布政司署
广州府署
大岛街
大东门
府学东街
按门
贡院
珠履坊
泰来
三巡市
小南门
海傍街
关口
更馆
三界庙
竹横沙
天罗
江关庙
海心沙
河

广州七天漫游路线 *

第一次漫步（河南）

海幢寺——伍家——慈林庙——海幅寺——宝岗——龙尾导——吕纯阳观——济隆糖姜铺——泰隆茶行——金花庙

第二次漫步（西郊）

兴隆大街（今存兴隆北路）——溶光街——麦栏街（今存，万福路南侧的内街，西接北京路）——北帝庙——槟榔街——显镇坊——杉木栏（今存，1932年扩建为杉木栏路）——白米巷（今存，为大新路北侧内街）——长乐街（今存，在杨巷南，称长乐路）——登龙街（1931年扩路时拆毁，地在今和平东路中段）——鸡栏（今存鸡栏街）——朝圣门（今存鸡栏街，显示其旧址所在）——怀远驿——十七甫（1931年扩建马路时部分并入十八甫路，今存十七甫北、十七甫南等街）——十八甫（今存，1931年扩建为十八甫路）——洪圣庙——天后庙——湄洲庙——乞儿地方——仓沮祖庙——徽州会馆——冯济时馆——净修庵音堂——西来初地（地在今下九路北西来新街、西来北街等地名）——记漆器铺——华林寺——藻圣大王——关帝庙——贤梓里——茂林园——仁信吹玻璃铺——福星街——长兴街（今存，为珠光

路南侧内街）——长寿寺——闭翳亭——畴春洞——猪腿岗——线香铺——聚星园——乞儿头会馆——西禅寺——长寿里（今仍存长寿路、长寿直街等地名，应为今长寿直街至德星路段）——广隆玻璃灯铺——晓珠里（民国建马路时拆毁，地在今扬巷路北段）——瑞兴里——桂兰里（地在今十八甫北侧的桂堂新街附近）——杨巷（1930年代扩建后称杨巷路）——十七甫——浆栏街（今存，改称浆栏路）

第三次漫步

新豆栏（今存豆栏上、豆栏东街名，为人民南路西侧内街）——装帽街（今存，北起浆栏路，南至和平东路）——打铜街（今扩建为光复南路）——第八甫——太宁街——眼镜街——状元坊（今存，人民路南路东侧内街）——太平新街——大新西街——云锦斋——兴成——天平街（地在今东风中路一带）——昌悦——胜利——大新街（今存，1931年扩建为大新路）——元锡巷——佛冷西礼拜堂——大新街——小市街（今改建成解放南路）——濠畔街（街名今存，为大德路南侧内街）——归德门——四牌楼——南海监房——大市街（今扩建为马路，称惠福西路）——五仙观——左都衙门——南海

---

* 在原书七次漫步路线基础上整理而成。路名今址参考曾新著《明清广州城及方志城图研究》，广东人民出版社
  2013年版

学宫——贞节烈女祠——光塔街——纸行街（今存，1932年扩建为马路，改成纸行路）——西门直街——光孝寺——净慧街（今存）——花塔——六榕寺——大英国领事府——清泉街——关帝庙——三元宫——观音山——五层楼——火药局——龙王庙——郑仙翁庙——菊波精舍——应元书院——应元宫——大法国领事府——城隍庙——药王庙——钱局衙门——双门底（地在今北京路西湖路口段）——铜壶滴漏——书局——先锋庙——大佛寺——学台衙门

农坛——地藏庵——太监坟——永泰寺——北帝庙——茂和栈——育婴堂

第五次漫步

东岳庙——谭氏宗祠——清真寺——督标箭道——药师禅林——织棉布铺小北门直街——洋人墓——北较场（地在今北较场路一带）——江西义庄——七星岗——白云庵——洋靛厂——清真寺——东利园蚕——瑶台乡——洋人墓

第四次漫步

仁济大街——油栏门——永安故衣铺——迎祥街——会仙街——果栏——咸鱼栏——马头（刑场）——永清街——永清门——大南门——育贤坊（今存，包括禺山路东端育贤坊及禺山路两段）——关帝庙——广府学宫——文昌庙——青云直街（今存，文明路南侧内街）——万寿宫——聚贤坊（1931年改称聚仁坊，为德政中路西侧内街）——贡院——瞽目院——老女人院——东门外直街——东较场（地在今广东省人民体育场处，今存较场东、较场西路地名）——风神庙——火神庙——普济院——永胜寺——先

第六次漫步

米埠——西猪栏在金利埠——福音堂——杏林庄——鹭峰寺——翠林园——纫香园——群芳园——福荫园伍家花园——南塘村——北鸦村——芳村——杏圃园——坑口茶山——车䡇炮台——南石头——白蚬壳——凤凰岗炮台——舟头嘴

第七次漫步

臭岗或称万人坑——东明寺——麻风病院——驷马岗——瘦狗岭